최선의 고통

THE SWEET SPOT

고통과 쾌락,

그 최적의
지점에서

최선의 고통

THE
SWEET
SPOT

폴 블룸 지음 | 김태훈 옮김

RHK
알에이치코리아

- 인명, 지명 등은 한글 맞춤법 및 외래어 표기법을 따르는 것을 원칙으로 하되 널리 통용되는 표기법이 있을 경우 포함했다.
- 책, 영화 등이 국내에 번역된 경우 해당 제목을 따랐으나 번역되지 않은 경우 옮긴이가 직역한 제목과 함께 영문을 표기했다.
- 단행본은『 』, 논문은「 」, 잡지, 영화, 텔레비전 프로그램, 게임, 노래 제목 등은 〈 〉로 표기했다.

나는 부실한 침낭 안에서 몸을 떨며 말짱한 정신으로 누운 채, 잠들기에는 너무 추워 자려고 시도하기도 두려울 지경인 기분이 어떤지 알았다. 방금 내린 눈으로 뒤덮인 얼음덩어리에 발이 걸리고 정강이가 긁히면서 깊은 눈과 더 깊은 어둠을 헤치며 텐트를 향해가는 지금, 나는 내가 고통받기 위해 여기 왔다는 사실을 떠올렸다.

- 에바 홀랜드 Eva Holland, **"가차 없는 생존술을 통한 배움** Get Schooled in the No-Nonsense Art of Survival**", <아웃사이드** Outside**>, 2018. 2**

인간은 가장 용감하면서도 가장 고통받기 쉬운 동물이나, 고통 그 자체를 거부하지는 **않는다**. 인간은 고통을 **인내**하며, 심지어 **추구**한다. 고통의 **의미**를, 목**적**을 찾을 수 있다면 말이다.

- 프리드리히 니체 Friedrich Nietzsche, **『도덕의 계보** On the Genealogy of Morals**』**

"가치 있는 만큼 고통스럽다."

- 제이디 스미스 Zadie Smith, **<뉴욕 리뷰 오브 북스** New York Review of Books**>, "기쁨** Joy**"에 실린 조문** 弔文**에서 인용**

차 례

끝내 파괴되지 않는 애틋한 존재들

우리는 행복한 순간만을 기억하고 싶어 하지만, 고난을 빼고 인간의 인생을 설명할 길은 없다. 행복의 얼굴은 대체로 비슷하지만, 불행의 얼굴은 다 미묘하게 다르니까.

1년 전, 나는 휘몰아치는 역경의 한가운데를 지나가고 있었다. 계절은 더할 나위 없이 싱그러웠으나, 내 몸과 마음은 찢겨져 나갈 듯했다. 삶의 기반이 해체되는 것 같은 위기의 중심부를 통과하면서, 그런 나 자신을 훔쳐보는 기이한 희열과 동시에 책 쓰는 일에 몰두하는 극도의 생산성 또한 경험했다. 엄청난 몰입과 재조정의 시간이었다. 고난을 겪었으나 파괴되지 않았고, 내면에는 더 강렬한 무늬가 만들어졌다. 그때 머릿속에 선명하게 떠오른 활자가 바로 '최선의 고통'이었다.

어쩔 수 없이 제목만으로도 엄청난 흡입력을 갖춘 『최선의 고통』은 내가 올해 가장 뜨겁게 몰입한 책이다. 알다시피 우리는 모두 인생이라는 '재난 영화'의 주인공들이니까. 여러분처럼 나도 따끈한 목욕물, 여름날의 수영장 같은 안락한 일상 속에 머물러 몸 담그길 원했지만, 삶은 늘 그렇듯 굽이치는 파도 앞으로 우리를 안내했다.

『최선의 고통』은 우리의 예상과는 달리 바로 그 최전선의 모험에 몸을 던지는 것이 인간 존재의 본능임을 설득력 있게 가르친다. 내가 못나거나 불운해서가 아니라, 더 진실하고 의미 있는 시간을 추구하는 인생 여정에서 고난은 수반될 수밖에 없다는 것을.

책을 읽다 보면 알게 된다. 우리는 쾌락을 좋아하는 것만큼 고난을 싫어하지 않는구나. 의미를 알 수 없는 고난, 언제 끝날지 모르는 고난조차, 결국은 우리에게 해석의 힘과 인내, 관대함을 가르치는구나.

저자인 폴 블룸은 구약의 욥이 현대의 고난 전문가로 환생한 것 같은 치밀하고도 극적인 리포트로, '삶은 고해다', '인생의 베이스는 고통이다'라는 '안락한 체념'을 훌쩍 뛰어넘는다. 예컨대 그가 '행복한 삶'이라는 환상을 깨는 방식은 매우 전투적이고 다이내믹하다. 우리의 뇌는 쾌락만큼이나 고통을 환대하며, 우리의 본성은 안락한 감각만큼 의미 있는 성장을 추구한다. '고난의 기쁨'조차 인지 오류가 아니라, 고통과 쾌락의 레시피가 알맞게 조절되었을 때 따라오는 우리 육체의 정상 반응일 뿐이다.

결정적으로 이 책은 매우 중요한 깨달음을 전한다. 인간은 행복하도록 만들어지지 않았다는 진실을. 우리가 환희와 쾌락 속에 머물지 않고 고통을 통해 더 개선되도록 만드는 것이 신의 목적이며, 진화의 본질이라는 사실을. 그럼에도 불구하고 안락한 삶과 의미 있는 삶의 균형을 맞추기 위해 끝없이 노력하기에, 인간은 얼마나 애틋한 존재인가.

고난과 인간의 애착 관계를 끝까지 파고든 저자의 노력에 박수를 보낸다. 아름다운 당신, 더 이상 고통 앞에 주눅 들지 않기를! 지금 이 순간 고난을 통과하는 모든 이들에게 이 책을 권한다.

김지수(기자, 인터뷰어, 『이어령의 마지막 수업』 저자)

'행복한' 삶이라는 환상

인생이 잘 흘러갈 때, 우리는 스스로가 얼마나 취약한지 잊고 살 수 있다. 그러나 이를 상기시키는 요소들은 도처에 널려 있다. 갑작스러운 요통, 금이 간 정강이 뼈, 욱신거리는 두통 등 통증의 가능성은 항상 존재한다. 또는 방금 '전체 답장'으로 나만의 은밀한 비밀을 까발려 버렸다는 사실을 깨닫는 일과 같은 감정적 통증도 있다. 이런 예들은 일부에 불과하다. 우리가 종종 타인들로 인해 겪는 비극도 끝이 없는 것 같다.

인간 본성에 관한 가장 단순한 이론에 따르면 인간은 이러한 경험을 피하기 위해 무진 애를 쓴다. 우리는 쾌락과 안락을 추구하고 무탈한 삶을 살아가기를 바란다. 고난과 고통은 그 본래의 성격 때문에 피해야 한다. 정리 정돈의 대가인 작가 곤도 마리에近藤 麻理惠는 '기쁨을 불러일으키지' 않는 물건들을 버리라고 말하면서 부와 명성을 얻었다. 많은 이들은 이런 '버림'의 자세를 뛰어난 삶의 조언이라고 여길 것이다. 그러나 이 이론은 불완전하다. 여건과 정도가 적당하다는 전제하에 육체적·감정적 고통, 난관과 실패와 상실이 바로 우리가 찾아 헤매는 것이다.

당신이 가장 좋아하는 유형의 부정적인 경험을 생각해 보라. 어쩌면 당신은 눈물을 흘리고, 비명을 지르고, 숨이 막히게 하는 영화를 보러 갈지도 모른다. 또는 슬픈 노래를 들을 수도 있다. 스스로 상처를 찌르고, 매운 음식을 먹고, 괴로울 만큼 뜨거운 열탕에 몸을 담글지도 모른다. 또는 산을 오르고, 마라톤을 뛰고, 헬스장과 도장에서 주먹으로 얼굴을 맞을지도 모른다. 심리학자들은 불쾌한 꿈을 유쾌한 꿈보다 잦게 꾼다는 사실을 오래전부터 알고 있었다.[1] 그러나 우리는 몽상에 빠질 때도, 생각의 초점을 통제할 수 있을 때도 종종 부정적인 방향으로 사고한다.[2]

이 책은 우리가 이런 경험에서 쾌락을 얻는 이유를 설명하려 한다. 적당한 고통은 이후에 더 나은 쾌락을 얻기 위한 발판이 될 수 있다. 즉, 더 큰 미래의 보상을 얻기 위해 지불해야 하는 비용이다. 고통은 불안으로부터 주의를 돌리고, 심지어 자아를 초월하도록 도와준다. 사회적 목적에 기여하기 위해 고난을 선택할 수도 있다. 다시 말해서 우리가 얼마나 강인한지 드러낼 수 있다. 이러한 노력, 고생, 난관은 숙달과 몰입의 기쁨으로 이어진다.

원래 나는 이런 주제로 책을 쓰려고 했다. 고난이 쾌락을 불러오는 양상을 다룰 이 책은 영리한 제목은 아니지만 『고난의 기쁨The Pleasures of Suffering』으로 불릴 예정이었다. 그러나 친구 및 동료들과 이야기를 나누고, 심리학자와 철학자들의 글을 읽으면서 의구심이 생기기 시작했다. 사우나, 슬픈 노래, 스팽킹spankings(가학적·피학적 쾌락을 위해 몸을 때리는 행위-옮긴이) 등에는 적합한 이 이론이 보다 보편적으로는 적용되지 않았다. 우리가 추구하는 많은 부정적인 경험은 단순한 의미의 행복이나 긍정적인 감정을 제공하지 않는다. 그럼에도 우리는 그런 경험을 추구한다. 고난은 있지만, 쾌락은 없다.

이제 다른 종류의 선택적 고난에 대해 생각해 보자. 사람들, 대개 젊은이들은 자발적으로 전쟁에 참가한다. 그들은 손발이 잘리거나 죽음을 바라지 않는다. 그러나 도전, 공포, 고생을 경험하기를, 상투적인 표현으로는 '불의 세례(신병이 처음 전투에 참가하는 경험을 빗댄 표현-옮긴이)'를 받기를 바란다. 아기를 갖기로 결정한 이들은 대개 그 일이 얼마나 힘들지 어느 정도 알고 있다. 심지어 어린 자녀를 키우는 시기는 삶의 다른 시기보다 더 많은 스트레스를 받음을 보여주는 여러 연구 결과를 알고 있을지도 모른다(이 사실을 사전에 몰랐던 사람들도 금세 알게 될 것이다). 그럼에도 선택을 후회하는 일은 드물다. 일반적으로 삶의 중심이 되는 프로젝트는 고난과 희생을 수반한다. 마냥 쉬운 일이라면 굳이 노력할 의미가 있을까?

고난의 중요성은 오래전부터 알려져 왔다. 고난은 인간이 원죄 때문에 평생 고생한다는 창세기의 이야기를 비롯하여 많은 종교적 전통의 일부다. 불교의 중심 사상인 사성제四聖諦(고苦, 집集, 멸滅, 도道의 네 가지 진리를 가리킴-옮긴이)의 초점이기도 하며 사회학자 막스 베버Max Weber가 제시한 청교도적 노동 윤리의 핵심이다.

심지어 다른 모든 주제에 이견을 드러내는 학자들도 고난의 가치에 대해서는 동의한다. 내가 이 책의 대부분을 쓴 토론토에서 포스트모더니즘을 비판하는 철학자 조던 B. 피터슨Jordan B. Peterson과 극좌파 셀럽 철학자인 슬라보예 지젝Slavoj Žižek의 토론이 열렸다. 주제는 행복이었다. 〈크로니클 오브 하이어 에듀케이션The Chronicle of Higher Education〉은 이 논쟁을 기사로 다뤘다. 이 기사는 그들의 관점을 인용하면서 일부 비슷한 면을 지적했다.[3] 피터슨은 "삶의 목적은 감내할 수 있는 가장 큰 부담을 찾아내고 견디는 것"이라고 썼다. 한편 지젝은 "깊은 만족을 안기는 유일한 삶은 영구적 고생의 삶"이라고 믿는다. 나는 이 말들이 다소 요란하다고 생각한다. 고생이 정말로 **영구적**일 필요가 있을까? 그래도 이 두 사람은 고난의 중요성을 인정한다는 점에서 나의 형제들이다.

이 책의 많은 부분은 흥미로우면서도 구체적인 의문을 다룬다. 왜 어떤 사람들은 호러 영화를 좋아할까? 왜 어떤 청소년들은 자해를 일삼을까? BDSM(구속Bondage/훈육Discipline, 지배Dominance/굴복Submission, 가학Sadism/피학Masochism의 세 가지 성적 지향을 일컫는 말—옮긴이)의 매력은 무엇일까? 비선택적 고난(가령 자녀의 죽음)은 아픔을 극복하는 능력을 키워줄까? 아이를 갖는 일은 삶의 의미에 어떤 영향을 미칠까?

또한 이 책은 인간 본성에 대한 보다 폭넓은 관점을 변호한다. 많은 이들이 인간은 타고난 쾌락주의자로 오직 쾌락만 중시한다고 생각한다. 나는 고통과 고난에 대한 욕구를 자세히 살펴보면서 이러한 관점이 틀렸다고 설득하려 한다. 사실 우리는 보다 깊고 초월적인 무언가를 지향한다.

그렇다고 해서 이 책이 쾌락을 폄하하지는 않는다. 다만 사람들이 원하는 것은 다양하다는 생각을 변호한다. 이 관점은 동기다원주의motivational pluralism라고도 불린다.[4] 이는 경제학자 타일러 코웬Tyler Cowen의 관점과 일치한다. 그는 근래 이런 글을 썼다.

> 삶을 단일한 가치로 귀결시킬 수 없다는 말에는 어떤 미덕이 있을까? 아름다움도, 정의도, 행복도 삶의 전부는 아니다. 다원주의 이론은 웰빙, 정의, 공정, 자비, 아름다움, 성취, 예술적 극치, 그리고 다를 뿐 아니라 때로 상반되는 수많은 행복의 종류를 상정한다는 점에서 보다 타당하다. 삶은 복잡하다!

이 책에 제시된 연구 결과 중 일부는 실용적인 쓸모도 있다. 나는 오래전에 읽었던 두 권의 책을 종종 떠올린다. 미하이 칙센트미하이Mihaly Csikszentmihalyi가 쓴 『몰입』과 빅터 프랭클Viktor Frankl이 쓴 『빅터 프랭클의 죽음의 수용소에서』다. 두 책 다 단순한 의미의 자기계발서가 아니다. 인간 본성과 인간 번영human flourishing에 대한 주장을 펼쳐 많은 이들이 어떻게 살아야 하는지 생각하게 만든다.

『몰입』에 대해 잠시 이야기해 보자. 나는 많은 시간 동안 마라톤 훈련을 하거나 코딩을 배우는 등의 힘든 일에 빠져들었다. 하지만 이를 두고 깊게 생각한 적은 없었다. 그러다가 이런 '몰입 상태'가 행복과 번영을 누리는 데 중추 역할을 한다는 칙센트미하이의 글을 읽었다. 처음으로 이런 추구가 가치를 지닌다는 사실을 깨달았다. 이는 내가 깨달았던 어떤 사실보다도 훨씬 중요했다. 그래서 나는 삶의 더 많은 부분을 더 큰 행복과 충만감을 안겨주는 몰입 상태에서 보내기로 결심했다.

이 책들은 나를 비롯한 수많은 사람의 삶에 영향을 미쳤다. 나는 『최선의 고통』도 같은 일을 할 수 있기를 바란다.

나는 이런 유형의 책들을 충분히 많이 읽었다. 그래서 다음에 어떤 문장이 어어져야 하는지 안다. 나는 여러분에게 우리가 위기에 처했다고 말해야 한다. 우리는 불행하고, 방황하고, 우울하고, 불안하고, 나태하고, 무절제하며, 자살 충동에 시달린다. 지금은 최악의 시대다. 여기, 이 페이지들 가운데 해결책이 있다. 그래서 이 책을 읽어야 한다. 너무나 **시급하다**.

칙센트미하이는 『몰입』에서 물질적 풍요가 삶의 의미를 앗아갔으며, 특히 현대 미국인들은 비참하다고 장황하게 이야기한다. 그는 "진정으로 행복한 개인은 매우 드물다"라고 쓴다.[5] 에밀리 에스파하니 스미스Emily Esfahani Smith는 『어떻게 나답게 살 것인가』에서 1960년대 이후 우울증에 시달리는 사람의 수가 급증했다고 말한다.[6] 그녀는 항우울제를 복용하는 사람의 비율도 늘어났다면서 이렇게 결론짓는다. "절망과 불행은 그저 증가한 정도가 아니라 유행병이 되었다." 요한 하리Johann Hari는 『물어봐줘서 고마워요』에서 같은 데이터를 인용한 후 자신이 책을 쓴 목표는 "너무나 많은 사람이 우울과 심한 불안을 느끼는" 이유를 설명하기 위해서라고 말한다.[7] 데이비드 브룩스David Brooks는 베스트셀러 『두 번째 산』에서 "우리 사회는 기쁨에 맞서 음모를 꾸미는 조직이 되었다"라고 말한다.[8] 뒤이어 그는 "정신질환, 자살, 인간 불신의 충격적인 증가"를 논한다.

반면 다른 많은 이들은 지금이 최고의 시대라고 주장한다. 이 관점을 변호하는 가장 영향력 있는 인사는 스티븐 핑커Steven Pinker다. 그는 『지금 다시 계몽』에서 세상의 나아진 양상을 포착하는 풍부한 데이터를 제시한다.[9] 수백 개의 사례 연구 중에서 몇 가지 예만 들자면 기대수명, 아동 사망률, 식량 공급률, 문해율, 교육률, 여가 시간이 개선되었다. 반대로 빈곤, 전쟁, 폭력, 인종 차별, 성차별, 동성애 혐오는 줄어들었다.

현 시대에 대한 불평과 진보에 대한 믿음은 양립 가능하다. 핑커가 신중하게 언급한 대로 '과거보다 낫다'고 해서 '괜찮은 세상'은 아니다. 핑커는 많은 사람의 삶이 끔찍하다는 사실을 부인하지 않는다. 게다가 그가 제시한 자료는 지금까지의 추세다. 앞으로의 상황은 훨씬 나빠질 수 있다. 어쩌면 기후변화나 핵전쟁 때문에 세계가 곧 끝날지도 모른다.

그럼에도 인류사의 어느 시대에서 삶을 보낼지 고를 수 있다면 가장 합리적인 선택은 바로 지금이다. 특히 당신이 지구에서 가장 빈곤한 지역 중 한 곳에 살거나, 여성이거나, 소수 인종이거나, 동성애자 내지 트랜스젠더라면 더욱 그렇다. 해마다 수백만 명이 극단적인 빈곤 상태에서 탈출한다는 사실은 지금보다 더 큰 환호를 받아야 한다. 이는 다수가 불평하는 현대적 삶의 몇 가지 짜증스러운 면(사람들이 트위터에서 못되게 말해! 비행기 좌석이 너무 좁아!)보다 훨씬 중요하다.

비교적 잘사는 사람들에게도 세상은 더 나아졌다. 내가 주로 떠올리는 사례는 기대수명의 증가나 자살률 감소만큼 인상적이진 않은, 바로 인터넷이다. 내가 지금 글자를 입력하고 있는 기계는 종종 무료로 거의 모든 책, 영화, 텔레비전 프로그램에 접근할 수 있다. 나는 몇 초만에 스티브 마틴Steve Martin의 오래된 코미디를 듣거나, 제인 스마일리Jane Smiley의 소설을 다시 읽거나, 앨리스 쿠퍼Alice Cooper의 노래에 몸을 들썩일 수 있다. 나는 해외여행을 떠나면 집에 있는 가족과 통화하는 데도 비용이 많이 들고, 실제로 그들의 얼굴을 보는 것은 공상과학 소설에서나 가능하던 때를 기억할 만큼 나이가 많다. 몇 주 전 내가 뉴질랜드의 커피숍에 앉아서 휴대폰으로 오타와에 있는 조카들과 영상통화 하는 모습을 젊은 시절의 내가 봤다면 깜짝 놀랄 것이다. 이 모든 일이 별로 인상적이지 않다면 우리가 세상의 진전에 익숙해져 이를 당연시하고 있는 것이다.

이제 우리에게 진정한 만족을 안기는 것이 무엇인지 궁금할 것이다. 행복은 내면에서 만들어진다는 말은 뛰어난 통찰일까? 셰익스피어는 "좋고 나쁜 것은 없으며, 생각이 그렇게 만들 뿐"이라고 썼다. 물론 우리는 풍요로운 세상에서 비참할 수 있고, 최악의 상황에서 즐거울 수도 있다.

앞으로 이 문제에 대해 많은 논의가 이어질 것이다. 그러나 더 커다란 진실(너무나 명백해서 이야기하는 사람이 드문)은 몸과 마음이 편안하면 좋은 삶을 이루기가 훨씬 쉽다는 것이다. 당신의 아이가 굶어 죽어가고 있거나, 당신이 치료받지 못한 질환 때문에 온몸이 아프다면 기쁨과 만족을 얻기 어렵다. 생활 여건의 개선은 분명히 행복에 기여한다.

핑커는 근세사를 보면 행복도에 긍정적인 추세가 존재한다고 말한다.[10] 복수의 조사 데이터가 있는 국가들의 경우 대체로 최근 조사에서 행복도가 더 높다. 그리고 살아 있는 대다수 사람들은 자신이 행복하다고 말한다. 세계 가치관 조사World Values Survey에 따르면 전 세계 조사 대상자 중 86퍼센트가 자신이 "비교적 행복하다" 또는 "아주 행복하다"고 응답했다.[11] 반면 전문가들은 조사 대상자들이 속한 사회가 불행으로 가득하다고 주장한다. 그들은 행복 연구에서 가장 중대한 발견 중 하나를 자신도 모르게 증명한 것이다.[12] 사람들은 타인들이 얼마나 행복한지 과소평가한다. 동시에 자신이 운 좋은 예외라고 생각하는 경향이 있다.

물론 이 행운은 균등하게 분배되지 않는다. 어떤 나라의 국민은 다른 나라의 국민보다 행복하다.[13] 당신은 행복을 측정하는 방법에도 의구심을 품을 수 있다. 또한 '행복'이라는 단어의 모호성에 대해서도 이야기할 것이다. 이 단어는 언어에 따라 다른 의미를 지녀 비교하기가 어렵다. 하지만 질문을 정확하게 표현하려 노력해도 결과의 양상은 달라지지 않는다. 세계 가치관 조사 같은 일부 연구는 '행복'에 대해 질문한다. 반면 다른 연구는 삶을 0점(최악의 삶)에서 10점(최고의 삶)까지 점수로 표현해 달라고 요청하는 식이다.

어떤 방법을 쓰든 행복도가 가장 높은 나라는 누구나 예상하는 대로 핀란드, 덴마크, 스웨덴 등의 북유럽 국가와 스위스, 네덜란드, 캐나다, 뉴질랜드, 호주로 나온다. 이들 국가는 소득 수준이 높고, 기대수명이 길며, 사회적 지원이 탄탄하다. 이런 사회에서 사는 시민들은 높은 수준의 자유, 신뢰, 관용을 누린다.

국가별 비교는 인간 번영을 위한 최선의 조건에 대해 흥미로운 사실들을 말해준다. 에드워드 디너Edward Diener와 동료들이 지적한 대로 진보파와 보수파 각자 내세울 만한 주장이 있다.[14] 강력한 과세와 복지 같은 진보 정책은 행복도와 관련이 있다. 그러나 일정한 수준의 경제적 경쟁처럼 보수파들이 강조하는 요소들도 마찬가지다(공산주의 국가는 행복도가 낮다). 또 다른 연구는 개인에게 종교, 결혼, 안정된 가족의 연대 같은 전통적인 가치 역시 행복도와 관련이 있다고 주장한다. 다만 앞으로 살펴보겠지만 자녀를 갖는 데 따른 영향은 훨씬 복잡하다.

이런 연구 결과는 행복이 고정되어 있지 않음을 보여준다. 분명 유전적 영향은 존재하지만 개인의 선택을 통해 행복도를 높이거나 낮출 수 있다. 지금 불행한가? 짐을 싸서 토론토나 스톡홀름으로 떠나라. 삶에서 더 많은 불행을 바라는가? 그렇다면 기꺼이 당신을 맞이할 하위권 국가들이 수두룩하다. 어떤 나라에 사는지가 행복도에 영향을 미치지 않는다고 반박할 수 있다. 가령 스웨덴 사람들은 그들의 유전자나 양육 방식 때문에 행복하며, 그들이 지구에서 더 슬픈 나라인 앙골라나 쿠바로 이사해도 여전히 행복할 것이라고 생각할 수 있다. 하지만 이는 사실이 아니다. 여러 연구 결과에 따르면 태어난 나라가 영향을 미치기는 하지만, 이민자와 본토박이의 행복도도 대략 비슷한 경향을 지닌다.[15] 즉, 당신이 사는 사회는 실제로 당신의 행복에 영향을 미친다.

만약 인생의 모든 일이 아주 순조롭게 풀린다면(지적인 관심사 제외) 좋은 삶을 위한 최적의 조건을 신경 쓸 이유가 있을까?

어쩌면 당신은 미국인일지도 모른다. 지금이 위기라는 주장을 하고 싶다면 미국은 좋은 출발점이다. 미국은 대단히 부유한 나라 치고는 비교적 성적이 나쁘다. 전체 순위가 높기는 하지만 말이다 (최근 세계 행복 보고서World Happiness Report에서 156개국 중 18위).

더하여 미국은 힘든 시기를 지나고 있다. 이런 주장 중 일부는 논쟁적이다.[16] 가령 정말로 고독이라는 유행병이 존재하는지 불확실하다. 하지만 분명하게 잘못된 구석은 있다. 전 세계적으로 자살률은 크게 줄었다(1990년대 중반 이후 38퍼센트 감소).[17] 그러나 미국의 추세는 정반대로, 2000년 이후 자살률이 약 30퍼센트나 급증했다.[18] 데이비드 브룩스는 이런 상황이 끔찍하다며 "슬로 모션 자살slow-motion suicide"에 대해 언급한다.[19] 그는 미국인의 평균 기대수명이 지난 몇 년 동안 줄어들었다는 점을 지적한다. 이는 부유한 미국 사회를 감안하면 놀라운 추세다. 그에 따르면 미국에서 마지막으로 장기간에 걸쳐 유사한 상황이 일어난 때는 1915년부터 1918년까지다. 당시는 제1차 세계대전이 벌어진 데다가 50만 명 이상이 사망한 스페인 독감 유행병이 돌던 시기다.•

브룩스와 다른 학자들은 미국의 핵심적인 문제를 '의미의 위기'로 본다. 이 문제는 종교적 신념의 약화, 전반적인 목적의 상실, 오프라인 공동체로부터의 소외와 연계되어 있다. 요한 하리는 이 위

• 이 글을 쓰는 현재, 우리는 또 다른 세계적 팬데믹의 와중에 놓여 있다. 코로나가 우리의 행복과 번영에 미치는 장기적인 효과는 아직 미지의 영역에 속한다.

기를 설명하면서 우리가 "이웃 대신 페친을, 의미 있는 노동 대신 게임을, 사회에서의 위상 대신 최신 업데이트를" 가졌다고 말한다.[20]

이런 문제는 소셜 미디어가 등장하기 오래전부터 존재했다. 시배스천 융거Sebastian Junger는 『트라이브, 각자도생을 거부하라』에서 같은 땅을 놓고 싸우는 두 문명을 통해 18세기 말의 미국인을 묘사한다.[21] 그는 당시를 "시카고에서 공장들이 지어지고 뉴욕에서 빈민가가 생겨나는 한편, 천 마일 떨어진 곳에서는 인디언들이 창과 도끼로 싸우던" 때라고 말한다. 이 투쟁이 진행되는 동안 일부 식민지 주민(대개 여성과 아이들)은 납치되었다. 놀랍게도 붙잡힌 사람들 중 다수는 상당히 궁핍했고, 가족 및 친구와 헤어져 살아야 했지만 새로운 삶을 좋아했다. 그들은 자신을 붙잡은 사람들과 결혼했고, 가족의 일원이 되었으며, 때로는 그들과 함께 싸우거나 구조대를 피했다. 하지만 그들은 원래 살던 고향 땅을 밟은 후 종종 탈출했으며, 선주민 공동체로 돌아가려고 애썼다.

반대의 경우는 한 번도 없었다. 벤자민 프랭클린Benjamin Franklin은 1753년 친구에게 쓴 편지에서 이에 대한 놀라움을 표현했다. "인디언 아이들은 우리와 같이 자라고, 우리의 말을 배우고, 우리의 관습에 익숙해져도 자신의 혈족을 보러 갔을 때 그들의 말을 들으면 아무리 설득해도 돌아오지 않는다네."

융거는 보다 진보한 듯 보이는 유럽인들은 갖지 못했지만 토착 공동체가 가진 것이 무엇인지 묻는다. 그가 제시한 답은 식민지 주민들이 토착 공동체에서 최초로 의미와 목적 그리고 공동체로 가득한 삶의 맛을 보았다는 것이다.

우리는 이성적인 사람들이 자신의 삶에서 의미가 결여되어 있다고 걱정하는 모습을 본다. 그다지 이성적이지 않은 사람들 중 일부도 같은 걱정을 한다. 미국의 테러리스트로 세 명을 죽이고, 수많은 사람을 다치게 한 시어도어 카진스키Theodore Kaczynski는 3만 5,000자로 된 〈유나바머 선언The Unabomber Manifesto〉에서 세 가지 유형으로 목표를 구분한다. 최소한의 노력으로 충족 가능한 목표, 진지한 노력을 요구하는 목표, 아무리 노력해도 절대 충족할 수 없는 목표. 카진스키는 중간 범주가 사라졌다고 불만을 토로한다. 피터 틸Peter Thiel은 이 주장을 다음과 같이 정리한다.[22] "당신이 할 수 있는 일은 아이도 할 수 있다. 당신이 할 수 없는 일은 아인슈타인도 할 수 없다."

틸은 뒤이어 이런 비관론이 근본주의 운동에서는 흔하다고 주장한다. 그는 이런 태도가 때로 폭력뿐 아니라 무기력으로 발현된다고 지적하면서 힙스터 운동을 사례로 든다. "가짜 빈티지 사진과 핸들바 콧수염과 LP 플레이어는 모두 사람들이 미래에 낙관적이었던 지난 시대를 상기시킨다. 실행할 가치가 있는 모든 일이 이미 이뤄졌다면, 성취에 알레르기가 있는 것처럼 꾸미면서 바리스타가 되는 편이 낫다."

나는 현대인들이 과거에 비해 의미나 목적이 결여되어 고통받고 있는지는 확신하지 못한다. 하지만 많은 이들이 자신의 삶에서 뭔가를 잃어버렸으며, 의미 있는 프로젝트(고통, 난관, 고생이 뒤따르는)가 치료제가 될 수 있음을 안다. 유명한 환경운동가 그레타 툰베리Greta Thunberg가 쓴 이 트윗은 삶에서 의미를 찾는 데 뒤따르는 전형적인 반응을 담고 있다.

등교 거부 운동을 시작하기 전까지 나는 활기도, 친구도 없었고 누구와도 이야기하지 않았다. 섭식 장애에 시달리면서 집에 혼자 앉아 있었다. 지금은 그 모든 게 사라졌다. 너무나 많은 사람들에겐 피상적이고 의미 없어 보이는 세상에서 의미를 찾았기 때문이다.[23]

빅터 프랭클도 비슷한 결론에 이르렀다.[24] 1930년대에 비엔나에서 정신과 의사로 일하던 젊은 시절 그는 우울증과 자살을 연구했다. 그 기간에 나치가 권력을 잡았으며, 1938년 오스트리아를 점령했다. 프랭클은 환자와 나이 든 부모를 버릴 순 없어서 남는 쪽을 선택했다. 그는 결국 수용소에 갇힌 수백만 유대인 중 한 명이 되었다. 처음에는 아우슈비츠, 뒤이어 다하우Dachau에 갇혔다. 천생 학자였던 프랭클은 동료 수용자들을 연구했다. 그는 긍정적인 태도를 유지하는 수용자와 도저히 견디지 못하고 의욕을 잃거나 자살하는 수용자를 구분하는 것이 무엇인지 궁금해했다.

그는 그 답이 의미라고 결론지었다. 생존 확률이 높은 사람들은 보다 폭넓은 삶의 목적이 있는 사람들, 목표나 관계 등 살아야 할 이유가 있는 사람들이었다. 그가 이후에 쓴 대로(니체의 말을 빌어서) "삶의 '이유'가 있는 사람은 거의 모든 삶의 '양상'을 견딜 수 있다."

프랭클은 정신과 의사로서 정신 건강에 관심이 많았다. 그러나 의미 있는 삶을 살아야 한다는 그의 호소(수용소를 떠난 후 그가 개발한 심리 요법의 핵심)는 단지 그것이 행복이나 심리적 회복탄력성psychological resilience을 제공한다는 생각에 기반하지 않았다. 그는 그것이 우리가 추구하고 싶어 하는 종류의 존재 방식이라고 믿었다. 그는 행복과, 아리스토텔레스가 말한 유데모니아eudaemonia의 구분에 민감했다. 유데모니아는 말 그대로 '좋은 영혼good spirit'을 뜻하지만 실제로는 보다 일반적인 의미의 번영을 가리킨다. 프랭클에게 중요한 것은 유데모니아였다.

전쟁이 끝난 후 마흔 살에 수용소에서 풀려난 프랭클은 아무것도 가진 게 없었다. 아내뿐 아니라 어머니와 형제도 나치에게 살해당했다. 그는 삶을 재건했다. 다시 정신과 의사로 일하기 시작했다. 그는 재혼했다. 자녀를 두었고, 뒤이어 손주까지 보았다. 그는 고전이 된 홀로코스트 이야기인 『빅터 프랭클의 죽음의 수용소에서』[25]를 시작으로 글을 써내려갔다. 아흔두 살의 나이로 사망했을 때는 마지막 책을 끝낸 직후였다. 의미와 기쁨으로 가득한 풍요로운 삶이었다.

여기서 나의 입장을 분명하게 해두고 싶다. 나는 불행한 사람들에게 더 많은 고난이 필요하다고 주장하려는 게 **아니다**. 자살할 지경에 몰린 사람에게 더 많은 고통이 필요하다고 말하는 건 터무니없거니와 잔인한 일이다.

특정한 유형의 고난과 관련하여 나는 회의적인 입장이다. 삶에서 겪는 나쁜 경험들이 사실은 유익하다고 말하는 연구자들은 이미 많다. 그들은 외상 후 성장, 깊어진 삶의 의미를 말한다. 나는 이런 말을 믿지 않는다. 비선택적 고난은 끔찍하다. 가능하다면 피해야 한다.

그렇다면 나는 **어떤** 주장을 하려는 걸까? 이 책은 서로 연관되는 세 가지 생각을 변호한다. 첫째, 특정한 유형의 선택적 고난(고통, 공포, 슬픔을 포함하는)은 기쁨의 근원이 될 수 있다. 둘째, 잘 살아낸 삶은 쾌락적 삶보다 더 많은 의미를 지닌다. 셋째, 고생과 난관을 거쳐야 하는 고난은 고귀한 목적을 이루는 한편 완전하고 충만한 삶을 사는 데 필수적인 요소다.

고백으로 서문을 마무리하고자 한다. 나는 이 주제들을 파고들기 전 행복에 대해 많은 사람들의 말들을 들었다. 내가 받은 인상은 긍정적이지 않았다. 나는 그 말들을 매우 경멸했다. 수많은 행복 비즈니스가 피상적이며, 근거 없는 주장과 나쁜 철학을 내세운다고 느꼈다. 내가 보기에 그것은 과학이라기보다 사기에 가까웠다.

내가 부정적인 태도를 갖게 된 이유 중 하나는 수많은 사람들처럼 테드 강연과 자기계발서 같은 원천을 통해 걸러진 생각들을 접했기 때문이다. 이는 왜곡 효과를 초래했다. 계속 강연 무대에 서고 싶다면, 돈과 명성을 원한다면, 과학적 데이터가 탄탄한지와 무관하게 삶의 문제들에 대한 해결책을 제공하는 쪽이 현명하다. 나는 이 점을 과장하고 싶지 않다. 모든 분야에는 정직하게 지식을 전달하는 학자들이 있다. 그러나 동시에 사기꾼들도 있으며, 특히 행복 비즈니스 분야에는 아주 많다.

몇 년 전 나는 플로리다에서 열린 대부호들 모임의 강연자 중 한 명으로 초대되었다. 콘퍼런스가 시작되던 날 밤, 만찬이 끝난 후 주최 측에서 깜짝 강연자를 불러냈다. 그 사람은 다른 강연자들처럼 단순한 학자나 사업가가 아니었다. 그는 아주 **유명**했다. 우리 모두 그의 이름을 들었을 때 열렬하게 박수를 쳤다. 그가 누구인지는 밝히고 싶지 않다. 그냥 살아 있는 가장 유명한 동기부여 강연자 중 한 명이라고만 밝히겠다. 나는 그의 명성을 알았다. 그래서 어떤 말을 할지 무척 기대되었다.

주최 측이 선전한 대로 그의 강연은 변화를 부르는 경험이었다. 다만 그들이 그리던 방식은 아니었다. 그는 땀에 흠뻑 젖은 채 심리학 분야에서 나온, 소위 삶을 바꿔놓을 실험 결과들에 대해 이야기했다. 그러나 그중 대다수는 오류였고, 오래전에 신빙성을 잃은 내용이었다. 또한 그는 HBO 스페셜에 나왔던 코미디 대사를 따와서 자기 것처럼 말했다. 전체적으로 일관성이 없는 강연이었다. 무한한 사랑에 대한 설교를 늘어놓다가 곧이어 옆에 앉은 사람을 향해 "당신은 나한테 꼼짝 못 해!"라고 소리치는 데이비드 매미트David Mamet(거칠고 강렬한 대사로 유명한 작가-옮긴이) 스타일의 훈련을 하게 만드는 식이었다. 나는 흥미를 갖고 진지하게 임하려 애썼다. 하지만 옆에는 역사학자가 앉아 있었고, 내가 그를 따라 소리칠 때마다 그녀는 계속 키득거렸다.

행복과 좋은 삶에 대해 우리가 듣는 많은 이야기는 믿을 만한 게 못 된다. 하지만 나는 이전에 가졌던 시각이 궁극적으로 오해임을 안다. 나는 더 이상 주말에 시간만 들이면 내면의 바닥을 싹 정리할 수 있다고 생각하지 않는다. 웰빙의 과학에는 수준 높은 핵심이 있다. 거기에는 자칭 '긍정심리학자들' 및 이 집단과 연루되는 것을 극혐하는 학자들이 모두 포함된다. 그들은 세심한 실증적 연구와 깊은 이론화 작업을 한다. 내가 영향받은 학자로는(이는 일부 목록이다) 미하이 칙센트미하이, 데이비드 데스테노David DeSteno, 에드워드 디너, 대니얼 길버트Daniel Gilbert, 조너선 하이트Jonathan Haidt, 대니얼 카너먼Daniel Kahneman, 소냐 류보머스키Sonja Lyubomirsky 그리고 긍정심리학 분야의 창시자인 마틴 셀리그만Martin Seligman이 있다. 또한 에밀리 에스파하니 스미스와 브록 바스티안Brock Bastian이 비슷한 주제로 탐구한(스미스는 의미에 대해, 바스티안은 고통과 고난에 대해) 뛰어난 책•들에게서 영향을 받았다.[26]

다만 이 책은 다른 학자들의 생각과 연구 내용을 정리한 것이 아니다. 고통에서 얻는 기쁨과 삶에서 고난이 가지는 중점에 관해 내가 다룰 주제는 아직 연구되지 않았다. 또한 이 책은 다소 이례적인 방향으로 나아갈 것이다. 내가 제시하는 일부 생각과 주장은 확고한 과학적 연구에 기반한다. 반면 나머지는 보다 잠정적이다. 앞으로 언급할 내용이 어디에 해당하는지는 가급적 밝혀나가겠다.

또한 소설가 워커 퍼시Walker Percy가 쓴 대로 "픽션은 우리가 모르는 이야기를 들려주지 않는다. 대신 우리가 알지만 알고 있다는 사실을 모르는 이야기를 들려준다." 이 말은 때로 심리학에도 적용된다. 나는 당신이 알고 있다는 사실을 몰랐던 것들에 대해 말하겠다.

• 덧붙이자면 이 분야는 빠르게 변하고 있어서 모든 책이 출판될 무렵이면 약간은 시류에 뒤처지게 된다. 최신 논의를 따라잡기 위해 내가 가장 추천하는 것은 내 친구이자 동료인 로리 산토스Laurie Santos가 운영하는 팟캐스트, 〈행복 연구소The Happiness Lab〉다. 주소는 https://www.happinesslab.fm이다.

쾌락주의에 반기를 들다

달콤한 고통이라는 존재

나의 둘째 아들은 고통을 즐긴다. 친구들과 빰을 때리는 놀이를 하거나, 와사비 먹기 대결을 하자고 부추기는 아이였다. 고등학생 때는 졸업 프로젝트로 에베레스트산에 올랐다. 다만 진짜 에베레스트산은 아니었다(어차피 출석은 매일 해야 했다). 에베레스트산의 높이는 8,848미터다. 그래서 그는 매일 오후 클라이밍장에 가서 몇 시간 동안 인공 암벽을 오르내렸다(매일 300미터 정도씩, 일주일에 4~5일, 30일 동안). 실제 네팔의 베이스캠프에서 출발해 등반을 하고 돌아왔다면 어디쯤 있을 것인지, 어떤 풍경을 볼 것인지 블로그에 기록했다. 불쾌하고 힘겨운 과정이었다고 그는 심하게 투덜거렸다. 그래도 그 일을 좋아했다.

아마 당신도 비슷한 일을 했을 것이다. 어쩌면 당신은 푹신한 침대와 뜨거운 샤워를 포기하고 캠핑을 갔을지 모른다. 또는 엘리트

선수들이 '달콤한 고통'이라 찬미한 스포츠인 사이클링을 할지도 모른다. 한 사이클 선수는 그 고통을 이렇게 묘사한다. "숨이 차오르고 뼛속까지 탈진한 느낌에 뒤이어 기록을 볼 때 입꼬리가 올라가면서 지어지는 미소……. 자전거로 길고 지독한 오르막의 꼭대기에 다가가면서 그저 엔도르핀의 신에게 기도할 때, 비명을 지르는 다리를 무시하기 위해 취하는 마음가짐."1

나는 운동을 즐기지 않지만 오래전 뉴욕 마라톤에 참가하기로 결심했다. 당시 몸 상태가 끔찍하게 좋지 않아서 준비할 시간이 1년 넘게 필요했다. 그중 추운 뉴잉글랜드에서 보냈던 겨울이 있었다. 새벽 어스름 속을 달리며 얼굴이 마비되는 기분, 물집과 근육통을 치료하던 느낌이 어떤지 기억난다. 그래도 나는 그 기억을 소중히 여긴다.

그 밖에 보다 수동적이고 피학적인 쾌락이 있다. 환희와 경외 또는 성적 욕망을 즐기는 이유에 대해서는 의문스러운 구석이 없다. 하지만 공포의 경우라면 어떨까? 몇 년 전 나는 첫째 아들이 예술적인 냄새를 풍기는 〈로우Raw〉라는 프랑스 식인 영화를 노트북으로 보면서 물리 숙제를 하는 모습을 우연히 목격했다. 영화 장면을 슬쩍 보았을 뿐인데 오후를 망치고 말았다. 그런 종류의 자극은 내게 너무나 버겁다. 앞으로도 고문 포르노 따위를 이야기할 때 간접적인 묘사에 그칠 것이다. (첫째 아들은 쾌활하게 'r/wince'라는 레딧Reddit 포럼을 내게 소개했다. 보기만 해도 움찔하게 만드는 짤들을 모아놓은 곳이었다. 지금 클릭해 보니 오늘 첫 게시물은 '손가락을 뚫은 스테이플, 뼈도 관통함'이라는 제목의 사진이다. 생각만 해도 속이 울렁거려서 바로 다른 화면으로 넘어갔다.)

어쩌면 당신은 이런 류를 좋아할지 모른다. 지금 책을 내려놓고 내가 이야기한 게 뭔지 보려고 넷플릭스나 레딧을 살피고 있을지도 모른다. 또는 당신은 나처럼 예민한 영혼을 가졌을지 모른다. 그럼에도 모두가 다소 혐오스러운 경험에 대한 약간의 취향을 갖고 있다. 나의 경우는 〈소프라노스The Sopranos〉, 〈브레이킹 배드Breaking Bad〉, 〈왕좌의 게임Game of Thrones〉 같은 텔레비전 시리즈가 시각적 쾌락의 대상이다. 이 드라마들은 모두 폭력적이며(강간, 살인, 고문 장면 등장) 온갖 종류의 고난과 상실에 대해 묘사한다. 그래도 나름의 흡인력을 지닌다. 분명 이와 비슷한 매력, 아마도 폭력 대신 우울 같은 요소가 당신의 구미를 당길 것이다.

우리가 탐닉하는 구체적인 고난의 유형과 정도는 사람마다 다르다. 나는 매운 카레와 롤러코스터를 즐긴다. 열탕? 좋지만, 너무 뜨거운 건 싫다. 장거리 달리기? 좋다. BDSM? 그건 당신이 알 바 아니다. 흥미로운 차이는 있겠지만 누구도 고난의 유혹으로부터 자유롭지 않다.

이야기를 더 진행하기 전에 용어의 의미를 짚고 넘어가려 한다. 나는 '쾌락pleasure'과 '고통pain'이라는 단어를 다른 모든 사람과 같은 방식으로 쓸 것이다. 그러니까 대략적으로 각각 "아!" 또는 "아야!"라고 소리치게 만드는 경험을 가리킨다. 또한 육체적으로 고통스럽지 않은 부정적인 경험에 대해서도 이야기할 것이다. 힘든 프로젝트에 장시간 매달리거나, 슬픈 기억에 집착하거나, 배가 고픈데도 음식을 먹지 않기로 선택하는 일이 그런 예다. 때로 나는 이를

'고난suffering'이라고 부를 것이다. 이는 '고통이나 고뇌 또는 역경에 시달리는 상태'라는 사전적 정의에 부합한다(이 정의는 **심한** 고통이나 고뇌 또는 역경이어야 한다고 말하지 않는다).

하지만 나는 이런 단어 선택에 불편해하거나 심지어 불쾌해하는 사람들이 있다는 사실을 깨닫게 되었다. 일전에 다소 사소한 일(연구소에서의 가벼운 감전)을 두고 고난이라는 표현을 쓴 적이 있었다. 그러자 한 나이 든 여성이 화를 내면서 자신의 부모는 제2차 세계대전 때 끔찍한 경험을 겪었으며, **그게** 고난이라고 말했다. 그녀가 보기에 나의 폭넓은 용례는 자신의 부모에게 생긴 일을 가볍게 치부하는 셈이었다. 이해한다. 나도 누군가가 공항 보안 검색대의 긴 줄에서 기다리는 일 같은 경험을 '고문'이라고 묘사하면 같은 기분을 느낀다. 우스꽝스러운 과장이라면 괜찮지만 진지하게 말하는 것은 실례다. 실제로 행해졌던 고문을 사소한 일로 만들기 때문이다.

구분하기 쉽도록 영어의 어휘가 더 풍부했으면 좋겠지만 그렇지 않다. 그래서 나는 부정적인 경험의 전반적인 범주에 대해 '고난'이라는 단어를 계속 쓰도록 하겠다. 미약하게 욱신거리는 이를 혀로 누르는 느낌도 고통인 것처럼, 가벼운 형태의 고난도 여전히 고난이다. 그래도 이런 방식으로 말하는 게 싫다면, 머릿속으로 나의 용례를 보다 어색하지만 어쩌면 보다 정확한 용례로 번역하라. '육체적·정신적 이유로 대개 혐오하는 경험'이라고 말이다. 그러면 말이 통할 것이다.

이 책은 두 가지 종류의 선택적 고통과 고난을 탐구할 것이다. 첫 번째는 매운 음식, 열탕, 공포 영화, 거친 섹스, 격렬한 운동 등이다.

이런 경험들이 쾌락을 안길 수 있다는 사실을 살필 것이다. 미래의 경험이 줄 기쁨을 강화하고, 의식으로부터 탈출하게 해주고, 호기심을 충족하며, 사회적 위상도 높일 수 있다. 두 번째는 높은 산을 오르고 아이를 갖는 일 등을 포함하는 종류다. 이런 활동은 노력을 요구하며, 종종 불쾌하다. 그러나 '잘 산 삶'의 일부가 된다.

이 두 종류의 선택적 고통과 고난(각각 쾌락과 의미를 위한)은 많은 측면에서 다르다. 우리는 열탕과 BDSM, 매운 카레의 불쾌함을 적극적으로 추구하고 기대한다. 불쾌함이 없으면 해당 활동은 완성되지 않는다. 고난은 다르다. 마라톤을 완주하기 위해 훈련할 때 누구도 부상과 실망을 바라지 않는다. 그럼에도 실패의 가능성은 존재한다. 게임을 시작할 때 당신은 지고 싶어 하지 않는다. 그러나 매번 이길 것이라는 사실을 알면 결코 재미를 느낄 수 없다. 일반적으로, 삶의 경우도 그러하다.

실패의 불가능성은 몽상이 지닌 약점 중 하나다. 행동경제학자이자 정신과 의사인 조지 에인슬리George Ainslie는 몽상이 '희소성 결핍'에 시달린다고 불평한 적이 있다.[2] 우리는 자신을 곤경에 빠트리는 일을 선택할 수 있지만, 동시에 거기서 빠져나오는 것도 선택할 수 있다. 이 자유는 우리가 혼자만의 환상에서 얻는 쾌락의 많은 부분을 빼앗아간다.

전능全能이 따분한 이유가 거기에 있다. 크립토나이트가 없다면 누가 슈퍼맨의 모험에 관심을 가질까? 진정한 전능은 비극일지 모른다. 이를 보여주는 〈환상특급Twilight Zone〉의 에피소드가 있다. 어떤 조폭이 죽은 후 놀랍게도 천국 같은 곳에서 깨어난다. 그는 섹스, 돈, 권력 등 무엇이든 갖고 싶은 것을 얻는다. 그러다 권태에 이어 좌절이 찾아온다. 결국 그는 가이드에게 자신이 있을 곳은 천국이 아니라며 "다른 곳에 가고 싶소"라고 말한다. 그러자 가이드는 여기는 천국이 아니며, 그는 이미 다른 곳에 있다고 대꾸한다.[3]

'쾌락인 동시에 고통'과 '고난에서 얻는 기쁨' 같은 구절은 말이 된다. 사우나와 고문 포르노 같은 사례는 우리가 특정한 형태의 고통과 괴로움이 지니는 매력을 알고 있음을 밝혀준다. 철학자이자 가수인 존 쿠거 멜런캠프John Cougar Mellencamp는 "너무 달콤하게 아파Hurts so good"라고 노래하고, 우리는 고개를 끄덕인다. 하지만 생각해 보면 이 말은 약간 이상하고, 심지어 역설적이다.

철학자 데이비드 루이스David Lewis는 논문에서 우리와 다른 고통을 느끼는 광인을 상상한다.[4] 우리의 고통은 멈추기를 바라게 만들고, 소리치거나 울게 만든다. 반면 광인의 고통은 이상한 방식으로 행동하게 만든다. 가령 수학 문제에 집중하거나, 다리를 꼬고 손가락을 튕기는 식이다. 또한 루이스가 상상한 광인은 고통을 피하거나 고통이 생기면 사라지게 만들려는 생각이 없다.

여기서 루이스의 분석은 미묘하다. 나에게도 당신에게도 그것은 진정한 고통이 아닐 것이다. 광인은 그것을 고통이라 부를지 모른다. 그러나 이 혼란은 그의 정신병을 반영할 뿐이다. 부정성否定性과 아무 관련이 없다면 고통이 될 수 없다. 따라서 그것을 고통이라고 부른다면 틀렸다.

고통에 따른 쾌락이 너무나 혼란스러운 이유가 여기에 있다. 검색 엔진에 이 단어들을 입력하면 나오는 정의를 살펴보자.

쾌락: 행복한 만족과 즐거움 또는 그런 느낌

고통: 병이나 부상으로 인한 매우 불쾌한 육체적 감각

이는 정반대로 보인다. 국제통증학회International Association for the Study of Pain 분류 체계 태스크포스Task Force on Taxonomy가 제시한 보다 엄격한 정의에 따르면 통증은 "실제적 또는 잠재적 조직 손상에 따른, 또는 그런 손상을 기준으로 묘사되는 불쾌한 감각적·감정적 경험"이라고 되어 있다.[5] 여기서도 '불쾌한'이라는 단어가 다시 나온다. 어떻게 쾌락과 불쾌를 동시에 경험할 수 있을까?

대상을 바라보는 특정한 방식에 따르면 그럴 수 없다. 경험의 모든 순간이 0에서 10까지의 척도에 걸친 숫자에 해당한다고 가정하자. 낮은 숫자는 당신이 기피하는 끔찍한 상태고, 높은 숫자는 당신이 추구하는 긍정적인 상태다. 당신은 낮은 숫자와 높은 숫자에 모두 해당하는 상태가 될 수 없다. 이는 뜨거운 동시에 차가운 목욕물을 붓는 일과 같다. 그것은 불가능하다. 목욕물은 뜨겁거나, 차갑거나, 그 사이일 수 있다. 오후 8시에 뜨거웠다가 8시 15분에 차가울 수도 있다. 심지어 오른쪽은 뜨겁고, 왼쪽은 차가울 수 있다. 그러나 같은 물이 뜨거운 동시에 차가울 수는 없다.

이 수수께끼를 다른 방식으로 풀기 위해 심리적 상태들의 기능을 생각해 보자. 철학자 제러미 벤담Jeremy Bentham은 "자연은 인류를 쾌락과 고통이라는 두 군주의 지배하에 두었다"라고 말했다.[6] 그는 이 둘이 본질적으로 상반되는 힘으로, 우리를 다른 방향으로 밀어붙인다고 보았다. 즉, 접근과 회피를 유도하는 당근과 채찍이라는 뜻

이다. 그렇다면 어떻게 접근과 회피를 동시에 할 수 있을까?

이후 프로이트에 대해 자세히 이야기할 것이다. 다만 여기서는 그가 이 현상의 기이함을 자각했다는 점만 언급하도록 하겠다. 그는 사람의 주된 목표가 "불쾌를 피하고 쾌락을 얻는 것"이므로, 고통을 추구하는 것을 "이해할 수 없다"고 쓴다.[7] 이러한 경우는 마치 "우리의 정신적 삶을 지키는 경비원이 마약에 취해 일을 할 수 없게 된 상태와 같다."

'끔찍함'을 초월한 곳에는

이 수수께끼에서 빠져나오기 위해 고통은 절대 즐거울 수 없다고 성급히 결론지을 수도 있다. 물론 우리는 고통을 추구하지만 이는 또다른 혜택을 제공하기 때문일지도 모른다. 이런 절충은 삶의 일부다. 당신은 추운 날 집 진입로에 남겨진 중요한 소포를 가져오기 위해 몸을 떨고 불편을 감수하면서 바깥을 달린다. 또는 오랜 병을 고치기 위해 고통스러운 수술을 받는다. 또는 운전면허증을 갱신하려고 관청에서 따분하고 불만스럽게 앉아 있는다. 또는 동지의 신원을 밝히지 않으려고 고문을 견딘다. 그 끔찍함을 부정하지 않으면서도 고통과 고난을 선택하는 수많은 이유가 있다. 양성 피학증benign masochism(질병의 양성 및 악성 구분을 활용한 표현으로 비교적 무해한 수준의 피학증을 말함–옮긴이)을 다룬 다음 장은 우리가 단 몇 초 후에 쾌락을 얻기 위해 고통을 선택하는 사례를 많이 담고 있다. 이런 설명은 고통의 '나쁨'을 부정하지 않는다. 그러나 알고 보면 고통 자체가 부정적일 필요는 없다. 특정한 질환을 살펴보면 이 복잡한 문제에 대한 약간의 힌트를 얻을 수 있다.

당신은 선천성 무통각증congenital analgesia이라는 병에 대해 들어본 적이 있을지 모른다. 이 병에 걸린 사람은 피부가 베이거나 타격을 입는 것을 느끼지만 이를 통증으로 인식하지 않는다. 그래서 통증을 피해야 한다는 내재적 동기가 없다. 이 병에 걸린 대다수 사람들은 이십 대를 넘기지 못한다. 이 사실은 부상을 방지하고 다친 부위가 낫도록 하는 데 통증이 매우 중요함을 말해준다.

이보다 혼란스러운 증후군은 통각마비pain asymbolia다. 이는 통증을 느끼고 고통스럽다고 인식하지만, 불쾌하게 여기지 않는 질환이다. 이 병에 걸린 사람은 통증을 가하도록 의사나 과학자에게 몸의 일부를 내준다. 그렇다고 해서 감각이 마비된 것은 아니다. 한 환자는 "실제로 느껴져요. 약간 아파요. 하지만 성가시지 않아요. 아무렇지 않거든요"라고 밝혔다.[8] 이 장애는 뒤쪽뇌섬엽posterior insula과 마루덮개parietal operculum 같은 뇌 부위의 손상과 관련이 있다. 이 부위들은 일반적으로 위협에 대응한다. 이런 증후군은 고통의 경험이 본질적으로 달갑지 않은 것만은 아니라는 방향으로 우리의 시야를 열어준다.

이 두 종류의 통증 증후군은 두 종류의 진통제를 구분하는 방식과도 관계가 있다.[9] 우선 통증을 완화하거나 제거하는 일반적인 종류가 있다. 그리고 강력한 효과를 제공하지만 일종의 통각마비를 초래하는 다른 종류(모르핀의 작용은 때로 이런 방식으로 설명된다)가 있다. 즉, 통증을 느끼지만 덜 성가시게 받아들이도록 만든다.

니콜라 그라헥Nikola Grahek은 일상생활에서 통각마비가 어떤 느낌인지 살짝 체험할 수 있다고 말한다.[10] 그는 가슴 왼쪽 윗부분에서 시작된 지속적인 둔통이 팔까지 내려가서 의사를 찾아가는 상황을 상상해 보라고 요청한다. 당신은 심장마비일지 모른다고 걱정한다. 하지만 의사는 근육 염증에 불과하며, 곧 사라질 것이라고 안심시킨다. 덕분에 당신의 불안은 사라진다. "당신은 통증에 대해 무심한 태도를 취하게 된다. 통증이 여전히 존재하며, 여전히 불쾌하게 느껴지는데도 말이다."

때로 통증에 대한 반응은 태도의 변화를 따른다. 작가 안드레아 롱 추Andrea Long Chu는 자신의 남성기를 여성기로 바꿀 수술을 준비하는 길고 고통스러운 과정에 대해 이야기한다. 그녀는 자주 느끼는 통증을 묘사하며 이야기를 시작한다. "모든 육체적 통증은 물리적 무단침입에 대한 충격에서 시작된다." 그러나 몇 달이 지나면서 "조심스러운 데탕트Détente(적대 관계에서 화해 분위기가 조성되는 상태-옮긴이)에 이르렀다. 통증과 나는 헤어진 사람들이 명절 파티에서 만나 고개를 살짝 끄덕이듯이, 상호불간섭이라는 암묵적 조건에 따라 서로의 존재를 인정했다."[11]

이는 명상 훈련을 통해 얻을 수 있는 능력 중 하나로 알려져 있다. 작가 로버트 라이트Robert Wright는 명상 수련 중 자신이 시도한 실험에 대해 이야기한다.

뭔가를 마실 때마다 이가 아프기 시작했다(알고 보니 신경치료가 필요했다). 격렬한 통증이어서 미지근한 음료를 마셔도 몹시 고통스러웠다. 그래서 나는 어떤 일이 생기는지 보려고 방에 앉아서 30분 동안 명상했다. 그리고 물을 크게 한 모금 들이킨 후 문제의 이까지 확실하게 적셨다.

결과는 극적이고도 이상했다. 이가 너무나 욱신거려서 고통의 파도에 휩쓸릴 지경이었다. 하지만 지속적으로 불쾌하게 느껴지지는 않았다. 씁쓸함과 달콤함의 경계에 있었으며, 둘 사이를 오갈 따름이었다. 이따금 놀라움awe을 자아낸다는 의미에서 심지어 대단하기도awesome 했다. 그 힘, 심지어 그 장대함과 아름다움에 숨이 멎을 지경이었다. 이 경험과 일반적인 치통 사이에 존재하는 차이를 가장 단순하게 설명하자면 일반적인 치통보다 "아야!"는 덜했고, "우와!"는 더했다.[12]

이런 사례는 고통이 반드시 나쁜 것만은 아님을 말해준다. 과학적 연구와 일상적 경험 모두 한층 강한 주장을 제시한다. 바로 고통은 좋은 것이 될 수 있다는 주장이다. 앞서 우리가 제시한 0에서 10까지의 척도는 틀렸다. 어쩌면 다른 동물들은 이런 방식으로 살아가며, 고통과 쾌락이 단일한 연속선에 존재할지 모른다. 그러나 사람의 경우 어떤 대상은 0인 동시에 10일 수 있다. 부정적인 경험과 긍정적인 경험(고통과 쾌락)은 상반되지 않는다. 이를 저온과 고온 같은 식으로 생각하는 것은 실수다.

어떻게 그럴 수 있을까? 경험을 해석하고 거기에 반응하는 인간의 능력에 해답이 있다. 우리는 세상에서 일어나는 일들로 행복, 슬픔, 분노, 수치, 경이를 느낄 수 있다. 동시에 세상에서 일어나는 일들에 대한 **반응**으로 인해 행복, 슬픔, 분노, 수치, 경이를 느끼도록 만들어졌다(그리고 때로는 세상에서 일어나는 일에 대한 반응**에 대한 반응**으로 행복, 슬픔, 분노, 수치, 경이를 느끼기도 한다. 그러나 내용이 너무 복잡해지지 않도록 이 문제는 제쳐두자).

공포를 예로 들어보자. 호랑이가 당신에게 달려든다. 당신은 공포를 느낀다. 이 공포는 우리가 다른 동물과 공유하는 적응적 반응이다. 신체가 도피 또는 투쟁을 준비함에 따라 아드레날린이 분비되고, 심박수가 증가하고, 혈액이 근육으로 유입되며, 소화계가 느려지거나 차단된다. (에미넴Eminem은 고위험, 고보상의 사회적 경쟁에 직면한 사람을 묘사하며 이를 잘 표현한다. "손바닥엔 땀이 나고, 무릎은 후들거리고, 팔이 뻣뻣해 / 스웨터에는 이미 토사물이 묻어 있어.") 또한 우리의 조상이 털복숭이 동물이었음을 드러내는 유구한 반응으로 소름이 돋을 수도 있다. 주의가 더 강하게 환기되고 집중된다. 무엇보다 공포의 특징은 지루하지 않다는 점이다.

이런 종류의 경험은 대개 부정적이다. 호랑이에게 습격당하는 일은 최악이다. 그러나 이런 경험의 나쁨badness은 공포로 인한 결과가 아니다. 공포 자체보다는 호랑이에게 사지가 잘리거나 죽임을 당하는 쪽이 끔찍하다. 당신이 실질적인 위험은 없다는 사실을 알고 있다고 가정하자(가령 당신은 가상현실 시뮬레이션 속에 있다). 그래도 당신은 여전히 공포를 경험한다. 즉, 당신의 몸은 거의 같은 방식으로 반응한다. 그러나 이것이 반드시 나쁜 공포인 것은 아니다. 즐거운 공포일 수도 있다.

사람들은 이런 종류의 경험을 위해 돈을 지불한다. 놀이공원의 귀신의 집과 무서운 영화는 인기가 많다. 우리는 공포가 매력의 일부임을 안다. 이후 설명할 연구에서 연구자들은 호러 영화 팬들이 〈엑소시스트〉 같은 영화를 볼 때 호러 영화를 싫어하는 사람들만큼 공포를 경험한다는 사실을 확인했다.[13] 일부 이론과 달리 무서운 영화를 즐기는 사람들은 감정적으로 둔감하지 않다. 그들은 공포를 즐기며, 실제로 더 심한 공포를 경험할수록 더 많은 쾌락을 얻는다.

다른 사례를 들자면, 분노는 대개 부정한 일을 인지한 데 따른 반응이다. 그래서 분노의 경험은 부정적인 경우가 많다. 그래도 당신은 분노를 음미할 수 있다. 복수에 대한 환상을 품거나, 정의로운 분개의 감각을 즐기면서 말이다. 또한 분노는 유용할 수 있다. 마야 타미르Maya Tamir와 브레트 포드Brett Ford는 한 실험에서 사람들이 협상 파트너와 대립하도록(협력이 아니라) 동기가 부여되면 분노를 키우려고 애쓸 가능성이 높으며, 그 분노가 도움이 되리라고 기대한다는 사실을 확인했다.[14] 그들의 연구는 옳았다. 분노한 사람들은 협상에 성공할 가능성이 더 높았다.

이제 슬픔을 예로 들어보자. 슬픔은 대개 부정적인 사건에 대한 반응이다. 그러나 나쁜 일이 **그렇게** 나쁘지만 않다면 슬픔에 빠져서 투정을 부리는 데서 얻는 쾌감이 있다(누구도 사랑하는 사람의 죽음에 따른 비통함을 즐기지는 않는다). 또 다른 연구에서 피실험자들에게 슬픈 영화를 보여준 결과, 그들이 슬픔을 느끼는 정도는 영화를 계속 보기를 원하는 정도와 유사했다.[15] 이처럼 슬픔은 실제로 나쁜 경험에 해당하지 않으며, 또는 최소한 즐거운 슬픔이 될 잠재력을 갖고 있다.

또한 우리는 슬픔을 자아내는 노래나 작품에서 뭔가를 얻는 것처럼 보인다. 가령 라나 델 레이Lana Del Rey와 아델의 노래, 〈현을 위한 아다지오Adagio for Strings〉 내지 모차르트와 베르디의 〈레퀴엠〉 같은 클래식이 그런 예다. 여러 연구 결과에 따르면 사람들은 이런 클래식 작품 속에 담긴 슬픔을 음미하며, 거기서 쾌락을 얻는다.[16] 그들은 다른 무엇보다 부드러움과 애잔함을 느낀다고 주장한다.

왜 슬픈 노래는 이런 매력을 지닐까? 어쩌면 그저 안전한 맥락에서 슬픔을 경험하는 일을 즐기는지도 모른다. 즉, 아무런 현실적 걱정 없이 슬픔을 음미하는 것이다. 또는 보다 구체적인 보상이 있을 수도 있다. 에밀리 코네트Emily Cornett는 최근 가슴 아픈 이별을 한 사람들이 왜 이별 노래를 듣기를 즐기는지 궁금해했다.[17] 그녀는 그들만 이별을 겪은 것이 아니며, 같은 감정을 느끼는 다른 사람들이 존재한다는 사실을 이별 노래가 알려주기 때문이라고 설명한다. 또한 모든 부정적인 경험과 마찬가지로 이 경우에도 선택이 중요하다고 지적한다. 방금 결별한 후 갑작스레 우연히 아델의 〈너 같은 사람Someone Like You〉을 듣는 일은 불쾌한 경험이 될 가능성이 크다. 우리는 울음을 터트릴 때를 어느 정도는 통제하고 싶어 한다.

거의 모든 감정은 이런 방식으로 전환될 수 있다. 영화 〈빅쇼트〉에서 스티브 카렐Steve Carell이 연기한 마크 바움Mark Baum은 항상 화나 있는 모습으로 그려진다. 그는 일 때문에 자신이 불행한 거라는 말을 아내한테 들었다고 동료들에게 털어놓는다. 그러자 동료 중 한 명이 이렇게 대꾸한다. "하지만 자네는 불행할 때 행복하잖아." 바움은 그 말에 동의한다.

지금까지 부정적인 경험이 쾌락의 원천이 될 수 있다는 점을 살폈다. 그렇다면 반대의 경우도 가능할까? 긍정적인 경험을 재평가해 부정적인 경험으로 만들 수 있을까? 가능해 보인다. 우울증 환자 중 일부는 긍정적인 감정을 경험하지 않으려 한다.[18] 가령 그들은 자신에게는 행복을 누릴 자격이 없다거나, 지금의 행복한 경험은 나중의 씁쓸하고 불쾌한 경험을 초래할 뿐이라고 믿는다. 그렇다면 즐거운 슬픔과 더불어 슬픈 기쁨도 가능하다.

문화별 차이도 존재한다.[19] 여러 연구 결과에 따르면 동아시아인들은 서구인보다 행복에 더 의구심을 갖는다. 말하자면 아시아 문화는 행복과 슬픔을 보다 '변증법'적으로 이해한다. 『도덕경』의 다음 구절이 이를 잘 말해준다.

> 복福은 화禍에 깃들고,
>
> 화는 복에 숨으니,
>
> 누가 그 끝을 알 수 있겠는가?[20]

도교 신자가 아니어도 감정들의 복합적 속성을 이해할 수 있다.[21] 최근 연구에서 미국, 캐나다, 중국, 한국의 피실험자들은 심리학자들이 가장 보편적이면서도 근본적이라고 여기는 여섯 가지 감정 즉, 슬픔, 공포, 혐오, 분노, 행복, 놀람에 대한 질문을 받았다. 각 경험에 대해 얼마나 긍정적인 또는 부정적인 인식을 가졌는지 묻는 방식이었다. 예상대로 사람들은 슬픔, 공포, 혐오, 분노를 주로 부정적인 감정으로, 행복과 놀람을 주로 긍정적인 감정으로 보는 경향이 있었다. 하지만 문화적 차이가 있지만 결과적으로 모든 감정에 대한 판단은 복합적이었다. 즉, 슬픔에도 상당한 긍정성이, 심지어 행복에도 약간의 부정성이 부여되었다.

실질적인 신체적 고통을 다시 살펴보자. 당신이 마라톤의 마지막 구간에 있으며, 몸 상태가 그다지 좋지 않다고 상상해 보자. 당신의 심장은 마구 뛰고 있다. 땀에 흠뻑 젖어서 숨을 헐떡인다. 버스에 앉아 있거나 잠을 자려고 할 때 갑자기 이런 느낌이 든다면 생애 최악의 순간 중 하나가 될 것이다. 당신은 죽는다고 생각할 것이다. 그러나 힘들게 달리고 있기에 충분히 그럴 만한 마라톤이라는 맥락 안에서는 이처럼 꺼려지는 경험도 뛰어난 성과, 음미할 대상의 일부가 될 수 있다.

또는 얼굴에 주먹을 맞는 경우를 예로 들어보자. 이는 특히나 나쁜 경험처럼 보인다. 그러나 반드시 그렇지는, 적어도 전적으로 그렇지는 않다. 종합 격투기 선수 조시 로젠블라트Josh Rosenblatt는 자신의 성장기를 이야기하면서 처음 얼굴에 주먹을 맞으면 공포에 압도당한다고 말한다.[22] 그다음 분노와 수치심에 반응하는 두 번째 단계에 이른다. 뒤이어 이런 일이 일어난다.

> 얼굴에 주먹을 맞는 일을 **즐기게** 되고, 뒤이어 얼굴에 주먹을 맞아야 할 **필요**가 생기는 상태가 된다. 이제 당신은 위험을 반긴다. 위험이 없으면 삶이 공허하게 느껴지기 시작한다……. 위험은 혈관으로 피가 더 빨리 흐르게 만든다. 눈에 눈물이 고이고 심장이 뛰게 만든다. 세상이 흔들리게 만든다. 신비론자들이 영원이라고 부르는 집중된 현재의 순간으로 잡아당기면서 당신이 필멸의 존재임을 상기시킨다.

나는 로젠블라트의 말을 모두 받아들인다(나 자신의 무도 경험에서는 분노와 수치심의 단계를 한 번도 넘지 못했다). 다만 맥락이 중요하다. 로젠블라트가 영화를 보려고 줄을 서 있는데 누가 한 대 때린다면 단연코 삶의 가치를 입증하는 일은 아닐 것이다. 갑자기 세상이 흔들린다면 좋은 방향은 아닐 것이다. 그럼에도 적절한 상황에서 그의 말은 맞다. 끔찍한 것도 초월적인 것으로 변할 수 있다.

우리가 원하는 행복의 형태

앞서 고통과 고난에 대한 욕구를 덜 낯설게 만들었다. 다음 두어 장에 걸쳐서도 계속 그렇게 할 것이다. 인간이 행복을 추구한다고 믿는다면, 선택적 고통은 더 이상 명백한 반례가 아니다.

하지만 행복이 정말로 우리가 원하는 것일까? 많은 이들이 그렇다고 생각한다. 프로이트는 사람의 주된 동기에 대해 이렇게 쓴다. "이 문제에 대한 답은 거의 의문의 여지가 없다. 그들은 행복하기 위해 애쓴다. 행복해지고 싶어 하며, 그 상태가 유지되기를 바란다. 이런 노력에는 긍정적인 목표와 부정적인 목표, 두 측면이 있다. 즉, 한편으로는 고통과 불쾌의 부재를 추구하고, 다른 한편으로는 강렬한 쾌락의 경험을 추구한다." 작가 블레즈 파스칼Blaise Pascal은 한층 더 단호하게 말한다. "모든 인간은 행복을 추구한다. 거기에는 예외가 없다." 그는 이 의견을 강조하기 위해 이렇게 덧붙인다. "이는 심지어 스스로 목을 매는 사람을 비롯해 모든 사람들의 모든 행동의 동기다."

이 인용구들은 대니얼 길버트가 쓴 탁월한 책 『행복에 걸려 비틀거리다』에도 언급되며, 길버트 자신의 시각을 단적으로 보여준다.[23] 그는 모두가 행복을 추구하며, 이는 완벽하게 바람직하고 이성적인 추구라고 생각한다. 길버트는 일부 철학자들이 이에 반박한다는 사실을 안다. 그는 그들이 행복이라는 개념을 너무 협소하게 이해한다고 생각한다. 그에 따르면 많은 철학자들이 행복에 대한 욕구를 배변, 즉 "우리 모두가 하지만 딱히 자랑스러워할 만한 것은 아닌 일"에 대한 욕구와 비슷하게 보고 있다. 덜 지저분하게 말하자면 그들은 행복을 일종의 어리석음을 반영하는 우둔한 만족으로 본다. 길버트는 이에 반발해야 하며, 행복을 온갖 경험으로부터 촉발될 수 있는 특정한 감정으로 봐야 한다고 주장한다. 그 경험은 저급할 수 있지만, 고상할 수도 있다.

어슐러 르 귄Ursula Le Guin은 오멜라스Omelas라는 가상의 나라를 배경으로 한 단편에서 비슷한 주장을 제시한다. 이 나라에 사는 사람들은 너무나 멋진 삶을 산다. 다만 거기에는 끔찍한 대가가 따른다 (아직 이 소설을 읽지 않았다면 꼭 읽어보라. 미주에 링크가 있다). 그녀는 오멜라스 시민들이 얼마나 행복한지 묘사한 다음 그들이 단순하거나, 밋밋하거나, 무지하다는 성급한 결론을 내리지 말라고 주의를 준다. 그녀는 "문제는 우리에게 나쁜 습관이 있다는 것이다. 현학자와 교양인들이 부추긴 이 습관은 행복을 아주 멍청한 것으로 치부한다. 오직 고통만이 지적이며, 악만이 흥미롭다고"라고 덧붙인다.[24]

나는 이 모든 의견이 충분히 타당하다고 생각한다. 그러나 이런 의견들은 '사람들은 행복해지고 싶어 한다'는 말에서 잘못된 지점을 보여준다. 문제는 이 주장이 잘못되었다는 것이 아니라, 너무 모호하다는 점이다.

이런 우려의 목소리를 낸 것이 결코 내가 처음은 아니다. 긍정심리학 분야의 많은 연구자들은 행복에 대해 이야기하기를 꺼린다. 그들은 행복을 '주관적 웰빙' 같은 어색한 구절로 대체한다.[25] 행복이라는 단어를 피하는 이유 중 하나는 연구자들이 종종 국가별 차이를 비교하고 싶어 하지만 '행복'과 '행복하다'라는 단어가 잘 번역되지 않기 때문이다.[26] 영어 사용자는 "그녀는 여기 앉아서 글을 읽는 게 행복하다"라고 말할 수 있지만 프랑스인이나 독일인은 동의어인 'heureux'와 'glücklick'을 같은 문맥에서 쓸 수 없다. 즉, 이 영어 단어는 다른 언어의 동의어보다 의미의 폭이 넓다. 영어를 쓰는 사람은 "행복하다"고 말하기가 더 쉽다(물론 그렇다고 해서 행복하기가 더 쉽다는 뜻은 아니다).

또 다른 문제는 행복과 도덕을 구분하는 사람도 있고, 구분하지 않는 사람도 있다는 것이다. 프로이트는 '강렬한 쾌감'을 이야기할 때 사람들의 삶을 개선하거나, 세상을 더 나은 곳으로 만드는 일을 언급하지 않는다. 반면 어떤 사람들은 행복이 도덕적 의무를 수반한다고 여긴다. 철학자 필리파 푸트Philippa Foot는 정신적으로 유쾌한 상태로 살아가는 나치 사령관의 예를 든다.[27] 푸트는 그가 좋은 삶을 살고 있지 않기 때문에 진정으로 행복할 수 없다고 주장한다. 그녀가 보기에 행복은 선善을 요구한다.

당신은 푸트의 판단에 동의하지 않을 수 있으며 나 또한 그렇다. 나는 행복한 히틀러를 쉽게 상상할 수 있다. 다만 누군가 '선한 삶을 살고 있는가'에 대한 인상이 그들을 행복하다고 보는지 여부에 영향을 미친다는 사실을 시사하는 연구들이 있다. 일부 실험 철학자들(나의 제자인 조너선 필립스Jonathan Philips와 동료인 조슈아 노브Joshua Knobe를 비롯한)은 일련의 연구에서 피실험자들에게 정신적 상태가 동일하게 긍정적인 두 사람에 대한 이야기를 들려주었다.[28] 그 결과 피실험자들은 이기적이고 쾌락주의적인 삶을 사는 사람보다 도덕적이고 고결한 삶을 사는 사람이 행복하다고 생각할 가능성이 높았다. 그렇다면 푸트가 제시한 방향은 옳다. 행복은 적어도 한 가지 의미에서는 도덕성과 연관되어 있다.

우리가 행복하고 싶어 한다는 주장에 대한 보다 일반적인 문제는 행복을 (최소한) 두 가지 대상을 가리키는 데 쓸 수 있다는 것이다. "얼마나 행복해요?" 같은 질문은 바로 지금의 경험을 가리키거나("엄청 행복해요. M&M을 먹고 있잖아요!"), 삶의 커다란 부분에 대한 평가("별로 행복하지 않아요. 1년 넘게 헤매고 있는 것 같아요.")를 가리킨다. 그렇다면 사람들이 행복하려고 애쓴다는 말은, 프로이트가 위의 인용구에서 뜻한 대로 쾌락을 극대화하고 고통을 최소화하기를 원한다는 뜻일 수 있다. 또는 길버트와 르 귄처럼 보다 추상적인 것을 뜻할 수도 있다.

대니얼 카너먼과 그의 동료들의 유명한 연구에서 이들은 행복의 다른 의미들을 떼어내려고 시도했다.[29] 먼저 그들이 말하는 '경험적 행복experienced happiness'부터 살펴보자. 이는 심리적 현재, 즉 바로 지금 기분이 어떤가에 대한 경험이다. 이것이 정말로 중요하다면 단지 이런 순간의 질을 각각 더하여 삶의 가치를 정할 수 있다. 계산을 해보자면, 심리적 현재가 약 3초 동안(기억과 의식에 대한 연구에 기반한 타당한 추정치)[30] 지속된다면 70년에 걸친 삶의 가치는 약 5억 번에 이르는 순간의 합이다(깨어 있는 순간만 계산한 것이다. 잠든 사람들의 행복과 슬픔에 대한 문제는 나중으로 미루자).

여기에는 실질적인 문제가 있다. 당신이 1년 동안(약 700만 번의 순간)에 걸친 경험적 행복의 합을 측정하고 싶다고 가정하자. 모든 순간을 "기분이 어때요?"라는 질문에 답하면서 보낸다면 그것은 700만 번의 매우 따분한 순간이 될 것이다.[31] 대신 해당 기간에 걸쳐 무작위로 표본을 추출하여 행복도를 추정할 수 있다. 표본 수집은 무작위로 작동하는 스마트폰 앱으로 가능하다. 피실험자는 앱이 켜졌을 때 기분이 어떤지 묻는 질문에 답한다. 또는 카너먼과 동료들이 한 방식대로 매일 아침 피실험자에게 전날 기분이 어땠는지 물어볼 수 있다. 가령 "어제 (   )에 해당하는 기분을 많이 느꼈나요?"라고 물으면서 괄호에 '스트레스', '행복', '즐거움', '걱정', '슬픔' 같은 감정을 넣을 수 있다. 이런 측정은 편향과 기억에 오염된다. 그래도 순간적인 행복이라는 관념을 어느 정도 포착한다. 다시 말하지만 이처럼 개별적인 하루를 측정한 결과를 더하면 1년 또는 한평생의 가치를 파악할 수 있다.

이것이 경험적 행복이다. 이제 다른 판단 기준, 소위 만족에 대해 알아보자. 이는 보다 관조적인 평가로서, 순간이 아니라 삶을 전체적으로 어떻게 생각하는지 살핀다. 이를 확인하는 한 가지 수단은 앞서 언급한 캔트릴 자기평가 척도Cantril Self-Anchoring Scale다. 이 척도는 사다리 형태로, '최악의 삶'을 가리키는 0과 '최고의 삶'을 가리키는 10 사이에서 자신의 삶이 처한 위치를 나타낸다.

경험적 행복과 만족 사이에는 어떤 관계가 있을까? 대니얼 카너먼과 앵거스 디턴Angus Deaton은 1,000명의 미국 거주자를 대상으로 45만 건이 넘는 설문 결과를 취합했다.[32] 그들은 일상적 경험과 삶에 대한 전반적인 만족도를 측정했다. 우리의 정신은 두 척도가 같은 답으로 수렴하도록 작동할 수도 있었다. 즉, 만족에 대한 판단은 단지 경험적 행복의 평균화일 수 있었다. 그러나 실상은 그렇지 않았다.

돈의 효과를 예로 들어보자. 경험적 행복과 관련해서는 돈이 많을수록 더 행복해진다. 이는 타당하다. 돈으로 긍정적인 경험을 살 수 있으며 온갖 방식으로 당신의 삶을 더 낫게 만들 수 있다. 더 중요한 사실은 가난이 모든 문제를 악화시킨다는 것이다. 앞서 언급한 연구자들이 지적한 대로 "저소득은 이혼, 건강 악화, 고립 같은 불행이 안기는 감정적 고통을 심화시킨다."

다만 수확 체감의 법칙은 작용한다. 당신이 연 3만 달러를 버는 경우 5,000달러의 추가 수입은 상당한 의미를 지닌다. 그러나 30만 달러를 번다면 크게 의미가 없다. 이 역시 타당하다. 일반적인 좋은 경험들은 여기에 해당한다. 친구가 없는 것은 힘들다. 친구가 없는 것보다 한 명의 친구가 있는 쪽이 훨씬 낫다. 또한 한 명의 친구보다 두 명의 친구가 더 낫다. 하지만 스무 명의 친구가 있는데 한 명이 더 생기는 경우 같은 효과를 기대하기는 어렵다.

결과적으로 경험적 행복과 관련하여 돈은 연봉 약 7만 5,000달러까지만 의미를 지닌다(이 연구는 2010년에 실시되었다. 현재는 물가 상승률을 반영하여 8만 9,000달러로 조정할 수 있다). 알고 보면 부유한 사람과 아주 부유한 사람의 일상적 경험은 크게 다르지 않다. 아마도 사회적 접촉, 보람 있는 일, 좋은 건강처럼 경험적 행복으로 이어지는 요소들이 더욱더 부유해진다고 해서 반드시 풍부해지지는 않기 때문일 것이다.

그렇다면 돈이 만족에 끼치는 영향은 어떨까? 경험적 행복의 경우처럼 돈은 만족과 관련이 있으며, 역시 수확 체감의 법칙이 작용한다. 다만 다른 점이 있다. 경험적 행복은 일정한 경계를 넘어서면 비슷해진다. 반면 만족의 경우 경계가 없는 것처럼 보인다. 더 많은 돈이 더 많은 행복과 연계되지 않는 지점은 없다. "전반적으로 당신의 삶은 어떻습니까?"라고 물었을 때, 돈이 많을수록 더 나았다.

이 점은 강조할 만한 가치가 있다. 돈은 적어도 일정한 수준을 넘어서면 삶의 질을 크게 바꾸지 못한다거나 심지어 불행을 초래한다는 속설이 있기 때문이다. 그렇지 않다. 2019년에 실시한 설문을 살펴보자.[33] 대상자는 저소득층(연소득 3만 5,000달러 이하), 중산층(연소득 3만 5,000~9만 9,999달러), 고소득층(연소득 10만~49만 9,999달러), 최상위 1퍼센트(연소득 50만 달러 이상), 네 범주로 나누어졌다. 대다수 연구는 고소득층을 적게 포함하지만 이 연구는 그 부분에 신경 써서 250명을 포함시켰다. 다음은 각 집단에서 자신의 삶에 '아주' 또는 '완전히' 만족한다고 응답한 비율이다.

저소득층: 44퍼센트

중산층: 66퍼센트

고소득층: 82퍼센트

최상위 1퍼센트: 90퍼센트

여기서 그치는 게 아니다. 슈퍼 리치super rich를 대상으로 한 또 다른 연구는 1,000만 달러 이상의 재산을 가진 사람은 1달러부터 200만 달러 사이의 재산을 가진 사람보다 삶에 더 만족한다는(아주 약간이기는 하지만) 사실을 확인했다.[34]

전체적으로 보면 이런 연구 결과는 우리가 전반적인 삶을 생각할 때 자신과 다른 사람들을 비교하는 경향이 있음을 말해준다. 사회적 비교에 있어서는 한계가 없다. 같은 맥락에서 카너먼과 디턴은 건강이 현재의 경험에 많은 영향을 미치는 반면(다른 사람의 건강과 무관하게 자신의 건강 상태는 일상적인 영향을 미친다), 교육 수준은 만족도에 더 중요성을 지닌다는(이는 사회적 비교에 대한 설명과 일치한다) 사실을 발견했다.

이제 누군가가 사람들은 그저 행복하기를 원한다고 말하면 당신은 이렇게 질문할 수 있다. 그들은 어떤 종류의 행복을 바라는가? 매 순간 최고의 쾌락을 얻으며 살려고 애쓰는가? 아니면 전반적인 만족도를 극대화하기를 원하는가?

카너먼은 타일러 코웬의 팟캐스트에 출연해 만족의 중요성을 주장했다.

코웬 (당신의 연구에서 나온) 한 가지 결과는 사람들이 친구들과 보내는 시간을 아주 많이 즐긴다는 것이었습니다. 그 경험을 추가하는 게 훨씬 더 즐겁다면 왜 사람들은 더욱더 많이 하지 않을까요?

카너먼 대체적으로 저는 사람들이 그런 식으로 행복을 극대화한다고 생각하지 않습니다. 사실 이게 제가 행복 연구 분야를 떠난 이유 중 하나입니다. 저는 경험을 극대화하는 문제에 관심이 많습니다. 그러나 사람들은 그렇게 하고 싶어 하는 것 같지 않습니다. 그들은 자기 자신 그리고 자신의 삶에 대한 만족도를 극대화하고 싶어 합니다. 이는 행복의 극대화와 완전히 다른 방향으로 나아갑니다.[35]

많은 이들이 이 문제가 **중요하다**고 생각한다. 앞서 소개한 연구를 분석한 글에서 저널리스트 딜런 매튜스Dylan Matthews는 이렇게 쓴다. "나는 이 척도, 즉 생활 만족도가 사람들이 실제로 자신에게서 원하는 것과 관련해 감정적 웰빙보다 나은 척도라고 생각한다. 나는 항시 들떠 있고 태평하기를 원치 않는다. 나는 전반적으로 만족할 수 있는 삶을 원한다."[36]

나는 이 말의 요지에 동의한다. 이 책의 한 가지 주제는 우리가 쾌락주의자이기만 한 것은 아니며(우리는 오직 즉각적인 쾌락을 극대화하려고만 하지 않는다), 이는 좋은 일이라는 것이다.

하지만 생활 만족도가 우리가 바라는 전부인지는 확실치 않다. 앞선 연구에서 얻은 중대한 결과는 우리가 매튜스의 표현대로 '전반적으로 만족할 수 있는' 삶을 원할 때 사회적 비교에 많은 초점을 맞춘다는 것이다. 특히 우리는 다른 사람들보다 돈을 많이 벌려고 애쓴다. 이런 경쟁심은 변호하기 어려워 보인다. 또한 삶을 잘 살아가기 위한 조언으로 삼기에는 부실할 수 있다. 이런 행복 말고 우리가 노력해야 할 다른 것이 있을까? 삶의 테이블엔 다른 무엇이 있을까?

쾌락에도 장르가 있다

온갖 모호성과 복수의 의미를 지닌 **행복**을 잠시 뒤로 제쳐두자. 또한 목적과 의미 같은 좋은 요소를 포함하지만, 고등학교 동창회에서 뽐내고 싶은 것들처럼 그다지 좋지 않은 요소도 포함하는 **만족**도 포기하자. 대신 사람들이 무엇을 원하는지에 대한 질문으로 돌아가서, 사람들이 달리 무슨 말을 하든 간에 최소한 공통적인 답을 살펴보자.

그것은 **쾌락**이다. 쾌락에 해당하는 그리스 단어는 '헤도네hēdonē'다. 그래서 쾌락의 중심성을 주장하는 사람을 헤도니스트hedonists라 부른다. 『길가메시 서사시』에 나오는 다음 구절에 이 관점의 정수가 잘 담겨 있다. "배불리 먹고, 밤낮으로 즐기시오! 매일 밤낮 없이 음주가무를 즐기며 노시오! ……그것이 곧 인간의 운명이니."[37] 또한 캐나다의 록밴드 '트루퍼Trooper'는 이렇게 노래한다. "우리는 좋은 시간을 보내러 태어난 거야 / 시간이 많지 않아 / 그러니까 즐겨 / 태양은 매일 빛나지 않아."

쾌락주의자들은 삶이 자발적인 고난으로 가득하다는 사실을 부정하지 않는다. 우리는 우는 아기에게 우유를 먹이기 위해 새벽 3시에 비틀거리며 침대에서 일어나고, 아침 8시 15분에 출발하는 기차를 타고 시내로 가고, 고통스러운 치료를 받는 등의 일을 한다. 트루퍼가 노래한 대로 태양은 매일 빛날 수 없다. 쾌락주의자에게 이런 불쾌한 활동은 더 큰 편익을 얻기 위해 지불해야 하는 비용이다. 아담이 받은 성경 속 처벌을 재현하는 것이 우리의 운명이다. 즉, 우리는 이마에 맺힌 땀을 통해서만 살아남도록 선고받았다. 힘들고 어려운 일은 지위와 돈을 얻기 위한 티켓이다. 지루한 운동과 맛없는 식사는 단단한 복근과 활기찬 노년을 위해 견뎌야 하는 것이다. 자유주의자들의 구호를 빌리자면 '공짜 점심' 같은 것은 없다. 고난은 더 큰 쾌락을 위해 지불해야 하는 대가다.

많은 심리학자들은 그들이 인정하든 하지 않든 쾌락주의자다. 그들은 쾌락이 인간의 궁극적 목적이라고 믿는다. 나는 도덕성을 주제로 한 나의 연구에 대한 일부 반응에서 이 사실을 확인했다. 나는 다른 책에서 도덕성의 많은 부분은 자연 선택의 산물로서 타고난다고 주장했다.[38] 심지어 아기와 어린이들도 타인의 운명에 대해 약간의 우려를, 공정성과 정의에 약간의 관심을 가진다. 다만 이런 초기의 도덕성은 제한적이다. 즉, 자연 선택의 산물이라는 점에서 예상할 수 있듯이 이기적이고 협소하다. 그래서 이 도덕적 토대는 올바른 개인적·사회적 경험이 있어야 성인기에 보다 성숙한 도덕성으로 만개한다.

이것이 내가 주장해온 내용이다. 그러나 일부 학자들은 내가 틀렸다고 믿는다. 그들이 보기에 아기는 타인의 고통에 무관심하며, 옳고 그름을 구분할 수 없는 도덕적 백지 상태다. 내가 지금까지 들었던 반론은 설득력이 없다. 그래도 이 문제와 관련된 일반적인 공방은 편안하게 받아들일 수 있다. 어쩌면 내가 의존한 실험들은 재현할 수 없거나, 다른 방식으로 이해하는 편이 나을지 모른다. 또한 새로운 데이터(또는 과거의 데이터를 이해하는 새로운 방식)가 나의 결론에 도전할지 모른다. 과학적 논쟁은 그런 방식으로 전개된다.

다만 나를 놀라게 만든 반응이 있다. 바로 아기들은 도덕적 동기를 가질 수 없다는 주장이다. 그 이유는 **누구도** 그런 것을 가지지 않았으며, 그런 것은 존재하지 않기 때문이라는 것이다. 이 관점에 따르면 인간은 옳고 그른 것을 신경 쓰고, 권선징악을 바라고, 공정성과 정의와 인정人情을 추구한다고 생각할 수는 있다. 그러나 사실 거기에는 이기적 욕구 외에 다른 것은 없다. 생물학자 마이클 기셀린Michael Ghiselin은 "이타주의자를 할퀴면 피 흘리는 위선자를 보게 될 것"이라고 썼다.[39]

나는 이 관점을 비웃고 싶지 않다. 많은 명민한 학자들이 이 관점을 견지한다. 토마스 홉스Thomas Hobbes가 친구와 같이 런던 거리를 걸어가다가 한 거지에게 돈을 준 일화가 있다. 그의 친구는 홉스에게 인간의 이기적 본성을 오랫동안 주장해오지 않았냐며 따지고 들었다. 홉스는 자신의 행동이 철저히 **이기적인** 것이었다고 대꾸했다. 거지에게 돈을 주는 일은 그에게 기쁨을 주며, 그냥 지나치면 기분이 나빠진다는 것이었다.

또한 에이브러햄 링컨Abraham Lincoln의 이야기도 있다. 이 이야기는 당시 신문에 이렇게 보도되었다.[40]

> 링컨 씨는 구식 마차를 타고 가던 동승객에게 모든 인간은 이기심에 이끌려 선행을 한다고 말했다. 동승객은 마차가 진창을 가로지르는 통나무 다리를 건너는 동안 그의 입장에 반박했다. 그들은 마침 야생 암퇘지가 강둑에서 처량하게 울부짖는 모습을 보았다. 알고 보니 새끼 돼지들이 진창에 빠져서 곧 죽을 지경이었다. 낡은 마차가 언덕을 오르기 시작할 때 링컨 씨는 소리쳤다. "마부 양반, 잠깐 멈춰주겠소?" 뒤이어 그는 마차에서 뛰어내렸다. 그리고 뒤쪽으로 달려가서는 새끼 돼지들을 진흙탕에서 꺼내어 강둑에 올려주었다. 그가 돌아왔을 때 동승객은 이렇게 말했다. "그러면 에이브Abe, 이번 일의 어느 구석에 이기심이 끼어드나?" "참 안타깝군, 에드Ed. 그건 이기심의 정수였어. 만약 내가 그냥 지나쳐서 그 고통받는 암퇘지가 새끼 돼지들을 걱정하도록 놔뒀다면 종일 마음이 불편했을 거야. 난 마음이 편하려고 그 일을 했을 뿐이라는 걸 모르겠나?"

이 관점에 따르면 우리의 도덕적 행동, 그러니까 **소위** 도덕적 행동은 단지 죄책감이나 근심을 피하기 위한 시도일 뿐이다.

나는 대부분의 철학자들을 연구하면서 심리적 쾌락주의가 타당하지 않다는 사실을 깨달았다.[41] 우리가 종종 쾌락 그 자체를 추구하며, 가려운 곳을 긁는다는 데는 동의한다. 그러나 이것이 유일한 동기는 아니다. 이외에도 가질 수 있는 온갖 구체적인 목적이 있다.

지금 나는 이 글을 쓰면서 프로 야구 팀 블루 제이스Blue Jays가 이번 시즌에 잘하기를 바란다(전망은 그다지 좋지 않다). 둘째 아들이 네팔을 재미있고 안전하게(무엇보다 안전하게) 여행하기를 바란다. 첫째 아들이 곧 있을 면접을 잘 보기를 바란다. 나는 이 책을 쓰는 데 진전을 이뤄서 세 달 안에 전반부의 초고가 나오기를 바란다. 현직 대통령이 재선되지 않기를 바란다. 친구가 낼 새 책이 성공하기를 바란다. 그는 성공할 자격이 있다. 얼마 전에 관련 기사를 읽었던 특정 인물이 감옥에 가기를 바란다. 이 모든 구체적인 동기는 보다 근본적인 데서 기인한다. 어느 것도 쾌락에 대한 단순한 욕구로 환원되지 않는다.

심리적 쾌락주의자들은 "그건 자기 망상이야!"라고 대꾸한다. 결국 이런 일들이 일어나면 긍정적인 경험이고, 일어나지 않으면 부정적인 경험이지 않을까? 뭐, 그렇다. 어떤 것을 원한다는 말은 그 일이 일어나면 기쁘다는 뜻이다. 그러나 이는 쾌락주의를 뒷받침하는 주장이 아니다. 쾌락이 산물이 아닌 목적 자체임을 보여주지 않기 때문이다. 친구에게 시간을 물었더니 당신을 보면서 "네가 정말로 원하는 건 시간이 아냐. 넌 단지 시간을 아는 데서 얻는 쾌락적인 자극을 원할 뿐이야"라고 설명한다면 더 나은 친구를 얻어야 한다.

아이에 대한 사랑이라는 일상적인 사례에 초점을 맞춰보자. 아이가 잘되기를 바라는 마음은 결코 이상하지 않다. 가시적인 보상이 없는 경우에도 그렇다. 가령 당신은 늙고 병들었을(알츠하이머병 등) 때 자녀가 당신을 돌봐주기를 기대하지 않는다. 지적 장애를 가진 딸을 둔 부모는 딸에게 삶의 기쁨과 위엄 그리고 약간의 자율성을 주려고 수많은 힘겨운 시간을 보낸다. 그들은 돈을 쓰는 데 조심하면서 호사를 포기한다. 그래서 그들이 죽은 후에도 딸이 좋은 보살핌을 받도록 준비한다(그 모습을 지켜볼 수 없는데도 말이다). 그들에게 왜 그런 희생을 하는지 물으면 아마 딸을 사랑하며, 딸이 가능한 최선의 삶을 살기를 원한다고 말할 것이다. 이는 이런 모든 행동에 대한 좋은 설명이다. 강경한 진화심리학자가 아니어도 동물들이 자손의 번영을 돕도록 진화하는 선택 압력이 존재한다는 사실을 인식할 수 있다. 인류 같은 고등동물에게 이 도움을 이루는 한 가지 방식은 애정이다(이 동기는 생리적 자녀를 대상으로 진화했지만 보다 포괄적으로 확장된다. 그래서 입양한 자녀의 경우에도 이 모든 일이 이뤄질 수 있다).

심리적 쾌락주의자들은 이 점을 공격하면서 부모에게 "당신은 **사실** 아이에 대한 사랑에 이끌리는 게 아니에요. 단지 아이를 도우면서 온정을 느끼거나 아이를 버릴 때 느낄 죄책감의 고통을 피하고 싶을 뿐이에요"라고 말할 것이다. 이 말을 진지하게 받아들여야 할 이유가 있을까? 분명 부모들은 그렇게 느끼지 않는다. 게다가 이 말은 잘못된 예측을 초래한다. 이 쾌락주의적 대안은 부모가 자녀를 버리는 데서 더 많은 쾌락과 더 적은 고통을 얻는다면(가령 애정을 없애고 미래의 모든 죄책감을 지우는 약을 먹을 수 있을지 모른다), 바로 그런 선택을 할 것임을 시사한다. 사실 거기에 동의하는 사람도 있을 것이다. 세상 그 무엇보다 헤로인 같은 마약을 더 좋아하는 사람도 있다. 그러나 나는 대다수 부모는 그러지 않을 것이라고 장담한다.

또는 전우들을 구하려고 수류탄에 몸을 던져서 전사하는 쪽을 선택하는 군인을 예로 들어보자. 어떤 죽음에 대한 선택은 쾌락주의적 관점으로 쉽게 설명된다. 가령 고통에서 벗어나기 위한 죽음이 그렇다. 그러나 이 경우는 아니다. 이런 행동을 하는 모든 사람이 천국에서 영원한 지복의 보상을 기대하는 것도 아니다. 참호 안에는 무신론자가 많다.

다시 말하지만 나는 쾌락적 동기가 일상생활에서 나름의 역할을 한다는 사실을 부정하지 않는다. 또한 우리가 자신을 속이고 있다는 냉소론자들에게도 동의한다. 가령 투표 패턴에 대한 연구들을 보면 개인의 정치적 입장은 사익에 몹시 잘 부합한다.[42] 제인이라는 여성이 정부 지원 보육과 부자 과세 제도에 대해 어떻게 생각하는지 알고 싶은가? 그녀에게 아이가 있는지와 돈을 얼마나 버는지를 확인하면 많은 사실을 알 수 있다.

그러나 이것이 절대 전부는 아니다. 인간은 자연 선택에 뒤이어 사회와 문화에 노출되면서 공동체가 더 나은 곳이 되기를, 정의가 실현되기를 바라도록 만들어졌다. 이는 쾌락주의적 동기와 구분되며, 때로 충돌하는 심리적 동기가 있음을 뜻한다.

자기가 쾌락주의자라고 주장하는 사람들(나도 몇 명 만났다)에 대해 뭐라고 말해야 할까? 그들은 굳이 자신이 타인을 위한 일을 하거나 힘든 장기 프로젝트를 진행하는 이유는 뿌듯함을 느끼기 위함이라고 말한다. 나는 해변에서 핫 퍼지 선데hot fudge sundae 아이스크림을 먹으며 느긋한 시간을 즐기거나, 힘든 일과 중 휴식을 취하는 사람을 말하는 것이 아니다. 심지어 손주들, 낱말 퍼즐, 벽난로 옆에서 읽는 좋은 책들과 더불어 수월하게 살 수 있는 지점에 이른 사람을 말하는 것도 아니다. 그보다는 자신은 쾌락 말고는 아무것도 신경 쓰지 않으며, 언제나 그랬다고 주장하는 사람을 말한다.

어쩌면 그들은 단지 스스로를 잘못 알고 있는 건지도 모른다. 나는 심리학자로서 사람들이 자신의 머릿속에서 일어나는 일에 대해 잘못된 이론을 가질 수 있다는 사실을 받아들인다. 당신은 한 가지 이유로 어떤 일을 한다고 생각하지만 사실은 다른 이유로 하는 것일 수 있다는 프로이트의 말은 확실히 옳다.

나는 도덕심리학 세미나에서 종종 이런 사례를 접한다. 나는 학생들과 함께 이타주의, 공정성, 충성심, 복수심, 섹스 및 음식 관련 금기 등에 대한 상반되는 이론들을 살핀다. 세미나 테이블에 둘러앉아 첫 수업을 진행하는 동안 누군가가 자신은 실제로 옳고 그른 것이 있음을 믿지 않는다고 말한다. 때로 그 학생은 도덕성을 아주 협소한 의미로 생각하여 근본주의적인 종교적 관점과 동일시한다. 또는 그냥 나한테 시비를 거는 것일 수도 있다. 어쨌든 나는 반론을 제기한다. 한 가지 방법은 그 학생에게 내가 남은 학기 동안 실행하려는 몇몇 정책들을 어떻게 생각하는지 묻는 것이다. 가령 흑인 학생에게 낮은 학점을 주고, 성전환자 학생의 수강 신청을 받아주지 않으며, 복잡한 사안에 대해 이야기할 때 여학생은 세미나실에서 나가야 한다고 말한다.

물론 학생들은 나의 의도가 무엇인지 안다. 그래도 내가 말하는 동안 씩씩대기는 마찬가지다. 이 시점에 해당 학생은 대개 나의 계획이 아주 잘못된 것 같다고 인정한다. 비실용적이거나, 비관습적이거나, 비효율적인 게 아니라 잘못되었다고 말이다. 여기서 요점은 자신이 도덕적으로 무관심하다고 생각하는 사람들 중 다수의 경우, 그들의 머릿속이 실은 그렇게 돌아가지 않는다는 사실을 아주 빨리 상기시킬 수 있다는 것이다(실제로 미국 대학생들보다 도덕성과 그것이 암시하는 모든 선과 악을 더 많이 신경 쓰는 부류는 아마 없을 것이다).

그래도 진정한 쾌락주의자가 우리들 속에서 살아가고 있을 수 있다. 어떤 범주에 속하는 모든 것 중 일부는 극단에 자리한다. 결국 사람마다 성적 욕구는 모두 다르다. 아예 성에 무관심한 사람도 있다. 나는 다수의 글을 통해 타고난 도덕적 동기가 존재한다고 주장해왔다. 그러나 때로 도덕적 감정이 없는 순수하고 완전한 사이코패스가 존재한다는 말도 있다(물론 그럴 이유가 없기는 하지만 나의 세미나에서 자신이 사이코패스임을 드러낸 학생은 없다. 그런 사람이 자신의 사이코패스 성향을 공개했다면 아마 이 세상에서 멀리 나아가지 못할 것이다). 쾌락으로 환원되지 않는 일에는 실로 무관심한 사람도 있을 수 있다. 그러나 대다수의 사람은 그렇지 않다.

인간의 복잡다단한 욕구 체계

나는 정상적인 인간은 복수의 독립적인 욕구를 지닌다고 주장한다. 그중 일부는 쾌락적이다. 거기에는 성적 만족, 배고픔과 목마름의 충족, 심지어 적절한 종류의 비교적 약한 고통이 포함된다. 다른 일부는 도덕적이며 선, 공정, 정의를 추구하려는 욕구를 포함한다. 세 번째 범주는 의미 및 목적과 관련이 있다(이에 대한 적절한 용어는 '유데모니아적eudaemonic'이다. 이 단어는 쓰고 말하기가 매우 어색해 최대한 적게 쓰려고 한다). 전쟁에 참가하는 것, 높은 산에 오르는 것, 부모가 되는 것 등이 여기에 포함된다.

이들은 명백하게 양립 가능하다. 쾌락과 의미를 모두 포괄하는 삶을 살 수 있다. 의미 있는 삶이라고 해서 힘겹기만 할 필요는 없다. 때로 스트레스와 어려움을 안기지만 상당히 재미 있는 활동도 있다.

어떻게 이처럼 다른 동기들의 순위를 매길 수 있을까? 철학자 로버트 노직Robert Nozick은 경험 기계experience machine라는 사례를 제시한다.43 이 기계에 들어가면 강렬한 쾌락, 행복, 만족을 누리는 삶을 사는 착각을 하게 된다. 현실 세계와 멀어지는 기분이 들 것 같아서 걱정되는가? 걱정할 필요 없다. 이 기계는 당신이 기계 속에 있다는 기억을 지울 수 있다. 이 기계는 〈매트릭스〉와 우디 앨런Woody Allen의 〈슬리퍼스〉에 등장했던 '오르가슴 장치Orgasmatron'를 합쳐놓은 것과 같으며, 오히려 그보다 더 낫다. 노직은 자신은 이 기계에 들어가지 않을 것이라고 말한다. 나를 포함한 많은 사람들도 마찬가지일 것이다. 우리는 현실 세계에서 살기를 원한다. 단지 어떤 활동을 하는 경험만 얻는 게 아니라 직접 활동을 하고 싶어 한다. 노직이 보기에는 "먼저 어떤 행동을 하고 싶어 하기 때문에 그것을 하는 경험을 원하게 된다." 보다 일반적으로 말해서 "탱크 속에 떠다니는 사람은 규정할 수 없는 살덩이다." 누가 규정할 수 없는 살덩이로 살고 싶을까?

다만 모두가 같은 반응을 보이지는 않음을 인정한다. 트위터에 올라온 이 글은 나를 웃겼다. 이렇게 생각하는 사람도 있다.

로버트 노직 "이 경험 기계는 원하는 것을 무엇이든 얻는 삶을 완벽하게 구현할 수 있습니다."

나 "들어갈게요."

로버트 노직 "아니, 그게, 진짜가 아니에요. 진짜라고 생각하겠지만……."

나 (이미 플러그를 꽂으며) "안녕, 너드 아저씨." **44**

지복의 쾌락을 얻기 위해 의미와 진실이라는 기회를 지워버리는 약물을 선택하는 사람들도 있기 마련이다. 그들은 경험 기계에 들어갈 것이다.

또한 일부 회의론자들은 나 같은 사람들의 생각이 현상 유지 편향, 즉 익숙한 일을 계속하려는 경향에 오염될 수 있다고 우려한다.[45] 우리는 지금 기계 속에 있지 않다. 그 안에 들어가는 것은 충격적인 변화다. 하지만 노직의 시나리오를 뒤집는다고 상상해 보라. 당신은 만족스러운 삶을 살고 있는데(어쩌면 지금 당신의 삶이 여기에 해당할지 모른다) 갑자기 '팍!' 소리가 나더니 자신이 하얀 방에 있음을 알게 된다고 가정해 보라. 상냥한 연구소 기술자들은 당신이 지난 몇 년을 경험 기계에서 보냈다고 말한다. 당신이 누린 모든 만족, 성취, 관계는 환각일 뿐이다. 기술자들은 경험 기계 속에 머물고 싶은지 아니면 현실 세계로 돌아갈지 묻는다. 물론 후자는 훨씬 덜 즐거울 것이다. 만약 기계 속에 머물기로 결정하면 이에 대한 기억은 지워지고, 당신은 다시 당신의 삶이 진짜라고 생각하게 된다.

솔직히 나는 이런 상황에서 어떻게 할지 확신할 수 없다. 내가 이 주제에 대해 이야기를 나눈 몇몇 사람들은 이런 상황에서도 기계를 떠날 것이라고 말했다. 이는 현실 세계에 존재하는 일이 중요할 뿐 아니라, 적어도 일부 사람들에게는 쾌락으로 가득한 삶보다 중요하다는 것을 말해준다.

내가 말하는 '의미'가 정확히 무슨 뜻인지 아직 제대로 말하지 않았다. 앞으로 자세하게 다룰 것이다! 다만 동기다원주의에 대한 추가적인 지지와 함께 쾌락의 삶과 의미의 삶을 구분해야 할 더 많은 이유를 제시하면서 이 장을 끝맺고 싶다.

수백 명의 개인을 대상으로 일련의 설문조사를 한 로이 바우마이스터Roy Baumeister와 동료들의 연구에서 이야기를 시작해 보자.[46] 그들은 한 설문에서 다음 진술들에 얼마나 동의하는지(7점 척도) 질문하는 방식으로 행복을 연구했다. "대체로 나는 행복하다고 생각한다", "모든 측면을 고려했을 때 나는 행복하다고 생각한다", "나와 비슷한 대부분의 사람들과 비교할 때 나는 행복하다고 생각한다". 또한 다음과 같이 의미에 대한 질문도 제시했다. "대체로 나는 내 삶이 의미 있다고 생각한다", "나와 비슷한 대부분의 사람들과 비교할 때 내 삶이 의미 있다고 생각한다", "모든 측면을 고려했을 때 내 삶이 의미 있다고 생각한다".

뒤이어 다른 설문에서 그들은 같은 사람들에게 삶의 다양한 측면에 대해 질문했다. 이는 어떤 유형의 삶이 자신이 행복한 삶 내지 의미 있는 삶 또는 둘 다를 살고 있다고, 아니면 둘 다 아니라고 생각하는 사람들과 연관되는지 파악하는 데 도움이 된다.

결과를 보면 삶의 일부 속성은 행복 및 의미 모두와 연관된다. 삶이 지루하다고 평가하는 사람은 행복하거나 의미 있는 삶을 살 가능성이 낮다. 마찬가지로 사회적 교류가 부족하다고(외롭다고) 평가하는 것 역시 행복과 의미에 부정적인 영향을 끼친다. 실제로 바우마이스터와 동료들의 주된 발견 중 하나는 행복과 의미 사이에 상관관계가 존재한다는 것이다. 행복 점수가 높은 사람은 의미 점수도 높은 경향이 있었다. 반대의 경우도 마찬가지였다. 즉, 둘 다 누리는 삶은 가능하다.

한편 어떤 사람들은 한 측면에서는 점수가 높고, 다른 측면에서는 점수가 낮다. 또한 행복과는 관련이 있지만 의미와는 관련이 없거나, 그 반대인 속성도 있다. 다음은 차이를 보이는 네 가지 속성이다.

1. 건강, 좋은 기분, 돈을 버는 것은 모두 행복과 관련이 있지만 의미와는 거의 또는 전혀 관련이 없다.
2. 과거와 미래를 많이 생각한다고 말하는 사람일수록 삶에 의미가 있다고 말하는 반면 덜 행복하다고 말할 가능성이 높다.
3. 삶이 비교적 수월하다는 인식은 더 높은 행복도와 관련이 있다. 반면 삶이 어렵다는 인식은 더 낮은 행복 점수 그리고 미미하기는 하지만 더 높은 의미 점수와 관련이 있다. 삶이 힘들다고 생각하는가? 그렇다면 행복도는 낮지만 삶이 보다 의미 있다고 생각할 가능성이 높다. 스트레스에 시달리는가? 의미 점수는 높고, 행복 점수는 낮을 것이다. 걱정은 어떨까? 이 역시 의미 점수는 높고, 행복 점수는 낮을 것이다. 이 연구에서 자신의 일에 더 많은 의미가 있다고 평가한 사람들에는 사회복지사와 성직자가 포함되었다. 이런 직업은 돈을 많이 벌지 못할 뿐 아니라 스트레스를 안기는 복잡한 상황에 대처해야 하기 때문에 힘겹다.
4. 자세한 부연 설명 없이 "당신은 주는 사람입니까, 받는 사람입니까?"라는 단순한 질문을 던졌다. 이 구분에 따른 효과는 크지 않다. 대신 패턴이 있다. 주는 사람은 삶에서 더 많은 의미를 얻고, 받는 사람은 더 적은 의미를 얻는다. 반면 받는 사람은 더 많은 행복을 얻고, 주는 사람은 더 적은 행복을 얻는다.

정리하자면 행복한 사람은 건강하고, 재정적으로 넉넉하고, 많은 쾌락을 누리며 사는 경향이 있다. 삶이 의미 있다고 생각하는 사람들은 그렇지 않다. 그들은 야심 찬 목표를 세운다. 그들의 삶은 더 많은 불안과 걱정에 시달린다. 해당 논문의 공저자인 캐슬린 보스Kathleen Vohs는 이렇게 쓴다.[47] "이 결과는 행복의 핵심이 좋은 기분을 느끼는 것, 나쁜 기분을 피하는 것, 욕구와 필요를 충족하는 것임을 드러냈다. 반면 삶의 의미는 타인이나 결과에 대한 우려를 반영하는 행동과 감정으로 예측되며, 이는 걱정과 스트레스로 드러난다."

이제 의미와 행복에 대한 다른 구분을 살펴보자. 갤럽은 2007년에 132개국에 걸쳐 14만여 명을 대상으로 설문조사를 실시했다.[48] 이 설문에서 생활 만족도에 대한 표준 질문이 제시되었다. 조사 대상자들은 현재의 삶이 0점(최악)에서 10점(최고)에 이르는 사다리 척도에서 어디쯤에 위치하는지 표시해 달라는 요청을 받았다. 동시에 관련된 질문도 한 가지 더 제시되었다. 그 내용은 "당신의 삶에 중요한 목적이나 의미가 있다고 느끼나요?"였다.

행복도가 가장 높은 나라들은 노르웨이, 호주, 캐나다 등 자주 거론되는 단골들이었다. 이 나라들은 부유하고, 안전하고, 평화로우며, 사회적 지원도 우수했다. 이 설문은 다른 설문들과 마찬가지로 생활 만족도가 GDP와 강력한 연관성을 지닌다는 사실을 밝혀냈다.

반면 사람들이 자신의 삶에 의미가 있다고 가장 많이 응답한 나라들에는 시에라리온, 토고, 세네갈, 에콰도르, 라오스, 차드Chad(아프리카 중북부에 있는 내륙국-옮긴이), 앙골라, 쿠바, 쿠웨이트, UAE

가 포함되었다. 이 중 대다수는 부와 안전 또는 평화가 거의 결여되어 있었다. 실제로 GDP는 의미와 반비례 관계를 이루었다. 즉, 가난할 나라일수록 사람들은 자신의 삶이 중요한 목적이나 의미를 지니고 있다고 말할 가능성이 높았다.

이를 어떻게 설명할 수 있을까? 이 설문에 참가한 사람들은 "종교가 일상생활의 중요한 일부입니까?"라는 질문도 받았다. 결과적으로 종교는 의미와 관련이 있었다.[49] 또한 빈곤과도 관련이 있었다. 따라서 빈곤과 의미 사이의 간접적인 연관성을 확인할 수 있었다.

또는 빈곤 자체가 의미와 보다 직접적인 연관성을 지닐 수도 있다. 이 발견에 대한 논의에서 애덤 알터Adam Alter는 이렇게 주장한다.[50] "빈곤은 단기적으로 사람들에게서 행복을 앗아간다. 그래서 그들이 장기적인 관점을 취하도록 즉, 자녀, 신, 친구와 맺은 관계에 초점을 맞추도록 강제하는지도 모른다. 이 관계는 시간이 지나면서 보다 많은 의미를 지니게 된다." 다시 말해서 삶이 편안하다면 고생에서 벗어날 가능성이 높다. 나중에 내가 주장할 것처럼 고생이 의미와 관련이 있다면, 이는 부유한 나라들, 특히 강력한 복지제도를 갖춘 나라들의 경우 국민들의 삶에서 보다 고귀한 목적이 비교적 결여되어 있는 이유를 설명한다.

나는 앞서 단순한 쾌락주의에 맞서는 주장을 펼쳤다. 하지만 이런 데이터를 보면 쾌락과 행복의 가치를 인정해야 마땅하다. 이런 데이터는 우리를 친쾌락주의자가 아니라면, 적어도 반반쾌락주의자anti-anti-hedonist로 만들어야 마땅하다. 당신은 노르웨이와 차드 중 어디에서 살고 싶은가? 캐나다와 시에라리온 중 어디에 정착하고 싶은가? 이 질문들에 반드시 정답이 있는 것은 아니다. 그러나 행복과 의미의 차이가 이런 양상으로 드러난다면 나는 차라리 행복을 택하겠다. 분명 차드와 시에라리온의 많은 주민을 비롯한 대다수 사람들은 내 의견에 동의할 것이다.

그래도 나는 우리가 행복과 의미를 모두 누릴 수 있다고 주장한다. 바우마이스터의 연구에서 행복과 의미가 연관되어 있음을, 즉 하나를 얻으면 다른 하나를 얻을 가능성도 높아졌음을 기억하라. 또한 잘사는 나라의 사람들이 모두 의미가 결핍된 삶을 사는 것도 아님을 명심하라. 가령 비교적 행복하고 풍요로운 사회인 일본과 프랑스의 응답자 중 3분의 2는 자신의 삶에 의미가 있다고 응답했다. 이는 작은 수치가 아니다.

선불교식 시선으로 이 장을 끝내고자 한다. 내가 영화관에서 〈어벤져스: 엔드게임〉을 보려고 기다리는 동안 은행 광고가 나왔다. 그 광고에서 은행 이름은 전혀 언급되지 않았다. 대신 내레이터는 예쁜 이미지들이 스크린을 지나가는 동안 어떤 구절을 낭독했다. 나는 집에 돌아와서 그 구절이 어디서 나온 것인지 검색했다(광고 카피 같지 않고 어딘가 문학적인 냄새가 났다). 영국 철학자이자 선불교 경전의 번역자로 유명한 앨런 왓츠Alan Watts의 글이었다.

그 글은 당신이 무엇이든 원하는 것을 완벽히 생생하게 꿈꿀 수 있다고 상상해 보라는 주문으로 시작된다.[51] 이 능력이 있다면 하룻밤 사이에 75년 동안 이어지는 꿈을 꿀 수 있다. 당신은 무엇을 할 것인가? 그는 당연히 당신이 온갖 쾌락을 선택하면서 모든 소원을 충족할 것이라고 말한다. 이는 그야말로 쾌락주의의 잔치다.

뒤이어 당신이 다음 날 밤, 그다음 날 밤, 그다음 날 밤에도 같은 일을 할 수 있다고 가정해 보라. 왓츠는 곧 당신은 이렇게 자신에게 말할 것이라고 말한다.

그러면 이제는 뜻밖의 경험을 해보자.

통제되지 않은 꿈, 어떻게 될지 모르는 일이 일어나는 꿈을 꿔보자.

뒤이어 당신은 갈수록 커지는 위험, 불확실성, 무지, 박탈을 추가하면서 삶의 도박을 계속할 것이다. 또한 극복할 수 없을지도 모르는 난관을 끌어들일 것이다. 왓츠의 말에 따르면 결국에는,

오늘 당신이 실제로 살고 있는 삶을 살아가는 꿈을 꿀 것이다.

지금 난관과 고생, 근심과 상실을 겪는 당신의 삶은 가능한 최선의 삶일까? 아마 그렇지 않을 것이다. 하지만 왓츠의 환상은 충분히 심오한 진실에 가깝다.

마조히즘의 스토리텔링

비명과 눈물의 진짜 원인

마지막으로 비명을 지른 게 언제인가? 나의 경우 몇 달 전, 뭄바이의 한 호텔방에서였다. 그날 나는 아침 일찍 짐을 싸면서 벽 콘센트에서 어댑터를 빼려고 했다. 호텔에서 빌린 것으로, 생뚱맞은 곳에 금속핀이 달려 있는 못생긴 물건이었다. 어쨌든 내가 그걸 잘못 건드린 게 분명했다. 방의 맞은편에 대자로 누워서 숨을 헐떡이며 몸을 떨고 있었기 때문이다. 나중에 지극히 정상적인 사람도 약한 전기 충격에서 도착적인 쾌감을 얻을 수 있다는 이야기를 할 것이다. 하지만 나의 경우 전혀 약하지 않았다. 나는 아주 잠깐이었지만 전기 충격을 고문에 사용하는 이유를 이해했다.

우리는 통증을 느낄 때 비명을 지른다. 그러나 이상하게 통증의 반대인 격렬한 쾌감, 놀라운 기쁨, 엄청난 흥분을 느낄 때도 비명을 지른다. 비틀즈를 본 소녀 팬들의 모습을 담은 1960년대 영상을 본 적이 있는가? 그들은 말 그대로 **괴성**을 지른다.

울음도 상반되는 자극들로 촉발된다. 당신은 인생 최악의 날에도 울고, 최고의 날에도 운다. 결혼식과 장례식에서, 승리의 짜릿함과 패배의 쓰라림에도 운다. 내 친구는 자신을 터프가이라고 생각한다. 하지만 나는 그가 감상적인 올림픽 광고에 눈시울을 적시는 모습을 보았다. 우리가 넘어질 때마다 일으켜 세워준 어머니에 대한 내용이었다(미주에 링크가 있음).[1] 나도 친구와 같이 훌쩍거렸다. 도대체 무엇이 눈물을 쥐어짜냈는지 정확하게 말로 표현하기는 어렵지만 말이다.

울음은 신비하다. 내가 좋아하는 책 중 하나는 『그림과 눈물』이다.[2] 미술평론가인 제임스 엘킨스James Elkins가 쓴 이 책은 사람을 울리는 그림들을 다룬다. 때로 이 그림들은 아이의 죽음처럼 실제로 보면 눈물이 날 끔찍한 사건을 묘사한다. 또는 고통을 연상시키기도 한다. 엘킨스는 아내가 불륜을 저지른 한 영문학 교수의 이야기를 들었다. 그의 아내는 근래 텅 비어 있고 정리되지 않은 부부의 침대를 그림으로 그렸다. 어느 날 교수는 혼자 집에 있다가 그 그림을 보았다. 그는 그 의미가 무엇일지 생각하다가 울기 시작했다. 다른 한편 엘킨스는 견디기 힘들 만큼 아름다운 그림을 보고 운 사람들의 이야기도 담았다. 탁월한 인간의 창조물에 대한 긍정적인 감정적 반응이었다.

이런 역설적 반응은 사방에서 찾아볼 수 있다. 우리는 우스운 장면을 보고 웃지만 불안하거나 창피할 때도 웃는다. 우리는 행복할 때 미소를 짓지만 가끔 화가 날 때도 미소를 짓는다. 웃음은 분명 기쁨과 연계된다. 그러나 한 연구에서 연구자들이 피실험자들에게 슬픈 영화 장면(《철목련》에서 한 여성이 성인 딸의 장례식에서 말하는 장면)을 보여주었을 때 약 절반은 미소를 지었다.[3] 또한 오르가슴 하면 연상되는 표정을 떠올려 보라.[4] 찌푸리고 찡그린 표정은 마치 고통에 시달리는 것처럼 보인다. 실제로 오르가슴을 느끼는 사람의 얼굴을 찍은 사진을 피실험자들에게 보여주었을 때 고통스러운 표정으로 오인하는 경우가 약 25퍼센트나 되었다.

이처럼 극단적인 표정은 해석하기 어렵다. 〈사이언스Science〉지에 실린 한 논문의 저자들은 두 사람의 예를 제시한다.[5] 한 사람은 거액의 복권에 방금 당첨되었고, 다른 사람은 세 살짜리 아이가 차에 치이는 광경을 막 목격했다. 저자들은 두 사람의 얼굴을 보고 누가 누구인지 구분할 수 없을 것이라고 주장한다. 그들은 이 주장을 뒷받침하는 증거로서 피실험자들이 얼굴만 따로 놓고 보면 중요한 시합의 승자와 패자를 구분할 수 없다는 사실을 확인한다(흥미롭게도 피실험자들은 몸의 자세를 보고 무엇에 반응하고 있는지 알면 얼굴에 담긴 감정을 '볼' 수 있었다. 즉, 더 이상 모호하지 않았다).

다른 사례로 사람들이 때로 아기에게 보이는 반응을 생각해 보라. 필리핀 사람들은 이에 해당하는 '기길gigil'이라는 단어를 갖고 있다. 이 단어는 사랑스럽고 약한 대상을 접할 때 다수가 느끼는 마음의 동요를 가리킨다. 우리는 아기를 꼬집거나 움켜쥐고 싶어 한다. 종종 아기를 살짝 깨물면서 잡아먹을 거라고 말한다. 상상해 보라. 당신의 친구가 한 살짜리 아기를 보여준다. 당신은 몸을 기울여 아기의 발가락을 잡고는 살짝 깨물며 "잡아먹겠다!"라고 으르렁거린다. 그래도 누구 하나 당신이 미쳤다고 생각하지 않는다. 심지어 당사자인 아기조차 그렇다. 오리아나 아라곤Oriana Aragón과 동료들은 설문조사를 통해 대다수 사람들이 다음과 같은 진술에 동의한다는 사실을 확인했다.[6]

> 아주 귀여운 아기를 안고 있으면 작고 통통한 발을 움켜쥐고 싶다.
>
> 아주 귀여운 아기를 보면 볼을 살짝 꼬집고 싶다.
>
> 귀여운 대상을 보면 손을 오므리게 된다.
>
> 나는 귀여운 아기에게 이를 앙다물고 "잡아먹을 거야!"라고 말하는 유형의 사람이다.

아라곤과 동료들은 감정(비틀즈, 예술 작품, 아기 등에 대한)을 감당하기 힘들 때 이런 이상 반응이 나온다는 이론을 제시했다. 당신은 시스템을 안정시켜야 한다. 그래서 보상 작용으로 감정의 반대 방향으로 나아가는 표정과 행동을 만들어낸다. 이는 걷잡을 수 없이 번지려는 불 위에 붓는 차가운 물과 같다고 생각하면 된다. 오르가슴 표정을 연구한 이들도 비슷한 주장을 한다. 즉, 그 표정은 '지나치게 강렬한 감각적 입력'을 조절하려는 시도다.

이런 종류의 보상, 긍정을 상쇄하기 위해 부정을 추구하는 것 또는 그 반대는 더 폭넓은 차원에서도 통한다. 이는 우리가 일상생활을 조직하는 양상을 설명한다. 일과 중에는 대개 유쾌한 활동도 있고, 불쾌한 활동도 있다. 우리는 언제 좋은 일과 나쁜 일을 경험할지, 언제 친구를 만나고 고양이 화장실을 청소할지 어느 정도는 통제할 수 있다. 한 연구는 스마트폰을 활용하여 우리가 좋은 일과 나쁜 일을 조직하는 양상을 탐구했다. 2만 8,000명을 대상으로 약 한 달 동안 기분과 활동을 실시간으로 측정했다. 그 결과 사람들의 선택은 연구자들이 말하는 '쾌락의 유연성 원칙hedonic flexibility principle'을 드러냈다.[7] 피실험자들은 기분이 나쁠 때 스포츠 등의 행복감을 안기는 일을 하고, 기분이 좋을 때 숙제처럼 아무 즐거움이 없지만 필요한 일을 하는 경향을 보였다. 그렇게 긍정성과 부정성이 균형을 이루었다.

'마조히즘Masochism'이라는 단어는 19세기 말 정신의학자 리하르트 폰 크라프트에빙Richard von Krafft-Ebing이 만들었다. 어원은 레오폴트 폰 자허마조흐Leopold von Sacher-Masoch다. 그는 『모피를 입은 비너스』라는 소설의 저자다. 이 소설은 어떤 남자가 강인한 여성을 설득하여 자신을 노예로 삼았는데, 나중에 그녀가 그를 버리고 스스로 다른 남자의 노예가 된다는 내용을 담고 있다. 크라프트에빙은 성적 이상異常을 가리키는 데 마조히즘이라는 용어를 사용했다. 마조히즘의 핵심적인 환상은 "이성의 의지에 완전하고도 무조건적으로 복종하는 것, 주인인 상대에게 괴롭힘을 당하고 수치를 느끼는 것"이다.[8]

마조히즘이라는 단어는 성적 함의를 유지하기는 했지만 금세 보다 폭넓은 의미로 확장되었다. 프로이트는 1924년에 발표한 「마조히즘의 경제적 문제The Economic Problem of Masochism」라는 논문에서 성적 마조히즘을 다루었다.[9] 또한 그는 도덕적 마조히즘에 대해서도 이야기했다. 이는 죄책감을 해소하기 위해 고난을 추구하는 것을 말한다(이 문제는 곧 살필 것이다). 보다 근래에는 폴 로진Paul Rozin이 '양성 피학증'이라는 용어로 대부분 섹스와 아무 관련 없는 특정 유형의 자발적 고통과 고난을 일컬었다.[10]

양성 피학증에 해당되지 않는 많은 경우가 있다. 아이를 갖기로 결정하는 일 같은 어려운 삶의 선택은 포함되지 않는다. 몸을 상하게 하거나 심한 통증을 초래하는 활동도 포함되지 않는다. 결국 양성 피학증은 양성이기 때문이다. 부활절 때 필리핀의 일부 독실한 신자들처럼 자신을 십자가에 매다는 일은 양성 피학증이 아니다. 사우나의 쾌감과 고통은 대개 양성 피학증의 좋은 사례다. 그러나 그 정도가 지나칠 수도 있다. 2010년 세계 사우나 대회World Sauna Competition에서 결승에 오른 두 사람은 110도의 열기에서 6분을 견디다가 기절한 후 화상과 외상에 시달렸다.[11] 결국 한 명은 사망했고, 다른 한 명은 6주 동안 혼수 상태에 빠져 있다가 깨어났지만 중상을 입었다. 이것도 양성 피학증이 아니다.

양성 피학증은 원래 고통스럽거나 불쾌하지만 해롭지는 않은 활동을 추구하는 것이다. 우리는 음식이 썩은 줄 알면서도 호기심에 냄새를 맡고, 혀로 아픈 이를 조심스레 건드리고, 삔 발목을 살살 눌러본다. 몸을 움츠리고 울음을 터뜨리게 만드는 영화를 감상한다. 매운 음식을 먹고 열탕에 몸을 담근다. 많은 심리학자들은 무해하지만 따끔한 전기 충격을 가하는 실험을 한다. 이상한 점은, 많은 돈을 주지 않아도 이런 실험에 참가하는 사람들이 있다는 것이다. 특히 젊은 사람들, 그중에서도 젊은 남성들은 충격을 즐긴다. 나의 뭄바이 사고 때만큼 강하지는 않지만 그들은 진짜 고통 그 자체를 즐기는 것처럼 보인다.

이 장의 처음에 언급한 유형의 사례들로 돌아가면 대체 어떤 일이 일어나고 있는지에 대한 단서를 얻게 된다. 비틀즈를 보고 비명을 지르고, 아기의 탄생을 보고 훌쩍이는 것 같은 사례의 경우 명확하게 긍정적인 것과 부정적인 것이 뒤얽힌다. 이는 아주 오랫동안 관찰된 현상이다. 플라톤은 소크라테스가 욱신대는 다리를 문지르며 이렇게 말했다고 전한다. "인간이 쾌락이라 부르는 것은 얼마나 이상한가! 쾌락은 실로 흥미롭게도 그 반대인 고통과 연결되어 있다! (……) 하나를 구하고 얻으면, 거의 필연적으로 언제나 다른 하나도 얻게 되어 있다." 많은 현대 심리학자들이 경험에 대한 '대립 과정opponent-process' 이론을 지지한다.[12] 이에 따르면 우리의 마음은 균형과 항상성을 추구한다. 그래서 긍정적인 반응은 부정적인 감정과 만나며, 그 반대도 성립한다. 가령 스카이다이빙에 대한 공포는 이후의 안심과 성취의 감정으로 이어진다.

실제로 모든 경험은 대조를 토대로 이해 및 평가할 수 있다. "기분이 어때?"라는 질문에 대한 유일하게 좋은 대답은 "무엇과 비교해서 말인가요?"다. 변화가 없다면 경험은 경험이 아니게 된다. 우리는 변함없는 것에 익숙해진다. 부엌의 냄새, 수영장의 한기, 에어컨의 소음은 모두 의식에서 사라진다.

대조는 세상을 보는 것 같은 기본적인 문제에도 작용한다. 이 문장을 읽은 후 어떤 대상을 10초 동안 그냥 바라보라. 이 책, 노트북, 불을 붙이려던 시가, 당신의 발치에서 졸고 있는 충직한 사냥개 등 무엇이든 괜찮다. 아마 모든 것이 가만히 있는 것처럼 보이겠지만 이는 착각이다. 당신의 눈은 아주 조금씩 움직이고 있다(미소안운동microsaccades). 안구 운동을 추적하는 기계를 활용하면 이미지가 안구 운동에 맞춰서 움직이도록 설정할 수 있다.[13] 그러면 이미지가 망막에 계속 고정된다. 이런 연구에 참가하면 평생 처음으로 눈을 이리저리 움직이지 않고도 어떤 대상을 바라보는, 진정한 부동不動을 경험하게 된다. 그러면 어떻게 되냐고? 아무것도 보이지 않는다. 눈앞의 광경이 말 그대로 **사라진다**. 경험은 변화를 요구한다.

우리는 절대적인 것이 아니라 차이에 반응한다. 이는 어떤 일이 독자적인 속성보다는 과거의 경험과 대비되기 때문에 즐거울 수 있음을 뜻한다. 한 신경과학자가 말한 대로 "뇌는 상대 평가를 통해 현재를 방금 일어난 일과 끝없이 비교한다. 그래서 행복의 비밀은 불행에 있을지도 모른다……. 온기를 느끼게 해주는 잠깐의 한기, 포만감을 반갑게 만들어주는 공복감, 우리를 승리의 놀라운 경험으로 밀어올리는 절망에 가까운 시간들처럼 말이다."[14]

이 모든 말들이 모호하게 들린다면 나의 동료인 롭 러틀리지Robb Rutledge와 동료들의 연구 내용을 살펴보자.[15] 그들은 실험실 연구에서 피실험자들이 확실하거나 위험한 일련의 재정적 선택을 하게 만들었다. 그리고 두어 번의 선택을 할 때마다 "지금 행복한가요?"라고 물었다. 피실험자들이 밝힌 단기적 행복을 예측하는 주된 요소는 그들이 벌어들인 금액이 아니었다. 그것은 기대치와 비교한 금액이었다. 금전과 관련된 쾌락과 고통은 부분적으로는 상대적인 경험이다.

그렇다면 양성 피학증에 대한 이야기 중 일부는 우리가 때로 미래의 경험과 극도의 대비를 만들기 위해 고통으로 장난을 친다고 말한다. 그래야 미래의 쾌락을 창출할 수 있기 때문이다. 우리는 고통 해소 직후에 찾아오는 쾌감이 고통의 부정적인 무게를 넘어설 만큼 강렬하도록 경험을 조작한다. 열탕의 따끔거림은 뒤이어 온도가 딱 맞을 때 오는 기분 좋은 만족감 때문에 가치가 있다. 매운 카레의 화끈함은 뒤이어 차가운 맥주를 들이킬 때 느끼는 상쾌함 때문에 즐길 만하다.

쾌락을 강화하는 대비는 실제로 겪은 과거 경험과의 비교에서 올 때도 있고, 러틀리지의 연구에서 밝혀진 대로 기대와의 비교에서 올 때도 있다. 시리 레크네스Siri Leknes와 동료들이 발표한 연구 결과를 살펴보라.[16] 이들은 '쾌락적 고통'이라고 부르는 주제를 탐구했다. 피실험자들은 뇌 스캐너를 연결한 상태에서 일련의 열(낮거나 높거나 그 사이)을 경험했다. 다만 그 전에 열의 온도에 대한 경고가 주어졌다. 그러나 때로는 경고가 부정확했다. 이 연구에서 나온 중대한 결과는 대개 중간 정도의 열은 아프다고 평가했지만, 높은 열이 가해질 거라는 잘못된 경고를 미리 받은 경우에는 그렇지 않았다는 것이다. 이 경우 중간 정도의 열은 **기분 좋은** 것으로 평가되었다.

하지만 이는 언어에 대한 혼란을 반영한다는 우려를 제기할 수 있다. 어쩌면 피실험자들은 나중의 경험을 '기분 좋다'고 묘사할 때 단지 '예상보다 나았다'는 감각을 표현한 것인지도 모른다. 이 부분에서 뇌 스캐닝이 역할을 한다. 레크네스와 동료들은 이 '쾌락적 고통'이 가해지는 동안 보상 및 가치와 관련된 뇌 부위(내측 안와전두

피질과 복내측시상하핵 전전두엽 피질)가 많이 활성화되는 한편, 고난 및 불안과 관련된 뇌 부위(뇌섬엽과 배측전대상피질)는 훨씬 덜 활성화되는 것을 확인했다. 따라서 실제로 긍정적인 경험으로 보였다.

어떤 통증이 정말로 아플 거라고 생각했는데 약간만 아프면 대조의 마법 때문에 약한 통증이 쾌감으로 변신할 수 있다는 결론이다. 하지만 나는 고통이 너무 심하면 이 효과를 얻을 수 없다는 뻔한 내용을 추가하겠다. 손등을 토치로 지질 것이라고 생각했는데 실험자가 담뱃불로 지진다고 해서 "좋아!"라고 말하지는 않을 것이다.

다른 연구들에서는 얼음물에 손을 담그는 등의 고통을 경험한 후 초콜릿을 맛보는 등의 뒤이은 경험이 더 기분 좋게 느껴진다는 사실을 확인했다.[17] 케이크를 먹고 싶은가? 먹기 직전에 내가 당신에게 충격을 가해도 될까? 그러면 맛이 더 좋아질 것이다! 물론 이런 실험들은 약간 이상하다. 하지만 주된 생각은 친숙하다. 배가 고플 때는 음식이 더없이 맛있고, 오래 달린 후 소파에 드러누우면 기분이 너무나 좋고, 치과에서 나올 때는 삶 자체가 아름다워진다는 사실을 누구나 안다.

고통과 쾌락의 연결고리

이것이 우리가 고통을 경험하는 쪽을 선택하는 이유에 대한 대비 이론이다. 이는 벽에 머리를 부딪히고 있는 사람에게 왜 그러는지 물으면 "멈추면 기분이 좋아져"라고 대답했다는 오랜 농담과 비슷하다.

퀘벡에서 살던 어린 시절에 삽으로 눈을 치우던 일이 기억난다. 내가 기억하는 것은 노력이나 수고가 아니라(어차피 나는 아이였다), 노출된 얼굴 부위의 화끈거림과 신발 속으로 들어와 녹는 눈과 얼음이었다. 눈을 다 치우고 나면 엄마가 뜨거운 코코아를 주었다. 나는 코코아를 마신 후 따뜻한 욕조에 몸을 담갔다. 그것은 완벽한 환희였다. 한 친구는 동행자와 영국의 시골산에 올라갔다가 몇 시간 동안 길을 잃었던 이야기를 들려준 적이 있다. 그들은 음식과 물을 충분히 갖고 가지 않은 상태였다. 날이 어두워지자 슬슬 걱정이 되기 시작했다. 그러던 중 임도林道(벌목을 위해 산속에 만든 길－옮긴이)를 발견한 그들은 우연히 소도시까지 내려가 펍으로 들어갔다. 그들은 맥주와 피시 앤 칩스를 놓고 줄담배를 피우며 웃어댔다. 이 이야기를 하는 동안 내 친구의 눈은 커다란 기쁨으로 빛났다. 그 경험은 앞선 고난으로부터 너무나 많은 혜택을 입었다.

뒤이은 쾌락을 강화하기 위해 고통의 경험을 선택하는 것은 강력한 수법이다. 하지만 이는 일부의 경우에만 통한다. 무엇보다 균형이 맞아야 한다. 화상을 입은 후 손을 차가운 물에 담그면 고통이 완화되는 달콤한 느낌을 얻을 수 있다. 그러나 애초에 뜨거운 냄비 손잡이를 움켜잡는 충격을 보상할 만큼 좋지는 않다. 멈추면 기분이 좋아지기 때문에 실제로 벽에 머리를 부딪히는 사람은 없다. 또한 누구도 경험의 끝이 너무나 후련하기 때문에 치과를 찾아가지 않는다. 나는 일곱 살 때 눈을 치운 후의 일들을 즐겼다. 그러나 그게 너무 좋으니까 나를 눈더미가 있는 곳으로 보내 달라고 부모님을 졸랐다면 심리상담을 받아야 했을 것이다.

고통에서 쾌락을 얻는 상황은 드물 것이다. 이는 타당하다. 벤담과 다윈이 둘 다 잘 알았듯이 아픔은 특정한 일을 하지 못하게 만들기 위해 존재한다. 우리는 뜨거운 것을 만질 때 고통을 느낀다. 열은 몸을 손상시키며, 이는 궁극적으로 생존과 생식에 나쁘기 때문이다. 이 고통의 요점은 급히 손을 빼고 욕을 하면서 싱크대로 달려가게 만드는 것이다. 덴 손가락에 차가운 물을 부으며 다시 같은 짓을 하는 생각만 해도 움츠러들게 만드는 것이다……. 그래서 다음부터는 냄비에서 떨어지도록 특별히 조심하게 된다. 이를 무시할 수 있다면(우리의 마음이 대비의 힘을 통해 어떤 고통스러운 경험을 뒤집어서 쾌락으로 만들 수 있다면) 고통은 원래의 기능을 하지 못할 것이다. 우리의 삶은 매 순간 즐거울 수 있지만 장기적으로는 끔찍할 것이다. 달리 말해 뒤이어 고통이 사라지는 경험이 너무나 기분 좋게 느껴지기 때문에 자신의 몸을 다치게 하는 일이 긍정적인 경험이 된다면, 우리는 수많은 방식으로 일부러 자신을 다치게 만드는 데 많은 시간을 들일 것이다. 그러면 절대 사춘기까지 살아남지 못할 것이다.

심리적 고통과 고난의 경우도 마찬가지다. 수치, 외로움, 후회, 죄책감 등의 경험을 생각해 보라. 이 모든 것의 기능은 예상을 통해 특정한 활동으로부터 멀어지도록 유도하는 것이다('이 말을 하면 나중에 기분이 아주 나쁠 거야. 그러니까 하지 않는 게 좋아'). 그리고 이를 어길 시의 가혹한 교훈을 가르치는 것이다('너무 기분이 안 좋았어. 다시는 그러지 말아야지'). 마음이 이런 식으로 작동하지 않으면(사랑하는 사람의 죽음에 따른 고통이나 사회적으로 배제된 느낌 또는 다가오는 재난에 대한 초조한 불안을 도착적으로 즐긴다면), 보상 체계가 엉망이 될 것이다. 마침내 삶은 가루가 될 것이다.

이처럼 양성 피학증이 통하려면 특정 조건을 충족해야 한다. 고통은 비교적 짧아야 한다. 빨리 사라져서 즐거운 대비의 여지를 제공해야 한다. 또한 피해가 심각해서는 안 된다. 이런 조건을 충족하면 대비를 활용하여 쾌락을 창출할 수 있다. 이제 우리는 양성 피학증이라는 수수께끼의 일부를 풀었다. 즉, 사람들이 고통스러울 만큼 뜨거운 물에 몸을 담그거나, 고통스러울 만큼 매운 음식을 먹을 때 어떤 일이 일어나는지 설명했다.

양성 피학증의 이런 수법은 자신의 경험을 해석하려 하는 우리의 기벽 때문에 더 용이해진다. 이 점은 대니얼 카너먼과 동료들이 앞선 장에서 논의한 행복 연구의 일환으로 발견했다. 몸을 기대어 앉아서 심포니를 들으며 환희에 찬 한 시간을 보내는 음악 애호가를 생각해 보자.[18] 한창 잘 듣고 있는데 녹음 상태에 뭔가 문제가 있어서 마지막 30초 동안은 끔찍한 잡음만 들린다. 우리의 음악 애호가는 심포니 전체가 망가졌다고 말할 것이다. 실제 주관적인 경험은 거의 전적으로 좋았는데도 말이다. 이를 약간의 수치로 표현해 보자면, 심포니가 한 시간 동안 지속되었고 마지막을 제외한 각 순간은 10점 만점에 10점으로 아주 좋았다고 가정하자. 반면 마지막 30초는 끔찍하기 때문에 최악인 0점이다. 그래서 실제로는 심포니의 99퍼센트 이상이 아주 좋았다. 전체 경험을 시간순으로 평균 내면 완벽에 아주 조금 못 미칠 뿐이다. 그러나 그런 기분은 들지 않는다. 음악 애호가가 기억하는 것은 망할 잡음뿐이다.

하지만 심포니가 끔찍한 잡음으로 시작한 후 59분 30초 동안의 환희로 이어졌다면 문제가 덜 되었을 것이다. 마찬가지로 대부분 좋았지만 창피한 경험으로 끝난 파티는 시작할 때 창피한 경험을 한 파티보다 훨씬 안 좋게 기억된다. 이처럼 우리는 지난 일을 돌아볼 때 경험의 합에 초점을 맞추지 않는다. 그보다는 경험이 어떻게 마무리되었는가에 더 많은 비중을 둔다.

이 사실을 탐구한 어느 실험에서 연구자들은 피실험자들이 다양한 시간 동안 얼음물에 손을 담그도록 설정했다. 그리고 세 번째 시도에서 어떤 경험을 반복할 것인지, 즉 어떤 경험이 덜 고통스러웠는지 물었다. 선택지는 다음과 같았다.

A. 60초 동안 중간 정도의 고통을 느낌.

B. 60초 동안 중간 정도의 고통을 느끼다가 이후 30초 동안 수온이 조금 올라감. 그래서 여전히 고통스럽지만 정도가 덜함.

어느 쪽을 다시 하겠다고 선택하는 것이 타당할까? 당연히 A다. A가 **고통을 덜 받기** 때문이다. 그런데도 피실험자들은 B를 선호했다. 아마 그렇게 아프지 않게 끝나기 때문일 것이다. 이 실험이 얼마나 이상한지 이해하기 위해 치과에 간다고 상상해 보자.[19] (카너먼의 실제 현장 실험은 대장내시경을 받는 사람들을 대상으로 이뤄졌다. 당시에는 그 시술이 훨씬 더 고통스러웠다.) 당신은 의자에 누워서 입을 크게 벌리고 손가락으로 팔걸이를 움켜쥔 채 땀을 흘리며 30분 동안 엄청나게 아픈 시술을 받는다. 의사가 "좋아요, 다 됐습니다"라고 말하는데 당신이 이렇게 말한다. "부탁 좀 드려도 될까요? 이걸 끔찍한 경험으로 회상하고 싶지 않아요. 그러니까 5분 정도만 적당히 아프게 해주실 수 있나요?"

이상하지 않은가? 이는 경험에 대한 우리의 기억과 경험 그 자체 사이의 긴장을, 그것이 우리를 아주 다른 방향으로 끌어당기는 양상을 예시한다. 이런 기억의 속성이 지닌 한 가지 운 좋은 우연이 있다. 고통에 뒤이은 쾌락이 쾌락에 뒤이은 고통보다 낫게 상기된다는 점이다. 고통의 양이 쾌락의 양과 같다고 해도 고통이 먼저 오면 기억의 왜곡 때문에 고통이 감소하고 쾌락이 증가한다. 그래서 전체 경험이 개선된다. 뜨거운 목욕이 먼저였다면 눈 치우기에 대한 나의 기억은 전혀 긍정적이지 않았을 것이다.

여기까지 읽는 동안 당신에게 반론이 떠올랐을 수도 있다. 나는 양성 피학증의 경험에 따른 고통이 그저 일반적인 고통일 뿐이며, 언제나 그렇듯 불쾌하다고 말했다. 이 고통은 뒤이은 쾌락을 위해 경험된다. 나중에 나를 행복하게 만들 물건을 살 돈을 벌기 위해 불쾌한 일을 견디는 것처럼 말이다. 조지 에인슬리가 말한 대로 "부정성은 긍정성을 신선하게 만들기 위한 투자가 될 수 있다."[20]

그러나 이는 당신의 경험과 부합하지 않을 수 있다. 어쩌면 당신은 고통에 뒤이은 쾌락의 과정에서 고통 부분을 실제로 즐길지도 모른다. 당신은 카레의 매움, 얼음물에 뛰어드는 충격, 아델의 〈너 같은 사람〉의 슬픔을 좋아할지 모른다. 이때 당신에게 부정성은 지불해야 할 비용이 아니라 그 자체로 가치를 지닌다.

이에 대한 한 가지 설명은 기대 심리를 포함한다. 어쩌면 당신은 사우나의 불편할 정도로 뜨거운 열기를 느끼는 동시에 차가운 핀란드 호수에 뛰어드는 짜릿함을 기대할지 모른다. 이 기대는 고통에 즐거운 부속물을 부여한다. 고통에 뒤이은 쾌락의 긍정적인 속성(쾌락에 뒤이은 고통에는 없는) 중 하나는 고통을 느끼는 도중에도 쾌락이라는 미래의 보상에 대한 생각을 즐길 수 있다는 것이다.

또는 이후 자세히 살펴보겠지만, 복수 영화의 전형적인 구조를 생각해 보라. 복수 영화는 주인공이 평화롭게 사는 모습으로 시작한다(영화 〈존 윅〉의 주인공은 아내가 죽은 후 데이지Daisy라는 비글 강아지와의 유대 덕분에 슬픔을 극복한다). 그러다가 악당이 모든 것을 파괴하는 사악한 행위를 저지른다(러시아 마피아들은 주인공 존 윅과 우연히 충돌한 후 그의 집에 침입하여 그를 기절시키고 그의 개를 죽인다). 이후 만족스러운 복수 과정이 전개된다(은퇴한 전설의 암살자가 돌아온다. "복수심에 눈먼 존은 즉시 신중하게 준비한 파괴의 소용돌이를 일으킨다").[21] 데이지가 죽임을 당하는 장면은 보기가 불편하다. 그러나 당신은 이것이 어떤 영화인지 안다. 그래서 슬픔은 곧 비열한 러시아 마피아들이 **마땅한 처벌을 받는** 모습을 보게 될 것이라는 흥분으로 균형이 맞춰진다.

다만 나는 기대가 전부라고는 생각하지 않는다. 미래의 쾌락에 대한 투자 외에도 고통을 선택하는 다른 이유들이 있다. 거기에는 무엇보다 대의를 위해 고통받고 있다는 도덕성의 충족 그리고 지배성의 쾌락(통제와 성취 그리고 난관에 맞서는 자율성에서 나오는 만족감)이 포함된다. 이 모두는 앞으로 자세히 살필 것이다.

BDSM이라는 신비한 세계

우리는 지금까지 대비에 대해 이야기했다. 그러나 이외에도 고통을 가치 있게 만드는 또 다른 힘이 있다. 바로 정신을 집중시키는 고통의 능력이다. 육체적 고통 또는 공포와 혐오 같은 부정적인 감정은 무엇이 되었든 확실하게 주의를 붙잡는다. 새뮤얼 존슨Samuel Johnson이 말한 대로 "자신이 2주 후에 목이 매달릴 것이라는 사실은 주의를 훌륭하게 집중시킨다." 윈프리드 메닝하우스Winfried Menninghaus와 동료들은 논문에서 일부 미술 작품의 추함(프랜시스 베이컨Francis Bacon이나 루시안 프로이트Lucian Freud 그림의 기괴함)은 불쾌한 충격으로 관객의 주의를 붙잡아 작품들을 두드러지게 만들려는 시도에서 기인한다고 주장한다.[22] 영화에서 묘사되는 폭력, 때로 충격적인 폭력 장면은 이 경우의 또 다른 사례다.

부정적인 경험은 특히 보상을 많이 안겨주는 방식으로 정신을 집중시킬 수 있다. 양성 피학증을 연구하는 심리학자들은 지배자 역할을 하는 어떤 여성이 한 말을 즐겨 인용한다. 그녀는 "채찍은 누군가를 지금 이 순간에 있게 만드는 좋은 수단이다. 그들은 다른 것으로 눈을 돌릴 수 없고, 다른 것을 생각할 수 없다."[23]라고 말했다. 13세기의 수피교 신비주의자인 루미Rumi는 이 말에 동의하면서 "고통이 개입할 때 어디에 무관심이 있는가?"라고 묻는다(그는 이렇게도 썼다. "고통을 추구하라! 고통, 고통, 고통을 추구하라!"). 이 방식은 나름의 매력을 지닌다. 고통은 의식으로부터 멀어지게 함으로써 불안을 해소할 수 있다. 즉, 머릿속에서 벗어나게 해준다. 이는 강하고 갑작스러운 고통이 그 반대로 보이는 오르가슴과 비슷한 측면이다.

심지어 고통은 의식적 자아를 일시적으로 지울 수 있다고도 한다.[24] 이 말은 무섭게(또는 어쩌면 약간 멍청하게) 들린다. 그러니 의미를 명확하게 파악하기 위해 특정한 형태의 선택적 고통인 BDSM('구속Bondage/훈육Discipline, 지배Dominance/굴복Submission, 가학Sadism/피학Masochism'의 줄임말)을 살펴보자.

로이 바우마이스터는 성적 피학증에 빠져들 때 "상징적·도식적, 선택하는 대상으로서의 자아에 대한 인식이 제거되고, 물리적 육신으로서의 자아에 대한 저급한 인식으로 대체된다"고 주장한다. 그가 보기에 성적 피학증은 극단적인 운동이나 술에 만취한 상태와 같은 범주에 속한다.

왜 자아로부터 탈출하고 싶어 하는 걸까? 바우마이스터가 지적한 대로 자기 인식은 부담을 요구하기 때문이다. 일상생활에서 당신은 스스로 책임을 져야 하고, 종종 남들을 실망시키는 결정을 내려야 한다. 세상을 향해 좋은 모습을 보여야 한다. 욕망을 관리하고 실망감, 죄책감, 수치심에 대응해야 한다. 과거의 괴로운 기억, 미래에 대한 걱정, 현재의 불안에 사로잡힌다. 당신은 아주 오랫동안 중얼거린, 어쩌면 약간은 불평 같은 내면의 독백을 지니고 있다. 우리가 자신에게 염증을 느끼는 양상을 파악하기는 어렵지 않다. 그것은 우리가 점유한 육체에 대한 염증일 뿐 아니라(이런 경우도 있지만), 의식에 대한 염증이기도 하다. 이런 종류의 고통에 있어서는 "네가 아니라 내가 문제야"라는 고전적인 이별 통보용 대사에 상당 부분 진실이 담겨 있다.

힘든 운동이나 어려운 퍼즐 또는 채찍질과 같은 특정한 활동에 몰입해서 얻는 즐거움 중 하나는 자신을 의식하는 느낌을 잃는 것이다. 당신은 그냥 **존재**한다. 이 상태에 이르는 것이 명상 수련의 목적 중 하나다. 그러나 우리 같은 초보자들에게 명상은 정반대의 효과를 초래한다. 주의를 돌릴 다른 대상 없이 자신의 머릿속에 갇히는 것은 고통스러운 경험이 될 수 있다. 자신의 **나스러움**me-ness이 짜증스러울 만큼 두드러질 수 있다.

반면 나는 브라질리언 주짓수를 하면서 누군가와 처음 '구른(대련)' 후에 그 시간 동안에는 아무 생각도 하지 않았다는 걸 깨달았다. 나 자신은 사라졌다. 거기에는 일종의 환희가 있었다. 실제로 나는 뉴 헤이븐New Haven의 어느 거리에서 강도에게 폭행당한 적이 있었다. 그 일은 내가 추천하는 경험은 아니었다. 하지만 나중에 나는 폭행당하는 동안 그 순간에 몰입했다는 사실을 깨달았다. 마음은 전혀 방황하지 않았다. 이제 나는 자신의 의식으로부터 멀어지고 싶을 때 명상을 하지 않는다. 대신 팟캐스트를 듣는다. 타인의 목소리에는 머릿속에서 자의식을 끌어내고 마침내 내면의 '나, 나, 나'를 차단하는 자동적인 끌림이 있다.

이는 우리를 다시 고통으로 데려간다. 고통은 명상보다 나을 수 있다. 명상은 어수선한 마음monkey mind에 대처하기 위한, 산만한 생각을 부드럽게 밀어내기 위한 지속적인 선택을 요구한다. 반면 고통은 그 일을 대신해준다. 팟캐스트를 들어도 산만하다면 채찍을 맞아보라. 나는 심한 통증의 끔찍함을 한순간도 부정하지 않을 것이다. 또한 고통을 사라지게 만드는 개입을 적극 지지한다(나는 치과 수술을 받을 때 마취제를 감사히 맞을 것이다). 그래도 주의를 돌리게 만드는 고통의 힘은 부정할 수 없다. 어떤 사람들에게는 특정한 상황에서 이런 긍정성이 부정성을 압도할 수 있다.

나는 우리가 논의하는 대상(육체적 고통 및 굴욕이나 노예화)이 다른 상황에서는 사람이 서로에게 할 수 있는 최악의 행동임을 안다. 일레인 스캐리Elaine Scarry는 『고통받는 몸』에서 고문 문제를 다루면서 바우마이스터와 같은 주장을 한다.[25] 그녀는 고문이 인식과 의미를 파괴하여 자아를 제거하는 양상을 자세히 묘사한다. 다만 스캐리는 이를 끔찍한 맥락에서 논의한다.

고문을 피학증과 구분하는 것은 무엇일까? 고문의 경우 자아에 대한 공격의 강도가 훨씬 강해서 한계가 없다. 하지만 핵심적인 차이는 아니다. 정말로 중요한 것은 선택이다. 고문에는 세이프 워드safe word(BDSM에서 행위의 중단을 요구하는 신호로 사전에 정한 암호-옮긴이)가 없다. **자발적으로** 자아를 제거하고, 통제된 환경에서 일시적으로 행하는 것은 환희를 안길 수 있다. 반면 다른 사람이 당신의 뜻에 맞서서 그렇게 하는 것은 놀라울 만큼 잔혹한 행위다.

통제의 중요성은 종종 간과된다. 관타나모 만Guantanamo Bay의 죄수들을 하루에 오랜 시간 동안 서 있게 하는 관행을 승인해 달라는 요청을 받았을 때, 당시 국방부 장관인 도널드 럼스펠드Donald Rumsfeld는 자기도 하루 중 대부분을 서 있는다고 언급했다(그는 스탠딩 데스크에서 일했다). 그러니 그게 크게 나쁜 일일까? 같은 기간에 미군의 고문 관련 보도들이 나온 후 크리스토퍼 히친스Christopher Hitchens를 포함한 일부 저널리스트들은 그 기분이 어떤지 알릴 수 있도록 물고문을 체험해 보기로 결정했다(겪어 보니 생각보다 훨씬 고통스러웠다). 이런 모험의 부분적인 동기는 순수한 호기심과 도덕적 관심이다. 나는 그것이 쓸데없다고 생각하지 않는다. 그러나 그런 실험은 본질적으로 실제처럼 구현되지 않는다. 익사할 것 같은 신체적 감각은 충분히 끔찍하다. 그러나 물고문을 너무나도 끔찍하게 만드는 요소는 당신이 요청해도 중단되지 않는다는 명백한 사실이다. 통제와 동의는 도덕적으로 반드시 필요하며, 경험적으로도 중대한 의미를 지닌다.[26]

나는 여기서 BDSM을 정상적인 욕구의 정상적인 표출로 제시하고 있다. 과연 그게 맞을까?

프로이트는 피학증의 특정한 비성적非性的 형태를 정상적인 삶의 일부로 보았다. 그러나 그는 성적 피학증이 정신질환(그의 표현에 따르면 '도착증')을 반영하며, 이런 행위를 하는 사람들은 사실 자신을 괴롭히는 사디스트sadist라고 주장했다. 정신분석 전통을 잇는 후배 학자들은 피학증을 범죄 성향, 뇌전증, 비역질, 네크로필리아(사체애!), 흡혈 행위(!)와 연관지었다. 한 학자는 이런 행위를 하는 개인들의 집단을 '지옥의 왕국'이라 일컬었다.[27]

그 실행자들에 대해 더 많은 사실을 안다면 논의에 도움이 될 것이다. 그러나 좋은 연구 결과는 찾기가 어렵고, 수치는 중구난방이다. 한 연구에서는 전화 설문을 통해 응답자들에게 지난 12개월 동안 BDSM 행위를 한 적이 있느냐고 물었다.[28] 그 결과 1.3퍼센트의 여성, 2.2퍼센트의 남성만 "그렇다"고 응답했다. 이는 아주 작은 비율이다. 그러나 2015년 실시한 연구에서처럼 성적 환상에 대해 질문하는 경우 65퍼센트의 여성, 53퍼센트의 남성이 성적으로 지배당하는 환상을 품은 적이 있다고 밝혔다.[29] 또한 47퍼센트의 여성, 60퍼센트의 남성은 다른 사람을 성적으로 지배하는 환상을 품은 적이 있다고 밝혔다. 이와 관련해서는 선호의 범주가 존재할 가능성이 높다. 즉, 전혀 관심 없는 수준부터 섹스하는 동안 성적 환상에 대해 이야기하는 수준, 가짜로 가볍게 속박하는 수준, (합의하에) 목 조르기, 스팽킹, 머리 잡아당기기 등을 하는 수준, 고문실, 채찍, 불을 이용하는 수준 그리고 어쩌면 그보다 더 멀리 나아가는 수준까지 다양할 수 있다.

어느 경우든 BDSM이 정신질환의 한 형태라면 다른 심리적 문제와 연계되어야 한다. 그러나 그렇지 않은 것 같다. BDSM 실행자들은 실제로 우울증의 수준이 평균보다 낮을 수도 있다.[30] 또한 그들은 외향적이고, 양심적이고, 더 행복하며, 당연히 새로운 경험에

개방적인 경향이 있다. BDSM과 연계된 유일하게 부정적인 특성은 실행자들이 비실행자들보다 나르시시즘의 수준이 더 높고, 우호성의 수준은 더 낮다는 점이다.

가장 부드러운 형태의 BDSM은 실제로 아무것도 경험하지 않는다. 즉, 그냥 상상만 하는 것이다. 『그레이의 50가지 그림자』를 생각해 보라.[31] 이 소설은 아나스타샤 스틸Anastasia Steele이라는 젊고, 예쁘고, 매우 순진한 여대생과 크리스천 그레이Cristian Grey라는 젊고 잘생긴 데다 부자며, 전혀 순진하지 않은 남자의 관계에 대한 이야기를 담고 있다. 그레이는 아나스타샤에게 BDSM의 세계를 소개한다. 책의 묘사를 빌리자면 "그들은 함께 깊은 비밀과 후끈한 섹스를 드러내는 크리스천의 어두운 과거를 탐험한다." 사람들은 이 이야기를 진정으로 즐겼다. 『그레이의 50가지 그림자』는 2010년대 최고의 베스트셀러였다. 두 번째로 많이 팔린 책은 무엇이었을까? 후속작인 『50가지 그림자 심연』이었다. 2010년대에 세 번째로 많이 팔린 책은? 시리즈의 마지막 편인 『50가지 그림자 해방』이었다. 소설에 기반한 영화들도 크게 흥행했다.

이 시리즈에서 독자는 아나스타샤의 입장에 서도록 되어 있다. 책과 영화의 인기는 프로이트를 행복하게 만들었을 것이다. 그는 피학증이 여성적 상태의 일부라고 주장했기 때문이다. 즉, 여성이 그것을 실제로 원한다는 뜻이다. 논평가 케이티 로이프Katie Roiphe는 이런 환상이 매력적인 이유를 현대 사회에서 여성들이 얻는 기회가 증가했기 때문이라고 본다. 그래서 이렇게 말한다. "하지만 왜 특히 여성에게는 자유 의지가 부담이 될까? 왜 현재 일어나는 일을 수동태로 생각하는 것이 매력적일까? 왜 굴복하거나 굴복하는 척하는 것이 그토록 재미있을까? 어쩌면 그 이유는 권력이 항상 그렇게 편한 것은 아니기 때문일지도 모른다. 권력을 누리며 자란 우리 같은 사람들에게도 말이다. 어쩌면 평등은 우리가 일정한 장소와 자리에서 가끔씩만 원하는 것인지도 모른다. 어쩌면 권력과 그에 따른 모든 의무는 따분한 것일지도 모른다."32

이는 자아로부터의 탈출에 대한 바우마이스터의 주장과 일치하는 흥미로운 의견이다. 그러나 이런 종류의 사회적 논평이 흔히 그렇듯이 관련된 데이터가 없다. 로이프는 『그레이의 50가지 그림자』의 매력을 특정 시대(그녀는 이 글을 2012년에 썼다)와 연계한다. 그러나 『그레이의 50가지 그림자』가 여성들이 훨씬 적은 자유를 얻던 50년 전이나 100년 전에 출판되었다면 인기가 덜했을 것이라는 증거를 제시하지 않는다.

또한 로이프는 여성의 욕망을 중심으로 글을 썼지만 이런 환상은 남성에게도 존재한다. 나는 『그레이의 50가지 그림자』와 내용이 똑같지만 젠더만 바뀐 책이 얼마나 잘될지 궁금하다. 즉, 순진하고 젊은 미남이 성적 지배의 취향을 가진 성공한 연상의 여성 사업가에게 사로잡히는 것이다. 어쩌면 이 지배자 여성은 구글의 고위 경영자일지도 모른다! 이 책은 『그레이의 50가지 그림자』만큼 성공할까? 아직 충족되지 않은 남성들의 취향이 있을까? 당신이 이 아이디어를 토대로 책을 써서 수백만 부를 판다면, 여기서 처음 그런 내용을 접했다는 사실을 기억해주길 바란다.

스스로 처벌하는 행위, 자해

지금까지 나는 BDSM을 정상적인 취향의 반영으로 변호했다. 그렇다고 해서 모두가 해야 한다거나, 하지 않는 쪽은 건강하지 않다는 뜻은 아니다. 매운 음식에 대한 욕구도 정상적이지만 그것을 탐하지 않아도 괜찮다. 그래도 모든 선택적 고통이 건강한 것은 아니다. 일부 속성을 공유하기는 하지만 BDSM과 구분해야 하는 해로운 행동들이 있다.

이런 행동 중 하나가 자해, 전문용어로는 NSSI(비자살적 자해non-suicidal self-injury)다.[33] 이는 자살하려는 의도는 없는 고의적인 신체 상해(단순히 일시적으로 고통을 가하는 것과 달리)를 말한다. 이런 행위는 십 대 때 시작되는 경향이 있다. 청소년 중 13~45퍼센트는 삶의 어느 시점에서 자해를 했다고 밝혔다(항상 그렇듯이 추정치는 질문의 내용과 대상에 따라 달라진다).

자해는 칼이나 면도날 같은 도구로 살을 베는 행위를 포함한다. 부위는 대개 팔, 다리, 배다. 또한 할퀴거나, 긁거나, 불로 지지거나, 안전핀 같은 도구를 살에 찌르거나 넣는 경우도 있다. 이는 전형적이고 비교적 흔한 징후이나, 극단적인 사례도 있다. 아르만도 파바자Armando Favazza는 『공격받는 육체Bodies Under Siege』에서 손가락 절단, 고환 분쇄, 안구 적출 같은 사례를 언급한다.[34] 이 책에 속한 장들의 제목은 '머리와 그 부위들', '사지', '피부' 그리고 '생식기'다(맞다. 사진도 실려 있다). 성서에는 악마에 씌인 남자가 "소리를 지르며 돌로 자신의 몸을 해하는" 이야기가 나온다.[35] 그는 뒤이어 예수의 퇴마 의식으로 치유된다.

NSSI는 BDSM처럼 선택적 고통의 일종이다. 다만 NSSI는 단독으로 이뤄지고, 성적이지 않으며, 당사자의 삶에 생긴 심각한 문제에 대한 대응이다. 이는 즐거운 선택이 아니다. 사람들은 종종 정신적 외상을 안기는 사건에 대한 대응으로 자기혐오 같은 감정을 경험할 때 자해를 한다. 입원 환자들을 대상으로 한 연구에서 자해 결정은 몇 초 만에 빠르게 이뤄지는 것으로 드러났다.[36] 약물과 알코올은 대개 사건 발생 당시에 사용되지 않는다. 즉, 자해자들의 정신은 멀쩡하다.

내가 이를 고통의 측면에서 설명한 이유는 대부분의 사람들이 베이거나, 데이거나, 상처를 입을 때 고통을 느끼기 때문이다. 그러나 자해하는 사람들은 그 행위를 하는 동안 거의 또는 전혀 고통을 느끼지 않는다고 말한다. 또한 여러 연구에서도 자해하는 사람들이 통증에 대한 민감도가 평균보다 낮다는 사실이 밝혀졌다. 즉, 그들은 긴 시간이 지나서야 어떤 경험이 고통스럽다고 말했으며, 고통스러운 경험에 대한 내성도 더 강했다. 어쩌면 자신의 몸에 칼을 대는 사람들은 이례적으로 높은 통증 내성 수준을 타고났는지 모른다. 이는 그들에게 자해를 보다 매력적으로 만들지 모른다. 또는 반복적인 자해에 대한 대응으로 통증에 내성이 형성되었을지도 모른다. 이 문제에서 원인과 결과를 구분하기는 어렵다.

왜 자해를 할까? 한 가지 답은 기분을 더 좋게 만든다는 것이다. 한 여성은 "세면대로 피가 흘러내릴 때 분노와 번민도 같이 흘러내린다"라고 말한다.[37] 자해는 BDSM이 그렇다고 말해지는 것처럼 주의를 돌리는 수단, 자아로부터의 탈출이다. 실제로 자해 충동의 치료법 중 하나는 몸을 해치는 행동을 얼음을 쥐거나, 고무줄로 손목을 때리는 것처럼 덜 해로운 행동으로 대체하게 한다.

그러나 다른 원인도 있다. NSSI는 종종 스스로를 처벌하려는 욕구에 이끌린다. 자해하는 사람들은 때로 자신이 인식한 잘못 때문에 자신을 처벌하고 싶어 한다. 자해자들은 '패배자'나 '수치' 같은 글귀를 자신의 피부에 새긴다. 그들에게 왜 자해를 했는지 물으면 "자신에게 화가 나서 처벌하고 싶었다"고 말한다. 우리는 이 말을 있는 그대로 받아들여야 한다.

자기 처벌은 현대 사회에서 흔하게 받아들여지는 관행이 아니다. 나는 누군가를 크게 다치게 만들었지만 되돌릴 방법이 없을 때, 가까운 친구에게 가서 따귀를 때려 달라고 말하지 않을 것이다. 그러나 과도하게 도덕적이었던 다른 시대에는 사정이 달랐다. 역사학자 키스 홉킨스Keith Hopkins는 2세기 의사인 갈레노스Galen의 이야기를 들려준다.[38] 갈레노스의 친구는 노예가 사소한 실수를 저지르자 분노에 사로잡힌 나머지 칼로 거의 죽기 직전까지 폭행한다. 로마법에서는 노예에 대한 처벌이 허용된다. 그러나 과도한 처벌은 불법이었으며, 살인은 여전히 살인이었다. 갈레노스는 뛰어난 의술로 노예를 살려냈고, 이 일은 그냥 넘어갔다. 그러나 "갈레노스의 친구는 후회에 사로잡혔다. 사건 직후 어느 날, 그는 갈레노스를 집으로 데려와서 옷을 벗은 다음 채찍을 건넸다. 그러고는 무릎을 꿇더니 자신을 때려 달라고 부탁했다. 갈레노스가 웃어넘기려 할수록 친구는 더욱 끈질기게 매달렸다." 갈레노스는 결국 채찍질을 해주기로 동의했다. 다만 친구가 먼저 자제의 미덕과, 폭력이 아닌 다른 수단으로 노예들을 다스리는 일의 가치에 대한 설교를 들어야 한다는 조건을 달았다.

오래전에 나는 이집트에서 젊은 상인과 차를 마신 적이 있다. 막 몇 개의 장식용 소품에 과도한 가격을 지불한 참이었다. 그래도 우리는 대화를 나누게 되었다. 나는 그에게 이미 물건을 샀으니 말인데 나 말고 다른 관광객에게 가장 많이 바가지를 씌운 게 얼마인지 물었다. 그는 한 유럽인 할머니가 자신의 가게로 온 적이 있으며, 그녀는 적당한 가격이 얼마인지 전혀 몰랐다고 말했다. 그는 할머니를 꼬드겨서 제정신인 사람이 지불할 가격의 열 배가 넘는 가격에 양탄자를 팔았다. 이후 그는 마음이 좋지 않아서 다음 날 물과 소금만 먹으며 하루를 지냈다.

실험실에서도 자기 처벌을 탐구할 수 있다.[39] 한 연구에서 피실험자들은 다른 사람을 따돌리는 비윤리적인 행동을 한 적이 있는지 써 달라는 요청을 받았다. 뒤이어 그들에게 다른 요청이 주어졌다. 바로 얼음물이 든 통에 최대한 오래 손을 담그고 고통을 견디는 일이었다(심리학자들은 이 방법을 좋아한다. 고통스럽지만 해를 끼치지 않기 때문이다). 그 결과 따돌림을 한 집단은 죄책감을 느끼도록 유도되지 않은 통제집단보다 오래 손을 담그고 있었다. 또한 덕분에 기분이 나아졌다고 밝혔다. 비슷한 다른 연구에서는 피실험자들에게 '가장 심한 죄책감'이 들게 만들었던 과거의 사건에 대해 써 달라고 요청했다.[40] 뒤이어 그들에게 기계를 조절하여 자신이 받을 충격의 양을 늘리거나 줄여 달라는 요청이 주어졌다. 이번에도 죄책감을 느낀 집단은 통제집단보다 충격의 양을 늘렸다. 또한 강한 충격을 받을수록 죄책감이 많이 줄어들었다.

단기적인 고통을 추구하는 또 다른 이유는 '신호 보내기'다. 왜 이집트 상인은 내게 물과 소금만으로 하루를 보냈다는 이야기를 했을까? 나에게 잘 보여서 물건을 더 팔려고 거짓말을 한 걸까?(어쩌면 그의 말을 믿었던 나는 두 번이나 호구가 된 건지도 모른다). 그가 진실을 말했고, 정말로 그런 일을 했을지도 모른다. 그래도 그가 치른 희생의 목적(의식적이든, 무의식적이든)은 자신이 좋은 사람임을 보여주기 위함이었다.

많은 학자들은 동물 연구와 진화심리학의 도움을 빌어서 우리의 반응, 취향, 행동 중 다수는 자신에 대한 긍정적인 측면을 선전하는 수단으로 이해하는 것이 최선이라고 주장한다.[41] 즉, **당신이 나의 선택을 보고 나를 더 좋게 생각할 것이기 때문에 고통을 선택한다**는 뜻이다. 이때 고통의 쾌락은 사회적 쾌락일 수 있다.

그렇다면 자신의 어떤 면을 선전하는 걸까? 온갖 것이 될 수 있겠지만 하나는 강인함이다. 고통과 혼란을 견디는 능력(실제로 그것을 자신에게 가하는 담력)은 신체적·정신적 강인함을 드러낸다. 적어도 의도는 그렇다. 나는 다리를 다친 후 힘든 물리 치료를 받을 때 물리 치료사에게 "분명히 이거 하다가 너무 아파서 중단하는 사람들이 많을 거예요"라고 말했다. 그러자 물리 치료사는 웃으며 "아니에요. 그런데 그런 말을 하는 남자분은 많아요"라고 말했다. 내가 팟캐스트에서 고통에 대해 이야기한 후, 일리노이 대학원생 페르난도 산체스 헤르난데스Fernando Sánchez Hernández는 멕시코 시티에서 밤에 즐기는 놀이를 소개해 주었다. '토케즈toques'라고 불리는 이 놀이는 금속봉을 잡고 전기 충격을 얼마나 오래 견디는지 겨루는 방식이다.[42] 이는 재미있게 놀기 위한 활동이자 친구나 가족과의 우호적인 경쟁이다.

자해는 신호 보내기가 중대한 역할을 하는 또 다른 영역이다. 어쩌면 자해는 다른 기능과 더불어 도와 달라는 요청, 괴롭다는 신호일지도 모른다. '선홍색 비명'이라는 자해에 대한 유명한 묘사처럼 말이다.[43]

이 이론의 한 가지 버전을 개발한 에드 헤이건Ed Hagen과 동료들은 자해를 값비싼 신호로 탐구한다.[44] 동물들에게는 자신에 대한 (얼마나 강한지, 똑똑한지, 위험한지에 대한) 진실을 알리는 일이 때로 가치를 지닌다. 다만 많은 경우 누구나 신호를 내보낼 수 있다는 문제가 있다. 그래서 청중이 진실과 거짓을 구분하기 어렵다. 해결책은 값비싼 신호, 즉 진실을 말하는 사람만 전달할 수 있을 만큼 충분한 자원과 동기가 필요한 신호다.

가령 이유가 무엇이든 당신이 사람들에게 돈이 많다는 걸 알리고 싶다고 치자. 당신은 그냥 "안녕하세요. 저는 백만장자입니다"라고 말할 수 있다. 그러나 이 방식에는 두 가지 문제가 있다. 첫째, 사람들에게 당신이 부자임을 알리고는 싶지만, 알리고 싶어 한다는 사실까지 알리고 싶지는 않을 수 있다. 둘째, 부자가 아닌 사람도 자신이 부자라고 말할 수 있다. 그래서 당신의 말이 의심받을 수 있다. 당신에게 필요한 것은 우연으로 보이지만(그래야 당신이 알리고 싶어 한다는 것을 드러내지 않으면서도 부자임을 알릴 수 있다), 동시에 실제로 부자여야만 할 수 있는 방식으로 부를 표현하는 것이다.

일반적인 해결책은 롤렉스 시계처럼 값비싼 물건을 몸에 전시하는 것이다. 이 방식은 두 가지 문제를 모두 해결한다. 첫째, 부를 알리고 싶어 한다는 사실을 그럴듯하게 부인할 수 있다. 당신이 부를 선전하려고 롤렉스 시계를 찬 것인지 분명하지 않기 때문이다(그냥 롤렉스를 좋아할 수도 있으니까). 둘째, 보다 요점에 가까운 사실로 이는 부자는 할 수 있지만 빈자는 할 수 없는 종류의 일이다. 실제로 일부 명품의 경우 고가가 바로 핵심이라고 주장할 수 있다.[45] 롤렉스의 가격이 너무 많이 내려가면 회사가 망할지도 모른다.

왜 명문 고등학교에 다니는 아이들은 라틴어나 그리스어, 심지어 산스크리트어를 배울까? 어떤 사람들은 이런 지식의 중요성을 주장한다. 그러나 신호 보내기 이론가들은 이 문제에서는 오히려 **비중요성**이 중요하다고 말할 것이다. 자녀가 가시적 효용성이 없는 과목에 귀중한 시간을 보내게 하는 것은 당신이 물질적 필요로부터 자유로움을 세상에 알린다. 가난한 아이들은 유용한 과목을 배워야 하기에 시간을 손해볼 수 없다. 왜 너무나 많은 남학생회, 엘리트 부대, 폭력 조직은 신고식을 치를까? 신고식은 해당 집단에 대한 관심을 알리는 값비싼 신호이기 때문이다. 엄지를 올리면서 5달러의 입회비만 내면 되는 경우 누구나 가입할 수 있다. 열성적인 사람과 게으른 사람을 구분할 수 없다. 반면 수치스럽거나, 고통스럽거나, 혐오스러운 일을 견뎌내는 것은 값비싼 신호로서 아주 좋다. 헌신적인 사람만 기꺼이 그렇게 할 것이기 때문이다. 종교 의식의 경우도 마찬가지다. 자신이나 어린 아들에게 포경수술을 행하는(특히 마취제가 발명되기 전에) 남자가 보여주는 헌신성은 어느 정도일까? **아주 강하다**.

이제 당신이 도움, 지원, 애정이 필요한 상태임을 다른 사람들에게 설득해야 한다고 상상해 보라. 주위에 있는 사람들이 당신에게 애정을 가졌다면 그냥 요구하면 된다. 또는 보편적인 고통의 신호인 눈물을 흘리면 된다. 그냥 우울하고 슬픈 표정을 지으면 곧 부모나 배우자가 다가와서 어떻게 하면 위로가 될지 묻는다.

하지만 당신이 그렇게 운이 좋지 않다면 어떻게 해야 할까? 주위에 있는 사람들이 무관심하고, 애정 표현에 인색하다면 어떻게 해야 할까? 당신이 자신을 이용하려 든다고 의심한다면 어떻게 해야 할까? 또는 당신은 이해관계가 엇갈리는 유형의 관계 속에 놓여 있을지도 모른다(헤이건과 동료들은 의부의 괴롭힘에 시달려서 엄마가 자신을 보호해 주기를 바라지만, 엄마는 남편에게 충직한 딸의 사례를 든다). 이 경우 그냥 요구하거나 암시하는 방법은 통하지 않는다. 그래서 값비싼 신호가 도움이 될 수 있다.

어쩌면 자해는 그런 신호일지 모른다. 이는 상황이 심각해야만 행할 수 있는 유형의 일이다. 자해는 주의를 끄는 측면에서 자살 위협과 비슷한 힘을 지닌다. 그러나 위협은 거짓으로 꾸며낼 수 있고, 시간이 지나면 힘을 잃는다. 반면 자해는 내재된 비용을 수반하며, 그래서 필요를 알리는 보다 믿을 만한 신호다.

나는 이 이론에 흥미를 느끼지만 의구심도 갖고 있다. 무엇보다 특정한 상황에서만 자해가 이뤄질 것이란 예측이 문제다. 청소년이 주위 어른들과 좋은 관계를 맺고 있다면 자해를 할 필요가 없어야 한다. 또한 주위 어른들과의 관계가 끔찍하고 어떤 상황에서도 도움을 기대할 수 없다면 자해를 하지 말아야 한다. 누구도 주의를 기울이지 않으면 신호를 보낼 수 없다. 이는 자해가 그 사이의 관계에서 가장 흔히 발생할 사례임을 시사한다. 즉, 부모가 당신이 요구만 하면 도와줄 만큼 애정이 많지는 않지만, 당신이 정말 힘들다는 확신이 들면 도와줄 만큼의 애정은 있어야 한다. 내가 아는 한 이 이론을 검증한 연구는 없다.

또한 이들은 대개 몸의 숨겨진 부위에 칼로 상처를 낸다. 메시지를 보내고 싶다면 얼굴이나 목 또는 손을 그어야 하지 않을까? 헤이건과 동료들은 이런 반론을 알고 있으며, 두어 가지 대응 이론도 갖고 있다. 그중 하나는 이런 유형의 값비싼 신호는 의식적 전략이 아니라 진화적 기제라는 것이다. 그래서 사람들은 자해하고 싶은 충동이 일어도 의식적으로 감춘다(울음은 결국 고통 신호로 진화했지만 우리는 종종 눈물을 감춘다). 또 다른 가능성은 이런 신호는 신호로 보이지 않는 것이 요점이라는 것이다. 자해자는 자신이 교활하게 사람을 조종하려 드는 것처럼 보이기를 원치 않는다. 그래서 그들이 낸 상처는 보이지 않고 발견되어야 한다. 우리는 관계를 맺고 있는 상대에게 도움을 구하는 전형적인 호소에서 이런 사례를 본다. 나는 배우자의 주의를 끌고 싶어도 그렇게 보이기를 원치 않는다. 그래서 뚱한 얼굴을 한 채 배우자가 "자기, 왜 그래?"라고 묻기를 기다린다(적절한 대꾸는 "으응, 아무것도 아냐"다).

결론적으로, 값비싼 신호 보내기는 자해에 대한 완전한 설명이 될 가능성이 낮다. 그래도 앞에서 설명한 기분 조절(자아로부터의 탈출)이나 자기 처벌 같은 다른 요인들과 나란히 놓일 수 있다.

우리는 쾌락으로 바꿀 수 **없는** 것에 대해 생각함으로써 고통의 기쁨에 대해 조금 배울 수 있다. 매우 당연한 일이지만 사람들은 심한 고통과 영구적인 신체 손상을 피하는 경향이 있다. 심리적으로 건강한 사람은 네일건nail gun으로 자신을 쏘거나 신체 부위에 불을 붙이지 않는다. "마조히스트의 요리책The Masochist's Cookbook"(풍자 잡지인 〈맥스위니스McSweeney's〉에서 인용)에 실린 아래의 레시피대로 요리하는 진정한 마조히스트는 거의 없다.[46]

요리명: 오렌지 럼 시럽을 입히고 계피를 뿌린 피칸

재　료: 생 피칸 2.5컵, 럼 1컵, 황설탕 2티스푼, 소금 1/4티스푼, 간 계피 1/2티스푼, 오렌지 껍질 1개분

요리법: 피칸을 350도에서 5분 동안 굽는다. 큰 냄비에 럼, 설탕, 소금, 계피, 오렌지 껍질을 넣고 끓인다. 부글부글 끓으면 119에 전화를 건 후 바

지를 벗는다. 오븐용 장갑을 꽉 물고 펄펄 끓는 시럽을 생식기에 붓는다.

대부분의 사람들이 피하는 심리적 경험도 있다. 우리는 종종 환상이라는 안전한 장소에서 끔찍한 경험을 즐긴다(이 주제는 다음 장에서 다룬다). 그러나 누구도 아이가 죽거나, 친구가 자신을 증오하거나, 자신의 가장 깊은 비밀이 드러나는 일을 실제로 겪고 싶어 하지 않는다.

보다 은근한 제한도 있다. 욕지기를 추구하는 사람은 거의 없다. 아툴 가완디Atul Gawande는 〈뉴요커〉에 실은 글에서 '메스꺼운 느낌'이라는 주제를 다루었다. 이에 따르면 고대 로마의 키케로Cicero는 뱃멀미의 고문에 시달리느니 차라리 죽겠다고 말했다(나 역시 보스턴 하버 크루즈Boston Harbor Cruises를 경험한 후로 다시는 고래 보기 투어를 할 생각이 없다).[47] 어떤 산모들에게는 출산보다 입덧이 더 나쁜 기억이다. 달리기를 하다가 발목을 삐어도 다 나으면 다시 달리기를 한다. 하지만 욕지기는 다르다. 어떤 음식을 먹고 속이 메슥거리면 그 음식을 다시 먹기 힘들다.

가완디는 이 부분에 있어 진화적 논리를 제시한다. 욕지기의 기능은 당신이 섭취했을지도 모르는 독성 물질을 배출하는 것이다. 그 경험의 끔찍함 그리고 기억의 끈질김은 독성 물질을 다시 섭취하지 않게 만든다. 이는 입덧 그리고 임신 초기에 욕지기가 너무나 흔한 이유에 대한 표준적인 진화론적 설명에 부합한다.[48] 해당 시기에는 태아가 천연 독성 물질에 가장 취약하다. 그래서 고도의 경계가 이뤄진다.

그러나 욕지기의 끔찍함은 양성 피학증의 메뉴에서 제외된 이유를 설명하기에 충분치 않다. 우리는 결국 또 다른 끔찍한 경험을 좋아한다. 그보다 더 나은 설명은 욕지기는 지속되기 때문에 일종의 균형 잡기 수단으로 적합하지 않다는 것이다. 갑자기 끝나는 통증은 뒤이은 쾌감의 토대가 될 수 있다. 나는 앞서 소개한 대로 뜨거운 사우나에서 나와 차가운 호수로 뛰어드는 핀란드식 관행을 모두에게 추천한다. 반면 오랜 시간에 걸쳐 점차 소멸하는 불쾌한 경험은 대비의 기회를 제공하지 않는다. 그래서 뒤이은 쾌감을 즐길 수 없다. 어쩌면 이것이 욕지기의 문제일지도 모른다. 극도의 현기증을 유발하지만 스위치만 끄면 완전히 괜찮아지는 욕지기 기계가 있다고 가정하자. 그러면 분명 대학생들이 한번 경험해보려고 줄을 설 것이다.

권태에서 벗어나기 위하여

권태는 불쾌하고 좋아하기 힘든 대상의 마지막 사례다. 괴물들이 당신에게 달려들면서 괴성을 지르는 '귀신의 집'은 있지만, 그들이 당신의 휴대폰을 가져가 버려서 몇 시간 동안 그냥 앉아만 있어야 하는 '심심한 집'은 없다. 앞서 소개한 바우마이스터와 동료들의 연구에서 지루함은 삶의 행복과 의미를 경험하는 정도를 낮추는 것으로 드러났다.[49] 여기에 대해서는 실로 말할 것이 별로 없다.

무엇이 우리를 지루하게 만드는지에 대한 이론을 제시하기는 놀라울 정도로 어렵다.[50] 한 초기 이론은 자극과 각성이 덜 된 상태를 지루하다고 설명했다. 그러나 뒤이은 연구들에서 우리가 고도의 각성 상태에서도 지루함을 느낀다는 사실이 확인되었다(스트레스를 받는 상태와 지루한 상태는 양립 가능하다).

또 다른 이론은 우리가 자율성을 잃었다고 느낄 때 지루해 한다고 말한다. 몇 년 전만 해도 휴스턴 공항은 짐 가방을 받는 데 너무 오래 기다려야 한다는 이용객의 불평에 시달렸다. 공항 운영진은 짐 가방을 더 빨리 내보내기보다 수하물 찾는 곳을 게이트에서 더 멀리 옮기기로 결정했다.[51] 이후 이용객들이 짐 가방을 언제 찾을 수 있을지 예측하거나, 통제할 방법 없이 무작정 기다리는 일이 없어졌다. 대신 그들은 목적을 달성하기 위해 걸어가면서 시간을 보내게 되었다. 그 결과 더 이상 지루함을 느끼지 않게 되면서 이용객의 불평이 사라졌다. 당신도 막힌 도로에서 한 시간을 보내는 것보다 탁 트인 고속도로를 한 시간 더 달리는 쪽을 선택할 것이다.

하지만 이 자율성 이론은 전적으로 옳을 수 없다. 짐 가방을 찾으러 가는 거리가 충분히 멀면, 사람들은 지루해 **할 것**이다. 그들에게 자율성이 있으며, 목표를 향해 걸어가고 있다고 해도 말이다. 자율적인 동시에 지루할 수 있다. 현실 세계에서 느끼는 많은 권태가 바로 이런 양상을 지닌다. 당신은 무엇이든 하고 싶은 일을 할 수 있다. 하지만 재미있는 일을 찾을 수가 없을 뿐이다.

이후 우리 삶에서 의미가 지니는 중요성에 대해 이야기할 것이다. 우리가 의미가 결여된 활동만 지루해 한다면 이 책의 주제 중 하나에 잘 부합할 테지만, 사실은 그렇지 않다. 일부 의미 없는 활동들(〈앵그리버드Angry Birds〉 같은 단순한 게임을 하거나, 유치한 시트콤을 보거나, 삼류 소설을 읽는 등)은 전혀 지루하지 않다. 오히려 권태를 제거해준다.

그렇다면 다른 접근법을 시도해 보자. 권태가 무엇을 위한 것인지 질문함으로써 권태를 어느 정도 이해할 수 있다. 안드레아스 엘피도로Andreas Elpidorou는 권태를 고통에 가깝다고 본다.[52] 앞서 논의한 대로 고통에 대한 둔감성은 저주다. 이런 질환을 가진 사람들은 몸의 일부가 잘리거나, 타거나, 부서지거나, 뭉개져도 인식하지 못한다. 즉, 다치지 않으려면 의도적으로 의식적 사고를 해야 한다. 고통은 합리적 사고의 계기라기보다 동기 부여 수단에 가깝다. 뜨거운 난로에 기대도 고통을 느끼지 못하면 '난로에서 떨어져야 해. 오래가는 심한 화상을 입을 수 있으니까'라고 추론하게 된다. 반면 고통을 느끼면 비명을 지르며 눈에 눈물이 고인 채 최대한 빨리 몸을 떼게 된다. 100만 달러를 준다 해도 그 상태로 머물 수 없다!

엘피도로는 권태의 경우도 비슷하다고 주장한다. 권태는 필요가 충족되지 않았다는 단서다. 당신의 환경에 흥미, 다양성, 새로움이 결여되었다는 신호다. 화상의 고통은 어느 부위가 손상되었는지 알려주고, 적절하게 대응하도록 동기를 부여한다. 마찬가지로 권태는 지적 자극과 사회적 접촉을 추구하도록, 배우고 참여하고 행동하도록 동기를 부여한다. 권태를 느끼지 못하는 것 또한 저주다.

종종 우리는 권태를 느낄 여지를 만들지 않는다. 우리는 아무런 가치를 제공하지 않으면서 우리의 관심을 앗아가는 기술을 활용한다. 나도 그렇다. 나는 대학원생 때 테트리스 게임에 약 1년을 바쳤다. 하지만 나는 이런 방식이 궁극적으로 잘못된 전략이라고 생각한다. 이는 열기에서 몸을 떼는 것이 아니라 해당 부위를 마비시키는 것과 같다. 근래 권태라는 주제를 다룬 최고의 논문도 비슷한 주장으로 마무리된다.[53]

(권태는) 일상적 실존이라는 탄광 속 카나리아와 같아서, 우리가 현재 활동에 인지적으로 참여하기를 **원하는지**, 그것이 **가능한지** 알려준다. 또한 그렇지 않거나, 그럴 수 없을 때 행동하도록 촉구한다. 권태에 대응하는 방식은 중요하다. 재미있지만 공허한 소일거리로 지루함을 맹목적으로 억누르면 권태가 의미, 가치, 목적에 대해 우리에게 보내는 메시지에 더 깊이 관여할 수 없다. 실험실에서 스스로에게 가하는 전기 충격이나, 충동적인 소셜 미디어 사용 또는 본격적인 도박과 약물 남용 같은 공허한 부적응적 대응은 일시적으로 권태를 완화해준다. 하지만 그 대가는 무엇일까?

잠깐, "실험실에서 스스로에게 가하는 전기 충격"이라고? 이는 몇 년 전에 〈사이언스〉지에 실린 일련의 연구를 말한다.[54] 연구자들은 학부생들을 대상으로 실험을 시작하면서 휴대폰과 필기 도구를 비롯한 모든 소지품을 맡기고, 빈 방에 앉아 있을 것을 요구했다. 규칙은 깨어 있어야 한다는 것, 하나뿐이었다. 피실험자들은 특정 연구에 따라 6분에서 15분 동안 빈 방에 갇혀 있었다.

이 연구에서 확인된 중요한 사실은 피실험자들이 그것을 정말로 싫어한다는 것이다. 나이가 더 많은 사람을 대상으로 하거나, 온라인을 통해 집에서 같은 일을 하도록 요구한 경우도 마찬가지였다.

그러면 어느 정도나 싫어했을까? 한 연구에서 피실험자들은 고통스러운 전기 충격을 경험한 후 다시 전기 충격을 받지 않기 위해 얼마를 낼 것이냐는 질문을 받았다. 뒤이어 그들은 15분 동안 전기 충격기가 있는 방에 갇혀 있었다. 그들은 앞서 전기 충격을 피하기 위해 돈을 내겠다고 말했다. 그러나 그들 중 다수는 방에 갇혀 있을 때 고통을 즐기는 쪽을 택했다(다만 성별로 큰 차이가 있었다. 남성 중 3분의 2는 대개 한 번, 자신에게 전기 충격을 가했다. 한 남성은 190번이나 가했지만 말이다. 반면 여성은 4분의 1만 고통을 즐겼다). 이처럼 권태에서 벗어나기 위해 즐기는 고통은 양성 피학증의 또 다른 원천이다.

아무 일도 하지 않는 것이 너무나 불쾌한 한 가지 이유는 주의가 분산되지 않은 사고는 우리를 불편한 곳으로 데려가기 때문이다. 권태는 BDSM의 반대다. 즉, 자아로부터 탈출하는 게 아니라 그 안에서 빈둥대는 것이다.

이제 우리는 권태가 양성 피학증을 충족하기에 부실한 후보인 이유에 대한 감을 잡아가고 있다. 다른 피학적 쾌락과 달리 권태는 우리의 주의나 관심을 끌지 못한다. 또한 자아로부터의 탈출로 이어지지도 않는다. 미래의 경험과 대비되는 계기를 제공해 주기는 하지만(재미있는 일을 잠깐의 권태를 느낀 뒤에 하면 더 재미있을 것이다), 그 선택을 가치 있게 할 만큼 대비가 크지는 않은 것으로 보인다.

권태도 **약간의** 매력을 지닐 수 있다. 권태를 추구하는 경우가 드물다고 했지만 아예 없다는 말은 아니다. 예술 작품의 경우를 보라. 엘피도로는 예술 작품의 대다수가 지루하다고 말한다. "『모비 딕』의 고래 해부학 부분은 지루하다. 사티Satie의 〈짜증Vexations〉도 전체를 연주하면 지루하다. 바그너Wagner의 〈링 사이클Ring Cycle〉은 지루하다. 워홀Warhol의 〈엠파이어Empire〉, 윌리엄 바신스키William Basinski의 〈분열 루프The Distintegration Loops〉, 느린 영화의 대부분, 심포니의 2악장도 마찬가지다."**55** 그는 다른 글에서 수전 손택Susan Sontag도 일기에서 자신만의 목록을 제시하며 같은 말을 했다고 밝힌다. "재스퍼

존스Jasper Johns의 그림은 지루하다. 베케트Beckett와 로브그리예Robbe-Grillet 등등의 글도 지루하다."56

그럼에도 어떤 사람들은 이런 작품들을 좋아한다고 주장한다. 어쩌면 그들에게는 이런 작품들이 지루하지 않은지도 모른다. 위대한 예술가도 때로는 작품을 망치지만 그래도 충분히 좋은 점들이 있다는 사실을 아는지도 모른다. 가령 『모비 딕』은 고래 해부학에 대한 따분한 부분을 보상하는 지점이 있다. 동시에 어떤 사람들에게는 지루함이 매력의 일부일 수 있다. 어려운 텍스트를 힘들게 읽는 일은 주의를 집중시키는 도전이 될 수 있다. 당신은 스티븐 킹Stephen King과 딘 쿤츠Dean Koontz의 책을 즐긴다. 하지만 나는 여기 앉아서 키르케고르Kierkegaard와 크나우스고르Knausgaard의 책을 읽는다. 어렵고 지루한 작품에서 즐거움을 얻는 것이 신호 보내기의 또 다른 형태일 수 있다고 말한 사람이 내가 처음은 아니다.

또한 사람들은 온갖 형태의 동기를 가진다. 때로는 단순한 심술이 동기일 수 있다. 철학자나 비평가가 예술 작품을 규정하면, 일부 잘난 척하는 예술가는 그 정의에 맞지 않는 작품을 만든다. 이런 전복이 창작 활동의 핵심이다. 마찬가지로 영리한 사람들은 권태를 받아들일 이유를 생각해낼 수 있다. 조지프 헬러Joseph Heller의 『캐치-22』를 보면 "던바Dunbar는 스키트skeet 사격을 즐겼다. 그 모든 순간을 싫어했고, 시간이 너무나 느리게 흘러갔기 때문이다"라는 (가상의) 사례가 나온다.57 사실 던바는 권태와 고통을 즐긴다. 그것이 수명을, 주관적 경험을 늘려준다고 믿기 때문이다. 결국 즐겁고 몰입되는 경험은 너무나 빨리 지나가기 때문에 죽음을 앞당긴다.

그의 친구는 그에게 이렇게 반박한다.

"어쩌면 그럴지도 몰라"라며 클레빈저Clevinger는 가라앉은 목소리로 마지못해 수긍했다. "어쩌면 긴 삶은 수많은 불쾌한 상태로 채워져야 길게 느껴지는지도 몰라. 하지만 그렇다면 누가 그런 삶을 원하겠어?"

던바는 "난 원해"라고 그에게 말했다.

"왜?" 클레빈저는 물었다.

"그런 삶 말고 뭐가 있어?"

상상력에서 탄생한 쾌락들

현재에 갇히지 않으려면

고난에서 기쁨을 얻는 능력은 인간 본성의 일부다. 피학적 취향은 구체적인 형태는 다르더라도 모든 사회와 개인에게서 나타난다. 이는 우리 인간 종에게만 고유한 능력이다.

일부 학자들은 이 마지막 주장에 치를 떨 것이다. 그들은 인간만이 언어나 미래를 추론하는 능력 또는 타인에게 친절하려는 욕구를 지녔다고 주장한 과학자들의 긴 역사에 대해 이야기할 것이다. 뒤이어 연구를 통해 실은 이런 능력이 전혀 고유하지 않다는 사실을 발견한 다른 학자들에 대해 이야기할 것이다. 다른 동물들도 한정된 수준이기는 하지만 이같은 능력을 갖고 있다. 이런 비판론자들은 더 나아가 진화와 공동 계보common descent(하나의 종이 여러 종의 조상이 되는 것-옮긴이)를 이해하는 훌륭한 다윈주의자는 종류가 아니라 정도의 차이만 말할 것이라고 주장할지도 모른다.

나는 이런 반응에 어느 정도 공감한다. 인문학자 동료들이 인류의 진화나 다른 영장류의 삶에 대해서는 철저한 무관심을 보이면서, 섹슈얼리티와 사회에 대해 이야기하는 것을 듣는 일은 질색이다. 인간은 백지 상태에서 창조되지 않았다. 우리의 정신이 작동하는 양상에 진지한 관심이 있다면 진화론과 다른 동물들, 특히 영장류의 정신적 삶에 대한 풍부한 데이터를 어느 정도는 알아야 한다. 가령 19세기 영국 소설의 핵심 주제들이 피그미침팬지pygmy chimpanzee의 삶과 잘 맞는다는 소설가 이언 매큐언Ian McEwan의 지적은 깊이가 있다. 예를 들어 "연합이 맺어졌다가 끊어지고, 어떤 개인은 부상하는 반면 다른 개인은 추락하고, 음모, 복수, 감사, 상처 입은 자존심, 성공하거나 하지 못한 구애, 사별, 애도가 있다."[1]

하지만 특정한 속성이 인간에게 고유하다는 주장이 잘못된 것은 아니다. 새로운 기관이나 능력은 진화할 수 없다는 시각은 진화론에 대한 오해다. 명백히 진화할 수 있다. 종들은 시간이 지남에 따라 분화하며 나름의 특수한 속성을 지닌다. 가령 코끼리만 그런 형태의 코를 갖고 있다.[2] 하지만 바퀴벌레와 사람 사이에 정도의 차이뿐 아니라 질적 차이도 존재한다는 사실을 부인한다면 정신 나간 짓일 것이다. 우리를 다른 영장류와 분리시킨 수백만 년은 새로운 능력이 생기기에 충분한 시간이다. 거기에는 심리적 능력도 포함된다.[3]

설령 당신이 진화에 대해 전혀 모른다 해도 다른 생물권biosphere에서 유사성을 찾을 수 없는 인간적 특성이 많다는 점은 분명하다. 우리는 브로드웨이 연극, 달 착륙, 수학, 정치적 탄압에 맞서는 시위를 가진 동물이다. 다른 한편, 고문실과 수용소와 핵무기를 가진 종이기도 하다.

하지만 이 모두는 오랜 기간에 걸쳐 공동체를 통해 나타난다. 지금 이 순간도 인간으로 구성되었지만 기초적인 과학이나 기술이 결여된 사회가 있다. 이런 사회에서는 글을 읽거나 쓸 줄 아는 사람이 없다. 그럼에도 이런 사회에 속한 개인은 정상적인 정신적 능력을 가진다. 신경 구조가 정상인 우리 종의 모든 구성원은 이 놀라운 인간적 활동에 참여할 능력을 갖추고 있다.

과학자들은 우리가 사는 세상을 만든 인간의 특별한 속성이 무엇일지 추정한다. 이때 강력한 사회적 본능이나 문화적 학습 능력, 추상적 범주를 형성하는 능력과 함께 자연히 언어 능력에 대해 말하는 경향이 있다. 그러나 내가 보기에 최고의 재능은 종종 간과된다. 그것은 바로 상상력이다. 인간은 결코 존재하지 않을 세상을 떠올리는 능력을 선사받았다. 이 능력은 모든 것을 바꾼다.

이 장은 상상력이라는 고유한 능력이 특정한 쾌락, 특히 피학적이고 혐오스러운 쾌락을 제공하는 양상을 다룬다. 다만 우리가 이 능력을 진화시킨 데는 쾌락과 아무 관계없는 두 가지 이유가 있다.

첫 번째는 다른 사람들을 상대하기 위한 것이다. 대안적 세상을 상상할 수 있다면 다른 사람의 눈을 통해 상황을 볼 수도 있다. 그들의 현실 인식이 당신과 같지 않다고 해도 말이다. 이는 관점 대입과 공감 그리고 다른 많은 것을 가능케 한다.

타인의 눈을 통해 세상을 보는 일은 인정을 베푸는 많은 행위에 있어 필수적이다. 내가 당신의 걱정에 반응하고 공포를 덜어주려면 당신의 생각을 이해해야 한다. 설령 그 생각을 공유하지 않더라도 말이다(나는 작은 개가 조금도 무섭지 않다. 그래도 작은 개를 무서워하는 아이를 달랠 수 있다). 내가 당신을 잘 가르치려면 학습 내용을 모르는 상태가 어떤지 상상해야 한다. 그래야 당신을 혼란스럽거나 지루하게 만들지 않고 새로운 정보를 머릿속에 넣어줄 수 있다. 생일 선물을 사거나 아이와 대화하는 일처럼 사소해 보이는 활동도 (때로 사회 지능, 정서 지능, 마음 이론, 인지적 공감으로 불리는) 능력을 요구한다. 바로 타인의 눈을 통해 바라보고 경험하는 세상을 상상하는 능력이다. 우리의 이타주의와 인정은 타인이 보는 대로 세상을 상상하는 능력에 기반한다.

하지만 우리의 잔혹성과 조종 욕구도 마찬가지로 존재한다. 타인의 마음을 읽어내는 능력은 '마키아벨리적 지능Machiavellian Intelligence'으로도 불린다.[4] 이 이름은 해당 능력의 어두운 면을 드러낸다. 거짓말을 하고, 협상하고, 유혹하고, 사기치고, 속이고, 기만하려면 대상의 머릿속에 든 세상이 당신의 것과 다르다는 사실을 이해해야 한다. 그래서 나는 앙심을 품은 사람에 대해 당신에게 "그 사람하고 가까이 지내지 마. 거짓말쟁이에 사기꾼이니까"라고 말할지 모른다. 사실 그것이 거짓임을 알면서 말이다(나는 그가 세상에서 가장 착한 사람임을 안다). 이 일을 해내려면 자신의 머릿속에 있는 세상 및 진실과 다른 세상에 대한 그림을 당신의 머릿속에 만들어야 한다. 또한 거짓을 이어가려면(당신은 "그 사람이 누구를 속였는데?"라고 의심스럽게 묻는다. 이제 나는 이야기를 계속 꾸며내야 한다), 지금 **당신**이 보는 대로 세상을 상상해야 한다. 그리고 나의 머릿속에 정확한 세상의 그림(개인적으로 활용하기 위한)뿐 아니라 다르고 틀린 세상의 그림을 함께 담아야 한다. 거짓말을 하는 일은 성가시다. 두 가지 상반된 내용의 책을 계속 갖고 있어야 하기 때문이다. 우리의 뛰어난 상상력은 그 일을 가능케 만든다.

타인의 생각을 이해하는 일에 특히 뛰어난 사람들이 있다. 훌륭한 교사, 유혹의 대가, 심리학자, 정신과 의사 그리고 고문 기술자가 그들이다. 또한 그 일을 어려워하는 사람들도 있다. 우리 중 일부는 태도가 어색하고, 자기중심적이고, 이해 속도가 느리며, 자신의 마음과 다른 타인의 마음을 혼란스러워한다. 이처럼 사회적 추론에 심각한 문제가 있는 것이 자폐증의 특징 중 하나다. 이는 자폐증을 가진 사람들이 종종 다른 분야에서는 매우 지능이 뛰어난데도 삶이 너무나 힘든 이유다. 그들은 다른 사람의 마음을 쉽게 이해하지 못한다. 그래서 사회적 상호 작용에 애를 먹는다.

하지만 우리 모두 어렸을 때 마찬가지로 애를 먹었다. 아기와 어린이들이 얼마나 많은 사회적 상상력을 지녔는지에 대한 논쟁이 있다. 그러나 그들은 다른 사람들이 보는 대로 세상을 상상하는 능력이 명백히 부족하다. 어린이들은 거짓말을 잘하지 못한다. 다른 사람을 속일 수 있을 만큼 상대의 마음을 잘 파악하지 못하기 때문이다. 그들은 입가에 초콜릿이 묻어 있는데도 케이크를 먹었다는 사실을 부인한다. 같은 이유로 그들은 숨바꼭질을 형편없이 못한다. 세상을 활용하여 다른 사람들이 자신을 찾지 못하도록 만드는 능력이 거의 없기 때문이다. 그럼에도 내가 다른 글에서 주장한 대로 어린이조차 다른 종의 성체와 비교하면 타인의 생각을 이해하

는 재능이 놀랍도록 뛰어나다.[5]

심리학자들이 실제로 존재하지 않는 세계를 떠올리는 기능에 대해 이야기하면 이런 사회적 요소에 초점을 맞추는 경향이 있다. 그러나 이 정신적 체계의 두 번째 기능은 보다 포괄적이다. 바로 미래를 계획하는 것이다. 세상을 성공적으로 헤쳐 나가려면 복수의 시나리오를 떠올리고, 각각의 시나리오가 어떻게 전개되는지 가늠해야 한다. 이는 체스 프로그램이 복수의 다른 구도를 가정하고 각각의 구도를 평가하여 최선의 수를 계획하는 일과 같다. '상사한테 불평하면 **이런** 일이 생길 거야.', '변호사한테 말하면 **이런** 일이 생길 거야.', '아무것도 하지 않으면 **이런** 일이 생길 거야.'

이렇게 존재하지 않는 미래를 그리고, 그것을 실제가 아닌 것으로 구분하는 상상력이 없으면 현재에 갇히게 된다. 그냥 하나의 선택지를 골라서 어떻게 전개되는지 보고, 경험을 통해 배우며, 다음에 더 잘하려고 노력해야 한다. 철학자 앤서니 너톨Anthony Nuttall이 말한 대로 상상력을 통해 "인류는 죽음이라는 다윈적 트레드밀을 없애지는 못하더라도 늦추고 느리게 만들 방법을 찾았다. 우리는 소모성 병력으로 우리의 가설을 미리 파견하여 어떻게 무너지는지 지켜본다."[6]

인류만 그럴까? 다른 동물에게도 상상력이 있다는 약간의 힌트들이 있다. 그들은 제한적인 방식으로 계획할 수 있고 꿈을 꾼다. 일부 원숭이와 침팬지는 다른 개체의 마음을 이해할 뿐 아니라, 같은 종에 속한 다른 구성원의 무지와 착오까지 이해한다는 신호를 드러낸다.[7] 다만 이 문제는 많은 논쟁의 초점이다.

그러나 우리와 가장 가까운 종이라고 해도 사회적 추론을 실행하고 미래를 계획하는 능력이 인간, 심지어 인간 아동보다 뒤떨어진다는 사실은 누구도 의심치 않는다. 또한 다른 동물이 의식적으로 상상력을 통제할 수 있다는 증거는 없다. 인간은 과거와 미래 그리고 다른 사람들의 마음속에서 삶의 너무나 많은 부분을 보낸다는 점에서 특이하다. 침팬지는 다른 능력이 무엇이든 간에 지금, 여기에 갇혀 있다.

결코 멈추지 않는 상상력

우리의 상상력은 끊임없이 가동된다. 그 시간을 더해보면 삶의 지배적인 쾌락은 친구나 가족과의 시간, 놀이와 스포츠와 섹스가 아니다. 사람들은 이 모든 일을 즐기거나, 적어도 설문지를 작성할 때 그렇다고 주장하지만 말이다. 그것은 당신이 현실 세계에서 실제로 경험하는 것이 아니다. 그보다 흔한 쾌락은 실제로 존재하지 않는 경험들이다. 가령 소설을 읽거나, 영화를 보거나, 게임을 하거나, 몽상을 하는 경우처럼 말이다. 이는 상상력의 쾌락이다. 우리는 그렇게 대부분의 시간을 보낸다.[8] 말하자면 섹스 없이 넷플릭스만 보는 셈이다Netflix without the chill("라면 먹고 갈래?"의 미국식 표현인 "Netflix and chill"을 비튼 표현 – 옮긴이).

어떤 것이 무엇을 위해 진화했는지와 그것이 실제로 하는 일이 무엇인지는 별개의 문제다. 어떤 능력을 보유하게 되면 의도치 않은 목적으로 활용할 수 있다. 상상력의 경우 우리는 생일 선물로 고성능 컴퓨터를 받은 십 대처럼 행동한다. 즉, 일주일 동안은 착실하게 컴퓨터 앞에 앉아서 대입 수학 시험을 준비한다. 그러다가 여유 시간이 날 때마다 포르노를 보고, 〈콜 오브 듀티Call of Duty〉 게임을 하고, 소셜 미디어에서 친구와 잡담을 나눈다.

맞다. 유전자에게 의견을 물으면 그들은 몽상을 멈추고 생식에 유용한 활동에 매진하라고 말할 것이다. 먹고 마시고 섹스하며, 관계를 맺고, 주거지를 만들고, 아이를 키우는 등의 활동 말이다. 그러나 우리의 유전자는 이제 반항에 익숙해졌다. 결국 어떤 부위가 하나의 목적을 위해 진화했다가 다른 목적을 위해 활용된다는 사실은 진화생물학의 기초다. 코는 안경을 받칠 수 있고, 발톱은 애인에게 예쁘게 보이도록 칠해질 수 있으며, 엄지는 번개 같이 문자메시지를 보낼 수 있다. 이런 활동은 모두 해당 부위가 원래 진화한 목적과 무관하다.

이런 전용轉用 과정은 심리적 능력에도 적용된다. 합리적 사고 능력은 종종 제로섬zero-sum인 사회적·물리적 세계에서 존재하는 데 필요한 요구에 대응하기 위해 진화했다. 그러나 지금은 우주의 기원에 대한 이론을 만들고, 〈판타지 풋볼fantasy football〉 게임의 전략을 세우고, 생식과 관련 없는 수많은 다른 과제를 수행하는 데 활용된다. 인간은 우리의 두뇌가 원래 대응하도록 진화한 것보다 훨씬 강력한 소위 초정상 자극supernormal stimuli을 고안할 만큼 영리한(그리고 자기파괴적인) 종이다. 우리는 패밀리 사이즈 M&M과 콜라를 탐식하면서 단것에 대한 보편적인 인간의 애호를 과도하게 촉발하는 데서 생기는 쾌감을 만끽한다. 그 애호는 원래 아사의 위험이 상존하며, 달콤한 과일이 생명을 살리는 영양분 덩어리였던 세상에서 존중할 만한 적응 수단이었다. 그러나 지금은 그것이 우리를 죽이고 있다.

또는 섹스의 경우를 보자. 우리의 두뇌는 특정한 경험에 성적 흥미를 보이도록 진화했다. 이는 성교를 하기 위한 중요한 단계였기 때문이다. 또한 성교는 다윈주의적 관점에서 대단히 유익한 활동이었다. 그러나 우리는 실제 대상이 창출한 경험이 아닌 것에 속임을 당하거나 또는 의도적으로 속을 수 있다. 이는 인간만의 약점이 아니다. 수컷 붉은털원숭이는 암컷 원숭이의 뒷모습이 담긴 사진을 보려고 (과일 주스를 포기함으로써) 대가를 '지불'한다.[9] 1950년대에 연구자들은 수컷 칠면조의 성적 행동에 관심을 가졌다.[10] 그들은 수컷 칠면조들이 암컷 칠면조의 모형에 올라타며, 꼬리나 다리 또는 날개가 없는 모형에도 올라탄다는 사실을 발견했다. 실제로 수컷 칠면조들은 막대기에 꽂힌 암컷 칠면조의 머리에도 완전히 흥분했다.

사람도 2차원 화면에 비친 빛의 패턴에 현혹되어 거의 비슷한 행동을 한다. 다만 우리는 칠면조와 달리 가상과 현실, 재현과 실재의 차이를 완전히 이해한다. 그뿐만 아니라 우리는 자신과 타인의 쾌락을 위해 스스로의 모습을 재현했다. 짐작건대 아주 오래전의 역사에서 창의적이고 변태적인 우리의 조상은 모래나 동굴벽에 형상을 그리거나 형상을 만드는 데서 자극을 받았다. 바로 이렇게 포르노가 탄생했다.

진화적 시스템의 전용은 우리를 곤란하게 만들 수 있다. 엄청난 양의 지방, 설탕, 소금을 함유한 음식을 만드는 능력은 현대인의 건강에 좋은 일이 아니었다. 또한 우리 중 일부는 실제 사람과 소통하기보다 게임이나 스트리밍 동영상에서 더 많은 즐거움을 얻는 것처럼 보인다. 그리고 어떤 사람들에게 포르노는 실제 섹스라는 생식적 측면에서 훨씬 유용한(훨씬 복잡하기는 하지만) 행위를 대체했다. 이 모든 문제는 삶의 나머지 부분도 간섭할 수 있다.

대체 무엇이 상상을 너무나 재미있게 만들까?

부분적인 이유는 막대기에 꽂힌 암컷 칠면조 머리로 예시되는 현상 때문이다. 우리는 종종 실재하는 존재에 반응하는 방식대로 상상의 존재에 반응한다. 철학자들은 이 사실을 오래전부터 알았다. 다만 그들은 대개 욕정이 아니라 공포를 예로 든다. 몽테뉴Montaigne는 현자라고 해도 절벽 가장자리에 데려다 놓으면 '아이처럼 벌벌 떨 것'이라고 썼다. 철학자 데이비드 흄David Hume은 누군가가 철창 안에 갇힌 채 높은 성 바깥에 매달린 상황을 상상했다. 철창은 결코 떨어지지 않고 그는 자신이 완벽하게 안전하다는 사실을 안다. 그래도 여전히 그는 '떨리는 몸을 가눌 수 없다.'

우리의 뇌는 부분적으로 현실 세계의 경험과, 현실과 비슷한 상상을 통한 경험의 차이에 무관심하다. 그래서 쾌감을 안기는 현실 세계의 경험을 대신하는 대상을 만들고 소비한다. 우리는 그것이 실재 대상이 아님을 안다. 그래도 그것이 실재일 경우 이끌어낼 쾌락을 경험한다. 아기와 어린이도 이를 이해한다. 까꿍 놀이나 로켓 소리를 내며 아이를 높이 띄우는 부모의 모습을 생각해 보라.

이는 상상적 쾌락의 가장 단순한 유형, 실재 세상의 애호를 충족하는 세계의 모사물이다. 우리는 실재 섹스를 좋아하면 섹스에 대한 환상을 떠올린다. 외로우면 상상 속에서 흥미로운 사람들에 둘러싸인다. 책, 영화, 텔레비전 프로그램을 볼 때만이 아니라 가상의 대화 상대를 떠올릴 때도 그렇게 한다. 사랑, 모험, 승리가 있는 충만한 삶을 갈망한다. 그때 우리는 그런 삶을 살아가는 실재 인물 또는 가상 인물의 입장에 자신을 대입함으로써 욕구를 부분적으로 해소한다. 이 모든 일을 혼자서 할 수 있다. 그냥 눈을 감고 새로운 세계를 창조하면 된다. 다른 한편 우리는 종종 보다 창의적이고 능숙한 다른 사람들이 창조한 세계에 빠져든다. 이는 〈어벤져스〉 슈퍼 히어로 시리즈부터 셰익스피어 희극에 이르는 픽션의 세계로 우리를 데려간다.

물론 다른 사람의 상상은 우리가 직접 상상한 것보다 덜 개인적이다. 스필버그나 톨스토이 또는 캘리포니아에 있는 포르노 제작사가 나의 욕망에 가장 부합하는 가상의 세계를 창조해 준다면 나는 정말 운이 좋은 사람일 것이다. 타인들은 대개 대화, 플롯, 음향효과 등에서 나보다 더 뛰어나다. 대형 스크린으로 보는 〈고질라〉는 눈을 감고 상상하는 것보다 훨씬 생생하다. 또한 드라마 〈사인필드Seinfeld〉와 〈플리백Fleabag〉의 작가들은 나보다 훨씬 대화를 잘 만든다.

상상적 경험의 특수한 한 가지 형태는 기억을 담아낸다. 즉, 지난 사건을 재구성하여 재연한다. 모든 동물은 기억을 갖고 있다. 그러나 오직 인간만이 의도적으로 과거의 경험을 상기하고 음미할 수 있다. 이 사실은 중요한 의미를 지닌다. '어떻게 살 것인가?'에 대한 우리의 결정은 지금의 경험뿐 아니라 미래에 이 경험을 되돌아보면 어떨지에 대한 추정도 포함하기 때문이다.

또한 기대도 존재한다. 앞서 양성 피학증에 대한 대비 이론의 맥락에서 이 문제를 논의했다. 그러나 기대의 매력은 보다 포괄적이다. 한 창의적인 연구는 피실험자에게 이렇게 질문했다.[11] 당신이 좋아하는 영화배우가 있는데 그 사람과 기꺼이 동의하에 키스할 수 있다고 가정하자. 키스는 단 한 번만 할 수 있다. 다만 나중에 언제든 당신이 원하는 때에 할 수 있다. 이 경우 키스를 미루지 않고 지금 당장 할 수 있는 기회를 얻는 데 얼마를 지불할 것인가? 그리고 언제 가장 원해야 **마땅할까**?

경제학 입문 과목의 첫 시험에 이 질문이 나온다면 아마도 교수가 바라는 답은 **바로 지금**일 것이다. 지금의 1달러가 나중의 1달러보다 더 가치 있다는 사실은 모두가 안다. 이 문제에도 같은 논리가 적용된다. 미래에 무슨 일이 생길지 누가 알까? 당신이 죽을 수도 있고, 영화배우가 죽을 수도 있다. 당신이 키스에 흥미를 잃을 수도 있고 이 기이한 제안이 취소될 수도 있다. 심리학적 관점에서도 '바로 지금'이 역시 최선의 답이다. 우리의 뇌는 손안에 든 새의 가치에 대한 경제학자의 통찰을 이해하도록 진화했다. 그래서 우리는 단기적으로 탐욕을 부린다. 즉, 종종 나중에 먹을 수 있는 두 개의 마시멜로보다 지금 먹을 수 있는 한 개의 마시멜로를 선택한다.

하지만 실제로 사람들이 선호하는 쪽은 며칠 있다가 키스하는 것이다. 그들은 3시간 후나 24시간 후에 키스하는 것보다 사흘 후에 키스하기 위해 기꺼이 더 많은 돈을 지불한다. 사람들은 쾌락적 경험에 대한 생각을 음미하는 것을 좋아한다. 그래서 그 경험을 약간 미루면서 가장 좋은 순간은 나중을 위해 아껴둔다(다만 너무 나중으로 미루려 하지는 않는다. 그들은 1년이나 10년 후의 키스보다 사흘 후의 키스에 더 많은 돈을 지불한다).

그러면 왜 지금 당장 키스를 하고, 나중에 의도된 상상을 통해 과거를 재구성하면서 기억을 음미하려 하지 않을까? 미래에 대한 기대가 과거의 기억보다 더 즐거운 걸까? 아니면 기대와 기억은 다른 종류의 쾌락을 안기기 때문에 둘 다를 맛보고 싶어 하는 걸까? 어쨌든 기대는 상상적 쾌락의 중요한 원천이다.

지금까지 우리는 현실 세계의 특정한 쾌락을 대체하는 수단, '리얼리티 라이트Reality Lite'[12](라이트 맥주처럼 덜 독한 대체재라는 의미-옮긴이)로서 상상의 활용에 대해 이야기했다. 그러나 우리의 상상적 쾌락 중 일부는 이런 설명에 따라 예상할 수 있는 것과 완벽하게 상반된다. 우리는 무엇이든 원하는 세상을 경험할 수 있을 때도 종종 끔찍한 세상을 찾아 나선다. 온갖 고통으로 가득한 세상 말이다. 존 밀턴John Milton의 『실낙원』에서 사탄은 이렇게 말한다.

> 마음은 고유한 장소며, 그 안에서는 지옥에서 천국을 만들 수도 있고, 천국에서 지옥을 만들 수도 있다.

우리는 종종 지옥을 만드는 쪽을 선택한다. 다음 두 가지 연관된 방식으로 고통을 경험하는 쪽을 선택한다. 하나는 상상 속의 타인이 겪는 고통에서 기쁨을 얻는 것이고, 다른 하나는 우리가 직접 경험하는 고통을 즐기는 것이다. 안나 카레니나Anna Karenina는 비통함에 자살하고, 이는 우리도 비통하게 만든다. 그리고 우리는 그것을 즐긴다.

나는 앞서 호러 영화를 고통을 간접적으로 체험하면서 쾌락을 얻는 사례로 들었다. 그러나 셰익스피어의 희곡을 잠깐 보기만 해도 마찬가지라는 사실을 알 수 있다. 거기에는 살인, 고문, 강간 등 온갖 것이 담겨 있다. 『타이터스 앤드로니커스』에는 강간범이 피해자가 발설하지 못하도록 혀와 손을 자르는 장면이 나온다. 또한 결말에서는 엄마가 꾀임에 넘어가 아들들의 살로 만든 파이를 먹는다(이 장면은 〈왕좌의 게임〉에 나오는 비슷한 장면에 영감을 주었다).

또는 고대 로마 콜로세움의 영광을 생각해 보라.[13] 당시 행사는 대개 이국적 동물을 비롯한 동물들을 전시한 후 도살하는 것으로 시작되었다. 점심 시간과 이른 오후 시간에는 처형식이 진행되었다. 이때 유죄 선고를 받은 범죄자는 강제로 결투를 하거나, 산 채로 불태워지거나, 사자 등의 동물에게 잡아먹혔다. 때로는 신화를 재현하는 방식으로 처형이 이뤄지기도 했다. 가령 태양에 너무 가까이 날아간 이카루스Icarus의 이야기를 높은 탑에서 죄수를 떨어트림으로써 그려냈다.

마지막에는 결투사들의 시합이 벌어졌다. 아우구스티누스Augustinus는 『참회록』에서 알리피우스Alypius의 이야기를 들려준다.[14] 친구들에게 이끌려서 시합을 구경하러 온 그는 시합 장면에 혐오감을 느껴서 계속 눈을 감고 있었다. 그러다가 관중의 환호성에 흔들려 살짝 눈을 떴다. "그는 피를 보았을 때 그 야만성에 취해버렸다. 그는 고개를 돌리지 않고 시선을 고정했다. 그는 자신이 무엇을 하는지도 모른 채 살육을 탐닉했으며, 사악한 오락에 기쁨을 느꼈고, 잔혹한 쾌락을 만끽했다……. 그는 바라보았고, 고함쳤으며, 흥분했다. 그는 다시 오라고 부추길 광기에 휩쓸렸다." 고전학자 가렛 페이건Garrett Fagan은 『경기장의 매력The Lure of the Arena』에서 이 이야기를 인용한다. 그리고 실제로는 아우구스티누스 본인의 경험이지만 그렇게 묘사하기에는 너무 부끄러웠던 것은 아닌지 의문을 제기한다.

알리피우스와 아우구스티누스는 남성이다. 현대의 호러 영화를 비롯한 이런 오락거리는 남성에게 더 매력적이다. 다만 성별 차이는 흔히 예상하는 것만큼 크지 않다. 한 연구에서 연구진은 1,000명을 대상으로 호러 영화를 얼마나 좋아하는지 1에서 5까지 수치로 나타내 달라고 요청했다.[15] 그 결과 남성의 평균 수치는 3.5였고, 여성의 평균 수치는 3.3이었다. 즉, 통계적으로 차이가 있지만 큰 차이는 아니었다.

호러 영화는 종종 저속하다는 평가를 받는다. 그러나 보다 수준 높은 형태의 오락거리에서도 비슷한 속성을 찾을 수 있다. 브로드웨이 연극만 해도 그렇다. 2008년에 〈블래스티드Blasted〉라는 연극이 공연되었다.[16] 〈뉴욕 타임스〉의 열정적인 보도 내용에 따르면 이 연극에는 강간 장면과 눈알을 먹는 장면이 나온다. 지켜보던 관중들이 정신을 잃기도 했다. 또한 이 글을 쓰는 지금 공연 중인 〈1984〉는 너무나 잔혹해서 관중들이 "기절하거나 토하기도" 한다고 전해진다.[17]

어떤 사람들은 슬픔을 탐닉하는 것을 선호한다. 모든 사람을 울게 만든다는 〈디스 이즈 어스This Is Us〉라는 인기 드라마가 있다. 나는 "매주 〈디스 이즈 어스〉를 보며 눈물 잔치를 벌이는 것은 의외로 건강에 좋다"라는 잡지 기사를 읽었다.[18] 또한 온라인 리뷰를 통해 이 드라마가 "가슴을 후벼판다"는 사실도 알게 되었다. 특정한 측면에서 슬픔은 공포보다 우리의 문화 속에 더 깊이 스며들어 있을지도 모른다. 내가 알기로 공포스러운 노래는 없지만 슬픈 노래는 많다.•

• 다른 한편, 헤비메탈과 스크리모sceamo 같은 장르는 있다. 이런 음악은 딱히 공포를 불러일으키지는 않지만 종종 동요와 불안으로 이어진다(이 주제에 대한 논의에 도움을 준 알렉사 사치Alexa Sacchi에게 감사드린다).

현실과 허구의 경계에서

지금까지 타인이 창조한 부정적 경험의 소비에 대해 이야기했다. 그러나 우리는 종종 자신의 머릿속에서 부정적 경험을 창조한다. 우리는 무엇이든 생각할 수 있는 힘을 선사받았다. 그럼에도 종종 우리를 슬프게 만드는 것들을 생각한다. 매튜 킬링스워스Matthew Killingsworth와 대니얼 길버트는 「방황하는 마음은 불행한 마음」이라는 논문에서 이 문제를 탐구했다.[19] 그들은 아이폰 앱으로 하루 중 아무 때나 피실험자에게 질문하는 '경험 샘플링' 방법론을 활용했다. 알림음이 들리면 피실험자들은 행복과 관련된 질문("지금 기분이 어떤가요?"), 활동과 관련된 질문("지금 무엇을 하고 있나요?"), 잡념과 관련된 질문("현재 하는 일 말고 다른 것을 생각하나요?")에 답해야 했다.

연구자들은 사람들의 마음이 조사 시간의 절반에 조금 못 미치는 시간 동안 **많이** 방황하며, 그 타이밍은 얼마나 행복한지 또는 무엇을 하고 있는지에 영향받지 않는다는 사실을 확인했다. '마음 방황'을 경험한 사람들 중 절반 이하만 긍정적이었으며, 4분의 1 이상은 불쾌해한 것으로 밝혀졌다. 전체적으로 사람들은 마음이 방황할 때 덜 행복했다.

혐오스러운 것의 매력은 어른에게 한정되지 않는다. 대체로 아이들은 연약하고, 쉽게 놀라며, 어른만큼 상상과 현실을 구분하지 못한다. 그럼에도 부모들은 종종 아이들이 폭력적이고 잔혹한 것을 좋아하는 모습에 놀란다. 조너선 갓셜Jonathan Gottshall은 "가상의 땅은 천국보다 지옥에 가깝다"라고 말한다.[20] 전형적인 유치원 연극 시간에 세 살배기(마르니Marni)와 네 살배기(라마Lamar)가 나눈 아래의 대화 내용을 보라. 다음은 아동 인류학자인 비비언 페일리Vivian Paley가 녹음한 내용이다.

교사 마르니, 아기가 어디 있어? 아기 침대가 비었네?

마르니 아기가 다른 데로 갔어요. 누가 울고 있어요……. 라마, 내 아기 봤니?

라마 (모래판에서) 응. 아기는 어두운 숲에 있어. 거긴 위험해. 날 보내줘. 지금 내가 만드는 구멍 속에 있어.

마르니 네가 아빠니? 내 아기를 데려와 줘, 라마. 아, 잘했어. 아기를 찾았네.

교사 아기가 어두운 숲에 있었니?

마르니 라마, 아기가 어디 있었어? 구멍 속이라고 말하지 마. 안 돼, 구멍 속은 안 돼. 내 아기는 안 돼.[21]

가상의 부정적인 대상을 즐기는 인간의 성향은 오랫동안 철학자들을 매료시켰다. 데이비드 흄은 다음의 전형적인 틀을 제공한다.

> 관중들이 잘 쓰인 비극에 담긴 슬픔과 불안 그리고 격정에서 얻는 쾌락은 설명할 수 없는 것처럼 보인다. 이런 감정들은 그 자체로 불쾌하고 불편하다. 관중들은 많이 감동하고 감명받을수록 해당 장면에서 더 많은 기쁨을 얻는다……. 그들은 마음이 괴로운 만큼 쾌락을 느낀다. 심지어 눈물을 흘리고, 훌쩍이고, 소리내어 울면서 슬픔을 배출한다. 또한 부드러운 공감과 연민으로 부풀어 오른 마음을 해소할 때 더없이 행복해한다.[22]

흄이 이 문제를 바라보는 관점은 특정한 가정을 암시한다. 일부 심리학자들은 호러 영화를 즐기는 사람들이 정말로 무서워하는 게 아니며, 비극을 즐기는 사람들이 정말로 슬픈 게 아니라고 생각한다. 그들은 이런 부정적 감정이 미래의 쾌락을 위해 기꺼이 지불하는 비용이라고 생각한다. 즉, 좋은 부분까지 이르기 위해 참아야 하는 부분이라는 뜻이다. 반면 흄은 이런 경험에 따른 쾌락은 불안이나 슬픔 등에 대한 경험에 비례한다고 생각한다. 현대적인 용어로 설명하자면 흄에게 부정적 감정은 버그가 아니라 기능이다.[23]

흄의 말이 맞다. 호러 영화를 좋아하는 사람들은 그냥 무서워서 좋아한다고 솔직하게 말한다. 심리학 연구에 참가한 피실험자들은 대개 이런 반응을 보인다. "피학증처럼 보일지 모르지만 호러 영화를 보면서 무서움을 많이 느낄수록 더 재미있어요!"[24] 비슷한 맥락에서 〈디스 이즈 어스〉의 슬픈 부분을 단지 좋은 부분까지 이르기 위해 참아야 하는 드라마의 일부라고 말하면, 사람들은 눈물자국이 남은 얼굴로 혼란스러워할 것이다. 그들은 그런 감정을 느끼려고 보는 것이다! 나의 둘째 아들은 네 살 무렵의 어느 날, 폭력적인 추격신이 나오는 만화영화를 보고 있었다. 그는 동요하기 시작하더니 급기야 눈물을 훌쩍거렸다. 그래서 나는 "괜찮아, 재크"라며 리모컨으로 손을 뻗었다. 그러자 그는 여전히 울면서 나를 향해 몸을 돌리더니 "끄지 마!"라고 소리 질렀다.

에두아르도 안드라데Eduardo Andrade와 조엘 코엔Joel Cohen의 연구는 이를 뒷받침한다.[25] 그들은 두 유형의 사람들을 대상으로 삼았다. 바로 한 달에 적어도 한 번은 호러 영화를 본다는 호러팬과 호러 영화를 전혀 보지 않는다는 호러 기피자들이었다. 연구진은 그들에게 〈엑소시스트〉(악령 들린 열두 살 소녀가 녹색 구토를 하고, 욕설을 내뱉고, 팽이처럼 머리를 돌리는 장면이 나옴)와 〈공포의 별장Salem's Lot〉(소도시가 흡혈귀들에게 침략당하여 귀여운 아이가 물리고, 불행하게 끝나는 영화)에 나오는 무서운 장면들을 보여주었다.

피실험자들은 영화 시청 후 해당 경험에 대한 설문지를 작성했다. 팬과 기피자 모두 부정적 감정을 경험했다고 밝혔다. 그러나 오직 팬들만 동시에 긍정적 감정도 경험했다고 밝혔다. 그들은 공포와 불안에 둔감하지 않았다(그들도 풍부하게 경험했다). 그런데도 기피자들과 달리 거기서 즐거움을 느꼈다.

뒤이은 연구에서 피실험자들은 영화를 보는 동안 자신의 반응을 보고했다. 그들은 자신이 느끼는 감정의 정도를 1에서 5까지 나타냈다. 감정의 범주는 '두려움', '무서움', '놀람', '행복함', '즐거움',

'기쁨'이었다. 호러 영화를 좋아하지 않는 사람들의 경우 공포에 대한 반응은 행복에 대한 반응과 반비례 관계를 보였다. 호러 팬의 경우는 반대였다. 공포와 행복의 정도가 같이 오르내렸다.

다른 관련 연구는 피실험자들에게 38편의 영화에서 편집한 클립을 보여주었다.[26] 1, 2분에 걸친 각 클립은 등장인물이 사랑하는 사람의 죽음을 알게 되는 구체적인 유형의 장면을 보여주었다(가령 〈미스틱 리버〉에서 숀 펜Sean Penn이 연기한 인물은 열아홉 살 딸이 살해당했다는 사실을 알게 된다). 피실험자들은 이런 장면을 보고 슬퍼질수록 나머지 내용을 더 보고 싶어 했다.

흄은 또한 두 가지 지점에서 틀렸다. 첫 번째는 미묘한 오류로 '슬픔을 배출한다'라는 구절과 관련이 있다. 이렇게 슬픔의 표출에 초점을 맞추는 것은 아리스토텔레스가 수립하고 프로이트가 확장한 카타르시스 이론의 한 버전이다. 이 이론은 일종의 정화 과정이 존재한다고 말한다. 즉, 우리가 공포, 불안, 슬픔을 경험할 때 그 감정이 해소되며, 그에 따라 차분해지고 정화된 느낌을 받는다는 것이다. 이는 우리가 혐오스러운 픽션을 즐기는 이유를 설명하는 인기 있는 이론이다. 이에 따르면 마지막에 일종의 인지적 관장灌腸에 해당하는 긍정적인 보상을 누리는 것이 그 목적이다.

이는 말도 안 되는 주장이 아니다. 실컷 울고 나면 마음이 편해진다고 말하는 사람들이 있다. 그러나 일반적으로 부정적 감정이 정화 효과를 지닌다는 말은 틀렸다. 뛰어난 호러 영화를 보다가 충격을 받아 뛰쳐나온 후로, 한동안 밤에 불을 계속 켜두는 사람들도 많다. 근래에 호러 영화 팬들을 대상으로 실시한 설문에서 대다수는 영화가 끝난 후 더 무서움을 느낀다고 말했다.[27] 무서움이 덜하다고 밝힌 사람은 20명 중 1명뿐이었다. 모든 죽어버린 심리학 이론 중에서 카타르시스 이론이 가장 확실하게 죽어 있다.

그러나 더 큰 문제는 흄이 이 수수께끼에 틀을 씌운 양상에 있다. 그에게 이것은 특정한 유형의 픽션에만 해당되는 수수께끼다. 결국 이것을 '비극의 역설'이라고 부른 이유이기도 하다.

이는 또한 긴 역사를 가진 인기 이론이기도 하다. 아리스토텔레스는 "특정한 대상의 모습은 우리에게 고통을 준다. 그러나 우리는 혐오하는 동물의 형상이든, 시체의 형상이든 가장 정확한 모사물을 보는 것을 좋아한다"라고 썼다. 즉, 특정한 대상 자체가 아니라 그 모사품이라서 쾌락을 안긴다는 것이다. 새뮤얼 존슨은 『시인들의 삶The Lives of the Poets』에서 이렇게 썼다.[28] "비극이 안기는 재미는 그것이 픽션임을 인식하는 데서 기인한다. 우리가 살인과 배신을 진짜라고 생각한다면 더 이상 재미있지 않을 것이다."[29] 즉, 현실이 아니라 픽션이라서 재미를 안긴다는 것이다.

나는 이런 말들이 잘못되었다고 생각한다. 셰익스피어의 비극은 우리가 현실 세계에서 가장 흥미롭게 여기는 사건들 즉, 섹스, 사랑, 가족, 지위 등의 상호 작용을 묘사한다. 나는 실제 O. J. 심슨Simpson 재판을 대단히 흥미롭게 지켜보던 때를 기억한다. 그 현실성은 재판의 매력은 물론 뒤이은 다큐멘터리와 드라마의 매력을 전혀 떨어트리지 않았다. 다이애나Diana 비의 죽음은 실제였기 때문에 너무나 큰 반향을 일으켰다. 회고록이 허구라는 사실이 드러나면 판매가 늘어나는 것이 아니라 줄어든다. 반면 비극적 이야기가 실제 사건을 토대로 삼았다고 해서 잃는 것은 없다.

또는 아리스토텔레스가 말한 혐오스러운 현실('고통을 주는')과 보기 좋은 모사품의 대비에 초점을 맞춰보자. 아리스토텔레스가 나와 나의 아들과 함께 차에 타고 급히 영화를 보러 가던 중, 95번 고속도로에서 큰 사고가 났다고 가정하자. 사람들이 사고를 구경하려고 속도를 늦추면서 차량 행렬이 길어진다. 우리는 차에 앉아서 일부 사람들의 끔찍한 호기심에 분개한다. 그러다가 마침내 사고 지점에 도착한 우리 역시 사고 현장을 잘 보려고 속도를 늦춘다. "세상에, 저 부서진 유리조각들 좀 봐. 저거 피 아냐?"라면서 말이다. 이런 일을 겪었다면 아마 아리스토텔레스는 앞선 주장을 재고했을 것이다.

한번은 내가 차를 몰고 출근하는데 도로 모서리에 서 있는 구식 동전 투입식 신문가판대가 눈에 띈 적이 있다. 그때 나는 한 신문의 헤드라인(징그러운 세부 묘사가 포함된)을 보면서 나중에 인터넷에서 해당 기사를 찾아 읽어야겠다고 생각했다. 징그러움보다 뛰어난 세부 묘사는 없기 때문이다. 또 다른 예로, 플라톤의 『국가론』을 보면 소크라테스가 레온티우스Leontius에 대해 이야기하는 내용이 나온다. 레온티우스는 아테네로 걸어가면서 방금 처형된 사람들의 시체 더미를 본다. 그는 그 광경을 바라보고 싶지만 애써 눈길을 돌린다. 그러나 여전히 호기심과 씨름하며 힘겹게 자신과 싸운다. 결국 그는 시체 더미로 달려가 자신의 눈에게 이렇게 말한다. "직접 봐, 이 사악한 녀석들아. 이 아름다운 광경을 실컷 보라고!"[30]

이처럼 우리가 비현실적이라고 생각하는 부정적인 경험만 좋아한다는 흄의 가정은 틀렸다. 그럼에도 상상은 부정적인 것을 경험하기 아주 좋은 영역이다. 비교적 안전하기 때문이다.

결국 도끼 살인마가 소도시를 활보하는 느낌을 즐기는 일은 (아직 설명하지 않은 이유로) 흥분을 안길 수 있다. 그러나 명백한 이유로 나는 도끼 살인마가 우리 동네에 나타나는 것은 바라지 않는다. 에드먼드 버크Edmund Burke가 말한 대로 "공포는 너무 가까이 다가오지만 않으면 언제나 기쁨을 초래하는 격정이다."[31] 마찬가지로 실제 타인들의 대화를 엿들으면 들켜서 창피를 당할 위험이 있다. 사람들이 섹스하는 모습을 욕실 창문으로 엿보는 일은 더 위험하다. 실제 섹스는 임신이나 성병 또는 신체적·정서적 피해로 이어질 수 있다. 일반적으로 픽션(이 부분에서는 역사, 저널리즘, 다큐멘터리 등의 비허구적 표현 수단도 공통점을 지닌다)은 상대적으로 위험하지 않은 방식으로 즐거움을 얻도록 해준다. 누구도 〈에베레스트Everest〉를 보다가 얼어 죽지 않는다.

픽션은 어떤 종류의 경험을 할지 통제할 수 있다는 측면에서도 안전하다. 약 10년 전부터 과학 기술이 사실상 무한한 선택지를 제공한 이후로 특히 그렇다. 내 친구는 근래 소셜 미디어를 통해 많은 팔로워들에게 잠드는 데 도움이 되는 드라마를 추천해 달라고 요청했다. 그녀는 "여성적 코드를 좋아하고, 폭력이나 불쾌한 이미지를 싫어하며, 아무리 저속해도 괜찮아요"라고 썼다. 우리는 이처럼 까다롭게 굴 수 있는 호사를 누리고 있다.

어떤 사람들은 이런 통제욕을 극단까지 밀어붙인다. 나의 제자인 제니퍼 반스Jennifer Barnes는 로맨스 소설을 중점적으로 연구한다.

그녀는 아주 구체적인 취향을 가진 사람들에게 맞춰진 연작 소설들이 있다고 말한다.[32] 이런 소설의 플롯은 엄격한 관습을 따른다. 가령 일반적인 소재는 『보모와 억만장자Nanny and the Billionaire』 같은 것이다. 줄거리는 대충 짐작할 수 있다. 어떤 일들이 일어날지에 대한 엄격한 규칙이 있기 때문이다. 그래도 독자들은 플롯이 사실상 동일한 책들을 계속 소비한다. 아주 약간의 수정을 거친 후 기존의 플롯을 계속 보여주는 영화 후속편들(〈다이하드 2〉나 〈스피드 2〉를 생각해 보라)도 비슷한 욕구를 충족한다.

뜻밖의 전개에 놀라는 일을 **정말로** 피하고 싶다면 최고의 방법은 같은 이야기를 다시 읽는 것이다. 헤라클레이토스Heraclitus는 같은 강물에 두 번 발을 담글 수 없다고 말했다. 그러나 그 강이 허구라면 가능하다. 반복적인 이야기가 주는 안전한 즐거움은 특히 아이들에게 매력적이다.

픽션과 현실에서 부정적인 이야기를 즐기려면 너무 가깝지도, 멀지도 않은 특정한 거리를 둬야 한다. 적당히 걱정하고, 집착하고, 두려워할 만큼만 빠져들어야 한다. 특히 픽션의 경우 일이 잘못될 때 이 캐릭터들은 모두 실재가 아님을 인식해야 한다. 그래야 공감, 고뇌, 걱정이 즐거움을 압도하지 않는다. 이 문제에서는 골디락스 원칙Goldilocks principle(너무 과하지 않은 상태를 선호하는 경향을 말함-옮긴이)이 존재한다. 그것을 절호점sweet spot이라 부를 수 있다.

아이들은 거리 조절이 서툴러서 어른들보다 공포에 대한 내성이 약하다. 이를 보여주는 창의적인 실험이 있다.[33] 심리학자들은 4~6세 아동들이 상자에 괴물이 있는 것처럼 상상하게 만들었다.

그러자 아이들은 상자에 손가락을 넣지 않으려 했다. 그들이 혼동한 것은 아니었다(괴물은 꾸며낸 것임을 알았다). 다만 그들은 상상과 현실을 잘 분리하지 못했다. 아이들이 호러 영화를 보고 악몽을 꿀 수 있다는 사실은 연구 결과가 없어도 이해할 수 있다.

그리고 나는 같은 실험이 보다 은근한 방식으로 어른들에게도 통할 것이라고 장담한다. 가령 두 개의 상자를 보여주면서 하나는 괴물 상자("상자 속에 든 괴물이 손가락을 좋아해서 물어뜯을 거라고 생각하세요")이고, 다른 하나는 일반 상자("이 빈 상자를 확인해 보세요")라고 말한다. 그다음 두 상자에 손을 넣으라고 요청한다. 아마 그들은 괴물 상자에 손을 넣기 전에 아주 잠깐이라도 주저할 것이다. 나는 그 부분적인 이유가 폴 로진이 실험을 통해 발견한 경향 때문이라고 믿는다.[34] 이 실험들에서 사람들은 종종 새 요강에 담긴 수프를 마시거나, 변 모양 퍼지fudge를 먹거나, 빈 총을 머리에 대고 방아쇠를 당기기를 거부한다. 타마르 젠들러Tamar Gendler가 지적한 대로 뇌는 투 트랙으로 돌아간다.[35] 우리는 의식적 차원에서는 요강이 깨끗하고, 퍼지는 퍼지일 뿐이며, 총이 비어 있다는 걸 안다. 그럼에도 우리는 상상과 현실의 경계를 헷갈릴 수밖에 없다. 우리의 뇌는 "위험한 물건이야! 떨어져!"라고 소리친다.

혐오성 픽션과 양성 피학증

지금까지 흄이 제기한 문제에 적절한 틀을 씌우는 작업과 관련된 많은 이야기를 했다. 그러나 우리가 이런 경험을 왜 조금이라도 좋아하는지에 대해 답하는 일은 아직 시도하지 않았다. 허구의 고통이 지니는 매력은 무엇일까?

앞선 장에서 논의한 양성 피학증에 대한 하나의 이론을 다시 생각해 보자. 요지는 우리가 대비를 통해, 불쾌함을 해소하는 일이 그 자체로 쾌락의 원천이 되는 상황을 만들어서 쾌락을 얻는다는 것이다. 고통스러울 만큼 뜨거운 열탕에 서서히 몸을 담그는 과정을 생각해 보라. 몸이 점차 온도에 적응하면서 처음 느꼈던 고통과 대비되는 편안함이 느껴진다. 또는 매운 카레의 화끈함을 차가운 맥주로 중화시키거나, 힘든 운동을 할 때는 고통스럽지만 끝내고 나면 기분이 상쾌해지는 경우를 생각해 보라.

많은 이야기는 같은 방식으로 진행된다. 즉, 초기의 고통과 난관이 끝에서 이뤄질 승리의 무대를 만든다. 앞서 나는 복수극의 사례를 들었다. 이런 이야기에서 우리는 부당한 상황에 인상을 찌푸리다가 나중에 만족스러운 복수로 보상받는다. '그들이 그의 가족을 노렸다. 이제 그가 그들을 노린다'라는 〈데스 위시Death Wish〉 리메이크판의 광고 문구가 이 점을 잘 담아내고 있다. 여기서 첫 번째 문장은 부정적인 상황을 묘사하고, 두 번째 문장은 긍정적인 상황을 묘사한다. 나빴다가 좋아지는 것은 『씩씩한 꼬마 기관차The Little Engine That Could』 같은 동화가 지니는 구조다. 이 이야기에서 초기의 어려움("할 수 있어, 할 수 있어")은 마지막에 이뤄질 기관차의 승리를 한층 달콤하게 만든다("해낼 줄 알았어! 해낼 줄 알았어!").

이런 구조는 흔하다. 데이비드 로빈슨David Robinson은 위키피디아, 책, 영화, 게임, 드라마 등에서 수집한 11만 2,000개 플롯의 데이터베이스를 분석했다.36 분석은 다양한 측면에서 이뤄졌다. 텍스트에 담긴 긍정성과 부정성을 살피는 '감성 분석sentiment analysis'도 포함되었다. 전반적인 패턴은 이야기가 고점에서 시작되었다가 점차 하락하면서 갈수록 부정적으로 변한 후 끝나기 직전에 긍정적인 상태로 급등하는 것이다. 로빈슨이 말한 대로 "인간이 만든 **평균적인** 이야기를 요약하자면 '상황이 계속 나빠지다가 마지막에 나아진다' 정도가 될 것이다."

우리가 심지어 이야기의 불쾌한 부분에서도 쾌락을 얻는다는 게 이 이론의 문제점일까? 어차피 우리는 위에서 설명한 연구들(그리고 상식)을 통해 눈물과 공포가 마지막의 쾌락을 위해 견뎌야 할 것이 아니라 이야기가 지니는 매력의 일부임을 안다.

물론 반드시 그렇지는 않다. 앞서 살핀 대로 보다 포괄적인 양성 피학증의 맥락에서 보면 기대가 안기는 쾌락이 있다. 우리는 이것이 이야기임을 알고, 어떻게 전개될지 또는 적어도 일반적으로 어떻게 전개되는지 안다. 그래서 초기의 고난은 기대에 따른 쾌락과 뒤섞인다. 심지어 '그들이 그의 가족을 노리는' 부분에서도 우리는 '그가 그들을 노리는' 부분이 곧 나올 것임을 안다. 이는 허구가 현실과 다른 중요한 측면이다. 자애로운 신에 대한 강한 믿음이 없다면 삶에는 작가도, 감독도 없다. 그래서 우리는 나쁜 일들을 겪을 때 결국에는 상황이 나아질 거라고 확신하지 못한다.

하지만 나는 이 나빴다가 좋아지는 구조에 대한 이론에 회의적이다. 우선, 모든 이야기가 이런 구조를 지니지는 않는다. 세상에는 이야기를 분류하는 많은 기준이 있다. 또한 알고 보면 매력적인 내러티브에서 좋고 나쁜 것 사이의 균형을 잡는 다른 방식들이 있다. 이런 주장을 제기한 또 다른 연구는 수천 개의 픽션을 훑어서 이야기 전개에 담긴 감정적 성분을 분석했다. 그 결과 모든 이야기가 여섯 가지 주요 범주에 속하며, 일부만 행복하게 끝난다는 사실이 밝혀졌다.[37]

1. 빈털터리에서 부자로(부상)
2. 부자에서 빈털터리로(몰락)
3. 구덩이에 빠진 남자(몰락 이후 부상)
4. 이카루스(부상 이후 몰락)

5. 신데렐라(부상 이후 몰락 이후 부상)

6. 오이디푸스(몰락 이후 부상 이후 몰락)

이런 다양성은 혐오성 픽션에도 적용된다. 물론 많은 호러 영화는 괴물의 죽음으로 끝난다. 그러나 그렇지 않은 경우도 많다. 또한 불행한 결말은 비극의 정의 그 자체가 아닌가? 혐오성 픽션에 대한 이론은 단순히 쾌락을 위한 대가 모델에만 의존할 수 없다.

실제로 나는 나빴다가 좋아진다는 것이 구덩이에 빠진 남자 이야기가 지닌 매력을 올바르게 설명한다고 생각하지 않는다. 어떤 나쁜 사건에 뒤이어 또 나쁜 사건이 일어나고, 뒤이어 더 나쁜 사건이 일어나고, 뒤이어 이와 무관한 긍정적인 사건이 일어나는 경우를 보라. 이 경우는 나빴다가, 더 나빠졌다가, 좋아지는 경로를 거친다. 상황은 계속 악화되다가 최후의 순간에 나아진다. 그러나 나는 이런 이야기가 매력적일 거라고 생각하지 않는다.

그보다 구덩이에 빠진 남자라는 구조가 매력적인 이유는 특정한 유형의 이야기를 들려주기 때문이다. 특히 이 구조는 난관을 극복하는 과정을 다룬다. 이런 이야기가 지니는 미덕은 익히 알려져 있다. 또한 조지프 캠벨Joseph Campbell이 제시한 이야기 이론에 핵심이 있다. 그는 그것을 '영웅의 여정'이라 불렀다. 이 구조는 크리스토퍼 부커Christopher Booker가 제시한 '일곱 가지 기본 플롯'에 해당하는 모든 플롯의 일부다. 또한 패트릭 콤 호건Patrick Colm Hogan의 연구를 위시하여 문학적 보편성에 대한 여러 인지과학적 접근의 중심 요소이기도 하다.[38] 또한 아리스토텔레스의 『시학』에도 비극 창작론의 일부로 나온다. 말 그대로 시나리오 작법의 기초이기도 하다. 시나리오 작가 아론 소킨Aaron Sorkin은 이 주제에 대한 온라인 강의(마스터클래스MasterClass 시리즈의 일부)에서 이야기 구성에 있어 가장 근본적이고 기본적인 조언으로 **강력한 난관을 제시하라**고 말한다.[39]

리처드 게리그Richard Gerrig는 「불확실성이 없는 이야기의 서스펜스」라는 훌륭한 논문에서 결과가 알려진 상황에서도 서스펜스를 창출할 수 있다는 점을 지적한다.[40] 가령 조지 워싱턴이 대통령으로 선출되거나, 미국이 제2차 세계대전 때 핵폭탄을 성공적으로 개발한다는 사실은 잘 알려져 있다. 그래도 난관에 어떻게 대처할지에 대한 불확실성만 있으면 된다. 우리를 끌어당기는 것은 난관을 극복하는 과정이다. 거기서 쾌락을 얻을 기회가 생겨난다.

이렇게 난관에 초점을 맞추는 관점은 해피엔딩이 부수적인 이유를 설명한다. 주인공의 성공은 기쁨을 안긴다. 그러나 그것이 필수적이지는 않다. 물론, 남자는 구덩이에 빠져야 한다. 그러나 궁극적으로 거기서 빠져나와야 할 필요는 없다. 역대 투 톱 스포츠 영화(나의 부족한 생각으로는)는 〈록키〉와 〈프라이데이 나잇 라이트〉다. 이 영화들은 모두 승리로 끝나지 않는다. 뛰어난 전쟁 영화들도 마찬가지다. 〈존 윅〉 시리즈 같은 영화들도 그렇다(지금까지는). 해피엔딩의 가치는 과장되었다.

또한 난관에 초점을 맞추는 관점은 우리가 즐기는 너무나 많은 이야기들이 혐오성 요소를 지닌 이유를 설명한다. 난관은 당신이 원하는 진행을 방해한다. 물론 이야기 속의 난관이 가볍거나 심지어 재미있을 수도 있다. 가령 커플이 간섭 심한 부모의 방해에도 불구하고 서로 만나려고 애쓰는 로맨틱 코미디의 경우가 그렇다. 또는 꼬마 기관차가 언덕을 넘고 싶어 하는 동화의 경우도 그렇다. 이런 이야기와 어떤 사람이 산 채로 매장된 후 탈출하려고 노력하는 이야기는 단지 정도의 차이만 있을 뿐이다. 모든 경우 일정한 정도의 불안과 스트레스가 있다. 이것이 없으면 이야기는 극적 긴장감을 잃고 지루해질 것이다.

끝으로 난관에 초점을 맞추는 관점은 혐오성 픽션의 매력이 실제 삶에서 우리를 끌어당기는 것들과의 연결성을 밝힌다. 우리는 실제 삶에서 어렵고 힘든 프로젝트, 난관을 극복해야 하는 프로젝트를 추구한다. 이는 삶에 의미를 부여하는 일의 큰 부분이다. 다만 이 주제는 후반부에서 다룰 것이다.

우리가 혐오성 픽션을 즐기는 또 다른 이유는 '놀이'라는 개념을 따른다. 아이들은 그냥 놔두면 놀이를 선택한다. 그들은 비행기가 되거나, 티 파티를 하거나, 전쟁을 하는 척한다. 또는 그냥 씨름하고, 경주하고, 서로를 넘어트린다. 개나 고양이 같은 다른 동물들도 때로는 폭력적으로, 불운한 작은 생물을 상대로 놀이를 한다. 또한 성인들도 헬스장, 도장, 스타디움, 경기장에서 놀이를 한다(대개 그렇게 부르지 않지만).

일반적인 이론은 놀이가 연습에 대한 동기에서 진화했다는 것이다.[41] 싸움이 가장 좋은 사례다. 싸움을 잘하는 것은 유용하며 더 잘하게 되는 한 가지 방법은 경험을 쌓는 것이다. 그러나 실제로 싸움을 벌인다면 위험하다. 자신이 죽거나 중상을 입을 수 있고, 상대를 죽이거나 중상을 입힐 수 있다. 진화는 이 문제에 대한 창의적인 해결책을 고안했다. 바로 싸움 놀이를 하는 것이다. 신뢰하는 상대를 찾아서 싸우는 흉내를 내며 실력을 쌓을 수 있다. 다만 다칠 위험을 줄이기 위해 다양한 제약이 뒤따른다. 현대 인류는 물기 금지, 벨트 아래 타격 금지, 쓰러진 상대 차기 금지, "항복!"이라고 말하기 등 자세한 규칙을 정할 수 있다. 또한 글러브, 헬멧, 마우스가드 같은 특수한 도구를 쓸 수 있다.

우리는 어떤 일을 많이 할수록 더 잘하게 된다. 그래서 안전한 방식으로 어려운 신체적·사회적·정서적 상황에 몰입하는 일에 이끌린다. 비행기를 조종하고 착륙시키는 일을 더 잘하고 싶은가? 실제 비행기를 활용할 수 있지만 비행 시뮬레이터에서 수백 시간을 훈련하는 쪽이 더 안전하고 현명하다. 사실 상상이란 일종의 비행 시뮬레이터다. 비행 시뮬레이터는 순조롭게 비행하는 상황만 프로그래밍하지 않는다. 문제가 생기는 상황에 대비하기 위해 활용하는 경우도 많다.

싸움 놀이는 실제라면 위험할 수도 있는 상황에 자신을 밀어넣는다. 마찬가지로 상상 놀이는 실제로 경험하면 불쾌하거나 때로 끔찍할 수도 있는 상황으로 자신을 데려간다. "우리는 실제 공포에 대처하는 데 도움을 얻기 위해 가상의 공포를 꾸며낸다"는 스티븐 킹의 말은 그 요지를 잘 정리한다.[42] 이는 '강인한 정신이 끔찍한 문제를 극복하는 방식'이다. 그렇다면 우리가 비극과 공포에 이끌리는 이유는 최악의 시나리오를 창의적으로 재현하기 때문이다. 가령 낯선 사람에게 공격당하거나, 친구에게 배신당하거나, 사랑하는 사람의 죽음을 경험하는 시나리오 말이다.

제리 포더Jerry Fodor는 이런 관점에 대한 유명한 비판을 제기했다. 그는 스티븐 핑커의 말을 인용한다. 핑커는 허구의 세계를 살피는 일의 효용에 대해 이렇게 말한다. "허구적 내러티브는 우리가 언젠가 직면할 수 있는 운명적 수수께끼와 거기서 활용할 수 있는 전략의 결과에 대한 정신적 카탈로그를 제공한다. 삼촌이 아버지를 죽이고 아버지의 자리를 차지한 후 어머니와 결혼한 건 아닌지 의심스럽다면 어떤 선택지가 있을까?" 포더는 이렇게 대꾸한다.

> 좋은 질문이다. 또는 알고 보니 내가 드워프를 납치하여 빼앗은 반지를 나의 새로운 성을 지어준 거인들에게 방금 대가로 제공했는데, 계속 영생을 누리고 세상을 지배하기 위해 바로 그 반지가 필요하다는 사실을 알게 되었다면 어떻게 해야 할까? 일찌감치 선택지를 살펴두는 게 중요하다. 그런 일이 누구에게도 일어날 수 있고, 보험은 절대 과한 법이 없기 때문이다.[43]

농담을 굳이 설명하자면 포더가 말하는 요지는 픽션에 나오는 상황은 우리가 실제로 극복해야 하는 문제들과 어긋나는 경우가 많다는 뜻이다. 그렇다면 연습 이론은 설득력이 없다.

하지만 포더의 말이 맞을까? 실제로 혐오성 픽션의 주제는 인생에서 가장 걱정스러운 문제들처럼 보인다. 나는 앞서 언급한 이언 매큐언의 카탈로그를 다시 제시하고자 한다. "연합이 맺어졌다가 끊어지고, 어떤 개인은 부상하는 반면 다른 개인은 추락하고, 음모, 복수, 감사, 상처 입은 자존심, 성공하거나 하지 못한 구애, 사별, 애도가 있다." 이것들이 픽션이 다루는 주제다. 바로 우리가 실제 삶에서 걱정해야 하는 것들이 아닐까?

그러면 마법 반지는 어떻게 봐야 할까? 이 이야기가 그다지 현실적이지 않다는 포더의 말은 옳다. 그러나 보편적인 주제를 색다르고 환상적인 방식으로 표현할 수도 있다. 포더는 오페라 애호가였다. 그가 예로 든 이야기는 바그너가 만든 〈라인의 황금Das Rheingold〉의 줄거리를 요약한 것이다. 나는 오페라에 대해서는 완전히 문외한이다. 그래도 내가 좋아하는 호러 영화는 잘 안다. 이런 영화에 나오는 비현실적인 상황은 연습 이론에 대한 반례일까? 우리가 좀비 사태에 대비해야 한다고 생각하는 것은 분명 어리석다. 이야기를 너무 곧이곧대로 받아들인다. 좀비 영화의 핵심은 절대 좀비가 아니다. 그보다 좀비 영화는 '사회가 붕괴하고 세상이 지옥처럼 변하면 어떻게 할 것인가?'라는 매우 밀접한 걱정을 비현실적인 무대에서 다룬다(좀비 영화에서 진짜 위험한 대상은 거의 예외 없이 좀비가 아니라 다른 사람들이다).

이처럼 연습을 위해 환상이 필요하다면 당신은 약간의 양식화를 기대할 것이다. 연습은 종종 부가적인 요소들을 제거하기 때문이다. 어떤 일을 잘하려면 그 일을 똑같이 연습해야 한다는 말은 사실이 아니다. 가령 권투선수들은 스피드 백speed bag을 치면서 시간을 보낸다. 이 훈련은 링에서 하는 권투와는 다르다. 스피드 백은 실전을 모사하는 대상으로서는 불완전하다(반격을 하지 않으니까). 그럼에도 여전히 실전에 대비하는 훈련 수단으로서는 유용하다.

앞서 우리가 쾌락을 얻는 도구로 상상력을 활용하는 것이 진화적 적응이 아니라 우연이라고 말했다. 그러나 이 특별한 경우는 예외다. 연습으로서의 상상은 적응론적 이론이다. 즉, 혐오성 픽션에 대한 애호는 부분적으로 놀이와 연습을 위한 욕구에서 기인한다. 또한 애호가 존재하는 이유는 과거에 해당 욕구가 선조들에게 혜택을 제공했기 때문이다. 나쁜 시나리오를 상상하고 미리 대비할 줄 알았던 선조들은 그렇게 할 줄 몰랐던 선조들보다 더 오래 살고, 더 많은 자손을 낳았다.

지금까지 부정적인 환상이 적응 수단으로서 지니는 가치에 대해 이야기했다. 그렇다면 쾌락을 안기는 생각은 어떨까? 가브리엘 외팅겐Gabriele Oettingen과 동료들은 긍정적인 환상이 종종 나쁠 수도 있음을 시사하는 대규모 연구 프로그램을 진행했다.[44] 그중 한 연구는 다음 날 고관절 수술을 받을 예정인 환자들을 대상으로 삼았다. 연구진은 그들에게 2주 후에 신문을 가지러 걸어가는 등 다양한 활동을 할 수 있다면 어떨지 상상해 보라고 요청했다. 그 결과 상상의 내용이 긍정적일수록 이후의 회복이 더뎠다.

다른 연구에서 연구진은 대학생들에게 짝사랑의 대상을 더 잘 이해하게 되는 미래의 시나리오를 상상해 보라고 요청했다. 이번에도 환상의 내용이 긍정적일수록 몇 달 후에 실제로 상대를 사귀게 될 가능성이 낮았다. 또 다른 연구에서는 어떤 과목에서 학점이 잘 나올 것 같다는 긍정적인 환상은 낮은 학점을 예고했고, 취업이 될 것 같다는 긍정적인 환상은 이후에 취업 실패뿐 아니라 취업 후의 낮은 급여와 연관성이 있음이 드러났다.

긍정적인 환상이(부정적인 결과를 초래하지 않는 긍정적인 **기대**와 달리) 나쁜 정확한 이유는 분명하지 않다. 외팅겐이 제시한 이론에 따르면 이루고자 하는 실제 목표로부터 한눈을 팔게 만들기 때문이다. 긍정적인 환상은 대체재로 기능한다. 즉, 환상에서 충분한 쾌락을 얻으면 실제로 목표를 추구하는 데 너무 많은 에너지를 쏟을 필요가 없다. 반면 실패와 난관에 대한 생각은 이런 문제점을 지니지 않는다.

이토록 무수한 성적 환상들

지금까지 우리는 혐오성 픽션의 매력에 대한 두 가지 설명을 살폈다. 첫째, 혐오성 픽션은 난관에 대한 우리의 관심을 포착한다. 이는 현실 세계에서 가장 많은 관심을 불러일으키는 대상을 반영한다. 둘째, 혐오성 픽션은 상상을 활용한 놀이의 형태로 기능한다. 그래서 안전한 방식으로 위험하고 힘든 상황을 탐구하도록 해준다.

나중에 다룰 세 번째 설명도 있다. 그 전에 특정한 유형의 상상적 쾌락에 대해 이야기하고 싶다. 다만 미리 인정하자면 나는 이 쾌락을 완전히 이해하지 못했다.

우리는 성적 환상에 대해 그 어느 때보다 많이 안다. 이는 빅 데이터Big Data, 특히 사람들이 포르노 사이트에서 검색하는 내용에 대한 대규모 분석 덕분이다.[45] 사람들에게 성적 환상에 대해 말해 달라고 요청하면 거짓말을 하거나, 부끄러워서 솔직히 말하지 못할 것이다. 그러나 그들이 보려고 고르는 포르노는 무엇이 그들을 흥분시키는지 직접적으로 말해준다. 이와 관련된 여러 데이터 소스가 있지만 가장 방대한 것은 포르노 사이트 폰허브Pornhub의 수십 억 건의 검색 기록이다. 이 데이터는 사람들이 보고 싶어 하는 것뿐 아니라 청년층과 노년층, 동성애자와 이성애자, 남성과 여성 사이에 존재하는 차이도 말해준다(알고 보니 포르노 사이트도 구글 애널리틱스를 활용하여 방문자의 개인적 특성을 매우 정확하게 파악한다고 한다. 그 누가 알았을까?).

최다 검색어를 살펴보면 쉽게 예상할 수 있는 것들인 경우가 많다. 대다수는 신체적 특성이나 신체 부위 또는 성행위에 대한 것으로, 사람들이 보고 싶어 하거나 실제 삶에서 경험하고 싶어 하는 것과 상당 부분 겹친다. 이는 상상이 실제 경험의 대체재라는 '리얼리티 라이트' 이론에 따라 쉽게 예상할 수 있는 바다.

하지만 수수께끼도 있다. 가령 만화cartoon 포르노가 상당히 인기가 많다.[46] 세스 스티븐스 다비도위츠Seth Stephens-Davidowitz는 프로이트식 관점을 따라 이 점이 아동기에 대한 집착을 반영하는 것일지 모른다고 주장한다. 또한 이 주장을 뒷받침하기 위해 '보모'가 남성들이 많이 검색하는 키워드라고 지적한다.

그다음으로 근친상간이 있다. 스티븐스 다비도위츠가 조사할 당시, 폰허브에서 남성들이 검색한 상위 100개 검색어 중에서 16개가 근친상간과 관련이 있었다. 그중에서도 엄마와 아들이 가장 흔한 주제였다. 반면 여성의 경우 근친상간은 상위 100개 검색어에서

9개를 차지했으며, 가장 흔한 것은 아빠와 딸이 관련된 것이었다.

이 사실이 현실 세계에서 근친상간에 대한 애호를 반영할까? 나는 그렇지 않다고 생각한다. 나이 많은 남성, 종종 양부에 의한 성폭력을 제외하면 형제자매나 부모, 자녀에게 강한 성적 끌림을 느낀다는 증거는 많지 않다. 근친상간에 대한 생리적 억제는 강력하다. 모든 일에는 예외가 있겠지만 스티븐 핑커는 "십 대 형제자매들은 몰래 빠져나가 공원이나 차 뒷좌석에서 밀회를 즐기지 않는다"라고 지적한다.[47]

내가 생각하는 근친상간 관련 검색어가 많은 이유는 약간 다르다. 상상 속의 쾌락은 안전하다. 그러나 안전한 것은 지루할 위험이 있다. 누군가가 나의 사무실로 들어와 내 앞에서 권총을 흔든다면 무서울 것이다. 하지만 영화에서 누군가가 총을 흔드는 모습을 보면 무덤덤하다. 우리는 그 모습에 익숙하다. 이를 보완하기 위해 영화에서 묘사되는 폭력은 심히 폭력적일 수 있다. 포르노의 경우에도 같은 습관화가 일어난다. 십 대 동정남들은 매력적이라고 생각하는 여성이 입술에 키스하면 정신을 못 차릴 것이다. 그럼에도 그들은 포르노를 너무 많이 본 나머지 극단적인 묘사가 담긴 것들을 즐겨 찾는다. 그 내용은 내가 가족 친화적인 책이라고 여기고 싶은 이 책에서 굳이 언급하지 않겠다.

그래서 나는 근친상간 포르노의 인기는 금기, 충격적인 것, 부적절한 것에 대한 관심을 반영하는지도 모른다고 생각한다. 보다 순한 포르노에 질린 사람들이 주로 이런 것을 찾는다(많은 근친상간 주제는 의붓 관계를 다룬다는 점도 주목해야 한다. 이 주제 역시 금기이기는 하지만 다른 경우보다는 강도가 약하다). 유출된 섹스 영상, 리벤지 포르노, 불법 촬영 영상을 보고 싶어 하는 관심에 대해서도 비슷한 이슈가 제기된다. 이 모두는 동의나 인지 없이 사람들을 찍은 불편한 영상들이다. 어떤 사람들은 이런 영상의 부도덕성 때문에 보지 않을 것이다. 그러나 단지 금지되었다는 이유로 이끌리는 사람들도 있다.

이제 보다 불편한 성적 취향을 살펴보자. 스티븐스 다비도위츠의 연구에 따르면 이성애 포르노 범주에서 여성들이 입력한 검색어의 최소 4분의 1은 신체적·심리적 고통에 중점을 둔다.[48] 가령 '잔혹한'이나 '고통스러운' 같은 단어들이 들어간다(검색어 중 5퍼센트는 폰허브에서는 금지되어 있지만 '강간'이나 '강제 섹스'에 대한 것이었다). 현실 세계에서는 남성이 훨씬 폭력적이며, 성폭행을 저지를 가능성이 더 높다는 사실에도 불구하고 여성이 남성보다 최소 2배나 많이 관련 키워드를 검색했다.

폰허브에서만 그런 것이 아니다. 지금껏 남성과 여성에게 주관식 질문, 인터뷰, 체크리스트의 형태로 어떤 환상을 품고 있는지 묻는 폭넓은 연구가 이뤄졌다. 그 결과 여러 연구에서 다수 여성들(30~60퍼센트 정도)이 강간 판타지를 가진 것으로 드러났다.[49] 또한 그들 중 약 3분의 1은 강간 판타지를 선호하거나 자주 떠올린다고 밝혔다. 이런 유형의 판타지는 익명으로 하는 설문이라고 해도 인정하기 쑥스럽다. 그래서 이 수치는 실제보다 낮을 가능성이 높다.

그렇다면 왜 강간 판타지를 품을까? 한 가지 이론은 섹스를 하는 데 따른 오명이나 죄책감 없이 성적 쾌락을 상상하는 방식일지 모른다는 것이다. 이 이론은 강간 판타지를 떠올리는 여성이 섹스를 부끄러워하거나, 섹스에 대한 말을 삼가는 성향이 강할 것이라고 예측한다. 그러나 실제로는 그 반대인 것처럼 보인다. 강간 판타지는 보다 다양한 성적 경험과 보다 폭넓은 성적 판타지와 연관되어 있다.

앞서 간략하게 설명한 연습으로서의 놀이라는 개념은 어떨까? 여성들은 성폭행에 더 취약하다. 즉, 그들이 맞서야 하는 아주 심각한 위험이다. 그래서 판타지를 통해 대비하는 것인지도 모른다.

그러나 이 이론은 강간 판타지의 현상학phenomenolgy을 설명하지 못한다. 여성들은 성폭행을 당하는 일에 대해 많이 생각한다. 그러나 대개는 갑자기 습격당하거나, 아이가 납치당하는 일에 대해 생각하는 것과 같은 양상을 따른다. 즉, 불행한 양상으로 이런 시나리오를 곱씹으면서 어떻게 대처할지 생각한다. 사람들은 대개 최악의 시나리오를 곱씹으면서 성적 쾌락을 얻지 않는다. 누구도 신용카드가 도난당하는 일을 생각하면서 자극받지 않는다. 성적 판타지는 이와 달리 쾌락과 자극을 안긴다. 따라서 연습 이론과 잘 맞지 않는다.

나는 왜 이런 일이 일어나는지 확실하게 아는 사람은 없다고 생각한다. 유일한 추정은 해당 판타지가 강간 판타지로 묘사되고, 축어적 의미에서는 그렇지만 자세히 살펴보면 실제 성폭행에 대한 생각과는 거의 관계가 없다는 것이다. 이런 판타지에 대한 묘사를 깊이 파고들어 보면 대개 양식화되고 비현실적인 경향을 확인할 수 있다.[50] 즉, 공격자는 대개 매우 매력적이고, 신체적 고통이나 공포와 혐오가 거의 또는 전혀 없으며, 경험은 쾌락적이다. 실제로 강간당하는 느낌을 구현하는 것이 아니다. 그보다는 다른 것들(자신이 너무 매력적이어서 주위 사람들이 자제력을 잃는다는 생각 같은)이 결합된 BDSM 판타지의 다른 버전에 가깝다. 따라서 BDSM 판타지와 같은 방식으로 이해해야 한다.

혐오성 픽션의 매력에 대해 우리가 살필 세 번째이자 마지막 설명은 도덕성과 관련이 있다.

도덕적인 이야기는 불쾌함을 요구한다. 최소한 선이 승리하는 장면을 보려면 나쁜 일들을 목격해야 한다. 어떤 이야기에서는 악 없이 그냥 고통만 나올 수 있다. 우물에 갇힌 아기를 구출자들이 구해주는 이야기가 그렇다. 다른 이야기에서는 악의 산물인 고통이 나온다. 콧수염을 기른 불량배에게 붙잡혀서 철로에 묶이는 곤경에 처한 여자를 주인공이 구해주는 이야기가 그렇다. 두 경우 모두에서 우리는 앞서 이야기한 것과 같은 요소를 본다. 난관을 극복하는 광경을 목격하는 쾌락이다. 다만 악의 존재는 특별한 매력을 더한다. 즉, 복수의 가능성을 높인다.

복수의 매력에 대해 생각하면 과거의 질 낮은 클린트 이스트우드Clint Eastwood 영화 같은 저속한 오락거리를 떠올리고 싶은 유혹이 생긴다. 복수극(보다 일반적으로는 선과 악의 갈등)이 종종 극단적이고 과장된 방식으로 묘사되는 것은 사실이다. 만화가 그런 예 중 하나다. 데이비드 피자로David Pizarro와 로이 바우마이스터는 슈퍼 히어로 만화책과 또 다른 유형의 과장되고 비현실적인 모사품 사이의 유사성을 지적한다. "포르노에서 발견되는 과장되고 캐리커처화된 섹슈얼리티의 매력과 흡사하게, 슈퍼 히어로 만화는 과장되고 캐리커처화된 도덕성의 매력을 제공한다."[51]

그러나 고차원적인 도덕극도 있다. 이런 이야기는 가령 누구도 자신을 악당으로 보지 않는다는 사실을 담아내면서 도덕성에 대한 깊은 통찰로 교훈과 오락을 제공한다. 또 다른 이야기들은 선과 악이 한 사람 안에 공존할 수 있고, 선의에서 나쁜 결과가 나올 수 있으며, 복수가 결국은 달콤하지 않을 수도 있음을 그려낸다. 코엔 형제의 영화들은 폭력은 설령 도덕적 명분을 위한 것이라 해도 통제할 수 없음을 보여준다. 우리는 〈블러드 심플〉, 〈파고〉, 〈노인을 위한 나라는 없다〉 같은 영화에서 신중하게 계획한 일이 끔찍하게(그리고 때로는 웃기게) 커져가는 것을 본다.

동시에 고상한 픽션도 인과응보에 대한 보다 원초적인 만족을 제공한다. 우리는 악인이 벌받는 모습을 지켜보는 것을 즐긴다. 굳이 신경과학까지 동원할 필요는 없을 것이다. 그래도 완전한 논의를 위해 말하자면 쾌락 및 보상과 연관되는 뇌 부위는 사람들이 공정한 대우를 받을 때 활성화되고, 고통과 연관되는 뇌 부위는 자신이 부당한 대우를 받는다고 느낄 때 활성화된다.[52] 또한 설령 자신이나 자신이 아끼는 사람이 피해를 입지 않았더라도 악인이 벌받는 모습을 보는 일에는 쾌락이 있다.

이 쾌락은 진화적 논리에 기반한다.[53] 나쁜 짓을 하는 사람을 벌하거나 배제하려는 성향이 우리에게 없다면 사방에 해를 끼쳐도 아무 대가를 치르지 않게 된다. 그러면 협력적인 사회가 형성되지 않을 것이다. 이 논리는 보복과 복수의 애호에 대해서는 더욱 강력하게 작용한다. 타인들이 당신과 당신이 사랑하는 사람을 해치지 못하도록 막지 않는다면 사이코패스의 완벽한 표적이 된다.

그래서 복수가 내러티브의 주요 매력인 점은 그다지 놀랍지 않다. 거기에는 『햄릿』이나 『일리아드』 같은 고전적인 작품부터 〈눈에는 눈An Eye for an Eye〉, 〈데스 위시〉, 〈네 무덤에 침을 뱉어라〉 같은 상업 영화, '복수'라는 적절한 제목이 붙은 드라마 〈리벤지〉까지 폭넓은 내러티브가 포함된다. 내 책장에는 문학적 전통의 대부분을 요약했다는 두 권의 책이 있다. 그 책들의 제목은 『복수 비극Revenge Tragedy』과 『인과응보Comeuppance』다.

지금까지 나는 단죄의 쾌락에 초점을 맞췄다. 이보다는 약하지만 선이 안기는 쾌락도 있다. 가령 영웅에 대한 칭송과 환희, 나아가 경외심이 있을 수 있다. 또한 자신을 영웅의 역할에 대입하는 쾌락도 있다. 이것이 인과응보보다 약한 쾌락처럼 보이는 점은 흥미롭다. 아마 그 이유는 악에 초점을 맞춰야 할 진화적 필요와 달리 선을 자세히 살피고, 칭송하고, 거기서 기쁨을 얻을 진화적 필요가 없기 때문일 것이다. 심리학에서 흔히 그렇듯 부정성이 긍정성보다 강력하다.[54] 악 없이 선만 있는 픽션보다 선과 악이 충돌하는 픽션이 훨씬 만족스러운 이유가 거기에 있다. 나는 억만장자 브루스 웨인Bruce Wayne이 범죄와 싸우는 게 아니라, 고담시의 주택과 인프라를 개선하는 데 재산을 바쳤다면 〈배트맨〉 영화가 그만한 인기를 못 얻었을 거라고 생각한다. 영웅도 좋지만 우리에게는 악당이 필요하다.

픽션의 쾌락(이 경우에는 정의가 실현되는 것을 보려는 욕구)은 현실의 쾌락이기도 하다. 이 글을 쓰는 지금, 에런 슐로스버그Aaron Schlossberg라는 뉴욕 변호사의 동영상이 막 뉴스에 소개되었다. 거기에는 슐로스버그가 맨해턴의 한 식당에서 스페인어를 쓰는 직원들에게 인종 차별적 발언을 하는 모습이 찍혀 있다. 그는 영어를 쓰라고 요구하면서 안 그러면 당국에 신고해서 추방당하게 만들겠다고 위협했다. 사람들은 분개했다. 기자들은 거리에서 슐로스버그를 따라가며 큰 소리로 질문을 퍼부었다. 그의 아파트 앞에서 마리아치mariachi 밴드가 연주를 했고, 그는 사무실이 있는 건물에서 퇴거당했다. 용서를 바라는 그의 사과는 조롱당했다.

나는 이 사태를 변호하는 많은 사람들을 안다. 그들은 추악한 인종 차별 행위를 막으려면 수치를 줄 필요가 있으며, 따라서 내키지 않더라도 그렇게 할 수밖에 없다고 주장한다. 그러나 비난 트윗이나 페이스북 포스트를 쓰는 사람 또는 뉴욕 거리에서 슐로스버그에게 항의하는 사람들을 보면 다수는 진보파다. 그들은 보복 충동을 대놓고 경멸하는 사람들이다. 그럼에도 그들은 **환희**에 차 있다. 사람들은 슐로스버그가 마땅한 벌을 받는 모습을 즐겁게 지켜본다.

이는 유명한 백인 우월주의자이자 극우 운동 주창자인 리처드 스펜서Richard Spencer가 워싱턴에서 인터뷰 도중 얼굴을 주먹으로 가격당했을 때와 비슷하다. 많은 이들에게 그보다 완벽한 응징이 있을 수 없었다. 내가 본 일부 트윗은 스펜서가 공격당하는 영상에 음악을 깔아놓기도 했다.

당신은 아마 내 말투가 다소 비판적임을 감지했을 것이다. 맞다. 나는 조리돌림과 폭행에 반대한다. 설령 그 대상이 최악의 인간이라고 해도 말이다. 내가 그런 행동을 주저하는 이유는 폭넓은 도덕적 문제를 차치하더라도 조리돌림과 폭행을 가하는 사람들이 엉뚱한 사람을 공격하거나 팩트를 완전히 혼동하는 경우가 놀랍도록 많기 때문이다(이 문제에 대한 너무나 많은 사례를 보려면 존 론슨John Ronson이 쓴 『공개 망신을 당했군요So You've Been Publicly Shamed』를 읽어보라).55 그리고 설령 그들이 옳을 때도 잘못할 수 있다. 당시 예일 대학원생인 매튜 조던Matthew Jordan과 내가 논한 대로 개인적 잘못에 대한 집단적 반응은 특히 소셜 미디어를 통해 이뤄질 때 도를 심하게 넘는 경우가 많다.56 누군가를 온라인에서 조롱하는 일은 그저 재미있고, 사소한 행동처럼 느껴진다. 그러나 수천 배로 늘어나면 끔찍한 영향을 미칠 수 있다.

여기서 잔소리를 하려는 게 아니다. 나의 목적은 단지 우리가 현실 세계의 단죄에서 얼마나 많은 쾌락을 얻는지 상기시키는 것이다. 진화심리학자인 내 친구는 사람들에게 개인적으로 아는 누군가가 죽기를 바란 적이 있는지 즐겨 묻는다. 나도 같은 질문을 던지기 시작했다. 그리고 "그렇다"는 대답을 많이 들었다. 누군가가 고통받기를 원하는지 물었을 때는 그 수가 더 많았다. 종종 그들은 그 사람이 고통받는 동시에 왜 고통받는지 알기를, 정의가 실현되는 장면을 보게 되기를 바랐다. 〈프린세스 브라이드The Princess Bride〉에서 이니고 몬토야Inigo Montoya는 아버지를 살해한 사람을 죽이는 것으로는 만족하지 못했다. 그는 약간의 연설을 먼저 늘어놓아야 했다. "안녕하시오. 내 이름은 이니고 몬토야라고 하오. 당신은 내 아버지를 죽였소. 죽을 준비를 하시오"라고 말이다.

픽션과 현실 세계에서 보고 싶어 하는 것이 무엇인지와 관련하여 복수를 바라는 욕구의 정도는 사람마다 다르다. 자신과 가족에게 상처를 줬다는 생각에 가해자가 고통받기를 바라면서 오랜 시간을 보내는 많은 사람들이 있다. 그러나 다른 사람이 보기에는 아주 사소한 잘못인 경우도 많다. 피에 덜 굶주린 사람들도 여전히 그런 욕구를 느낀다. 지금 우리 예일대 연구실에서 일하는 한 연구자는 누가 죽거나 고통받기를 바란 적이 한 번도 없다고 말했다. 그러나 그녀는 이후에 내게 특정 인물들이 까다로운 질환, 특히 미약한 요실금으로 고생하는 상상을 즐겼다고 고백했다.

혐오성 픽션이 주는 쾌락에 대한 이 세 번째 설명은 우리가 선한 행위를 좋아하며, 단죄를 특히 좋아한다고 밝힌다. 그래서 악당이 초래하는 고통은 말하자면 필요악이다. 즉, 통쾌한 복수를 위한 무대를 깔아준다.

또 다른 유형의 매력도 있다. 우리는 악을 매력적이라고 생각한다. 모두가 『실낙원』에서 가장 흥미로운 인물은 사탄임을 안다. 최고의 대사는 전부 사탄이 한다는 지적들이 많다. 또한 조커가 배트맨보다 설득력 있고, 한니발 렉터Hannibal Lecter가 클라리스 스탈링Clarice Starling보다 카리스마 있다는 사실을 의심하는 사람이 있을까? 요즘은 주인공들조차 범죄자, 불량배, 어두운 과거를 지닌 인물 같은 반영웅인 경향이 있다.

이런 캐릭터들이 매력적인 이유는 여러 가지 측면에서 설명할 수 있다. 그러나 나는 어떤 사람들은 때로 지배하고 통제하기를, 두려움의 대상이 되기를, 원하는 것을 갖기를 바란다는 점이 주된 요소라고 생각한다. 우리는 상상 속에서 이런 판타지를 구현하기를 즐긴다. 죄책감, 수치심, 걱정에 전혀 얽매이지 않는 사이코패스에게 때로 질투심을 느끼지 않는 사람이 있을까? 일부 장르는 악당을 더 매력적이고 흥미롭게 만들어서 이런 욕구를 충족하도록 돕는다. 이외에도 악에 대한 본능적 이끌림이 있다. 이는 나쁜 일이 일어나고 사람들이 고통받는 혐오성 픽션의 또 다른 매력이다.

노력을 넘어서 몰입으로

육체적 노동의 가치

사람들이 창피하거나, 고통스럽거나, 비도덕적인 행동을 하게 만들려면 얼마를 지불해야 할까?

이 질문은 내가 좋아하는 논문의 초점이었다. 심리학자 에드워드 손다이크Edward Thorndike가 1930년대에 쓴 이 논문의 제목은 「특정한 고통, 결핍, 좌절에 대한 가치평가Valuations of Certain Pains, Deprivations, and Frustrations」였다.[1] 심리학자들은 1930년대를 수염을 이상하게 기른 엄격하고 나이 많은 사람들이 기술적인 연구를 하던 때로 인식하는 경향이 있다. 그러나 이 논문은 한 번만 읽어봐도 뭔가 특별하다는 사실을 알게 된다.

실험 내용은 단순했다. 손다이크는 긴 목록의 불쾌한 활동을 작성한 후 피실험자(심리학과 학생과 강사 그리고 젊은 미취업자)들에게 얼마를 주면 할 것인지 물었다.

그는 이 실험을 하는 이유를 말해주지 않는다. 구체적인 가설이나 해결하고자 하는 실용적인 문제도 제시하지 않는다. 단지 그는 이 질문이 흥미롭다고 생각한다. 그는 논문의 서두에서 사람들이 '비효용disutilities'(고통, 불편, 결핍, 체면 손상, 좌절, 제한 그리고 다른 바람직하지 않은 조건들)에 대해 어떻게 생각하는지 알고 싶으며, 이 주제는 "명백히 중요하다"고 말했다. 뒤이어 그는 열정적으로 연구를 진행했다.

손다이크는 구시대의 실증적 과학자였다. 그는 이 주제를 탐구하는 최선의 수단은 실험과 관찰임을 인정했다. 그러나 뒤이어 그는 사람들에게 돈에 대해 묻는 방식이 "적절하게 활용하면 절대 무가치하지 않다"고 덧붙였다. 그는 어떤 일을 하는 대가를 묻는 방식이 사회심리학과 행동경제학 분야에서 흔해질 것임을 몰랐을 테다. 어쨌든 사람들이 X를 나쁘게 생각한다는 사실을 아는 것과, Y를 나쁘게 생각한다는 사실을 아는 것은 별개의 문제다. 그러나 당신은 종종 이 둘을 비교하고 싶어 한다. 피실험자들이 X와 Y의 가치(그것을 얻기 위해 얼마를 지불할 것인가, 그것을 피하기 위해 얼마를 지불할 것인가)를 금액으로 표시하게 만드는 일은 결과를 알아내기 좋은 수단이었다.

손다이크는 가상의 대가를 얼마나 지불할 것인지 물었다. 즉, 돈은 오가지 않았다. 일부 행동경제학자들은 이는 불완전한 방법이라고 어느 정도는 타당한 주장을 할 것이다. 사람들이 지불할 의사가 있다고 말하는 것과, 실제로 지불하는 것은 많이 다르다. 그러나 실제 돈으로 이런 실험을 하려면 비용이 너무 많이 들게 된다. 또한 어차피 곧 알게 되겠지만 손다이크가 제시하는 시나리오로는 그렇게 할 수 없었다. 이것은 심리학 실험이지 고문 포르노가 아니었다.

그의 시나리오는 신체적 고통('앞쪽 윗니 하나를 뽑는다'), 다른 대상을 해치기('길고양이를 목 졸라 죽인다'), 남은 평생 동안의 제약('평생을 러시아에서 살아야 한다'), 죽음 **이후**의 제약('사후 모든 희망을 잃는다')을 포함했다. 또한 혐오스러운 행위('약 100그램의 조리하지 않은 사람 살을 먹는다'), 금기 행위('엄마의 사진에 침을 뱉는다'), 수치스러운 행위도 있었는데 이 중 일부는 시대가 얼마나 바뀌었는지 말해준다('정오에 120번가에서 80번가까지 모자 없이 정장만 입고 브로드웨이를 걷는다').

나는 앞서 펴낸 책[2]에서 이 실험 결과를 들어 인간 심리에 대한 중요한 사실을 제시했다. '얼마를 받으면 길고양이를 목 졸라 죽일 수 있는가?'라는 질문에 대한 평균적인 대답은 1만 달러(오늘날의 가치로는 약 18만 5,000달러)였다. 이는 앞쪽 윗니 하나를 뽑는 대가로 그들이 요구한 금액의 두 배가 넘는 큰돈이다. 사람들은 자기 손으로 무해한 동물을 죽이느니 차라리 고통스럽게 이를 뽑는 쪽을 택했다! 나의 동료인 몰리 크로켓Molly Crockett은 자신이 해를 입는 일과 다른 대상에게 해를 입히는 일의 대비를 확장시켰다.[3] 그녀는 손다이크의 방법론을 변형하여 특정한 상황에서는 사람들이 타인에게 충격을 가하기보다 자신이 충격을 받는 쪽을 택한다는 사실을 보여주었다. 누군가가 사람들은 자신의 안위만 신경 쓴다고 말한다면, 이런 연구 결과가 탁월한 반론의 시작이 될 것이다.

우리는 손다이크의 방법론을 활용하여 이 장의 초점인 일과 노력을 탐구할 수 있다. 논의를 시작하기 위한 질문을 던져보자. 얼마를 받으면 다음 각각의 일을 하겠는가?

아파트에서 이삿짐 트럭까지 한 시간 동안 가구를 옮긴다.

아파트에서 이삿짐 트럭까지 두 시간 동안 가구를 옮긴다.

이는 길고양이 목 조르기와 이 뽑기를 비교하는 것과 다르다. 그래도 당신은 두 번째 일에 대해 첫 번째 일보다 많은 돈을 원할 것이다(이사 전문 일꾼의 경우는 분명히 그럴 것이다). 그 금액은 당신의 시간이 지니는 가치를 반영할 수 있다. 그러나 이는 크게 중요치 않다. 다음 사례를 살펴보자.

가벼운 가구를 이삿짐 트럭까지 한 시간 동안 천천히 옮긴다.

무거운 가구를 이삿짐 트럭까지 한 시간 동안 천천히 옮긴다.

이 두 일은 같은 시간을 소요한다. 다만 두 번째 일이 더 힘들며, 사람들은 더 많은 돈을 요구할 것이다. 당연하다. 정비소에 차를 가져가면 부품 및 '공임비'가 청구된다. 당신은 품이 많이 들수록 더 많은 돈을 내야 한다는 사실에 의문을 품지 않는다. 실제로 노력과 비용 사이의 관계는 너무나 긴밀하다. 그래서 우리는 종종 일상적인 노력을 경제 용어로 표현한다.[4] 노력을 투자한다거나(invest effort), 결정을 고심한다거나(labor over a decision), 주의를 기울인다거나(pay attention), 특정 활동이 성가시다거나(taxing) 하는 식으로 말이다.

이 단순한 사례들은 **노력**(사전적 정의로는 일정한 목표를 이루기 위해 정신적·신체적 활동의 강도를 높이는 것)이 대가를 지불해야 하는 대상임을 보여준다.[5] 그 이유는 사람들이 대개 노력하고 싶어 하지 않기 때문이다. 즉, 손다이크의 딱딱한 표현을 빌리자면 노력은 수치, 통증, 도덕적으로 금지된 행위와 같은 범주에 속하는 '비효용'이다.

노력의 어려움과 불쾌함은 시간이 지날수록 심해진다. 어떤 일을 하는 두 번째 한 시간은 첫 번째 한 시간보다 대개 더 힘들다. 세 번째 한 시간은 그보다 더 힘들며, 결국에는 너무 힘들어서 멈춰야 한다. 노력이 들어가는 일은 기운이 다하기 전까지만 할 수 있다. 이렇게 가중되는 어려움은 신체적 탈진으로만 환원되지 않는다. 가령 당신은 세금신고서를 작성하거나, 이케아 가구를 조립하는 일들로 정말 지칠 수 있다. 그래도 친구들과 저녁을 먹으러 가거나, 아이와 레슬링을 할 기운은 충분히 남아 있다. 즉, 전반적으로 지친 상태가 아니라 특정한 유형의 노력을 기울이는 데 지친 것이다.

중간 정리를 해보자. 지금까지 말한 내용이 모두 뻔하다는 사실을 안다. 그래도 괜찮다. 이 책의 내용 중 다수는 이상하고 의외인 문제를 다루지만 명백한 문제도 설명해야 한다. 물리학자들은 블랙홀과 양자 이상quantum anomalies만 설명하지 않는다. 사과가 땅에 떨어지거나, 온도가 내려가면 물이 얼음으로 바뀌는 것처럼 모두에게 친숙한 현상도 설명해야 한다. 심리학자들의 경우도 마찬가지다. 1890년에 윌리엄 제임스William James는 이 문제와 관련하여 깊은 의

문을 제기했다.[6]

> 왜 사람들은 가능하다면 딱딱한 마루가 아니라 푹신한 침대에 누울까? 왜 추운 날 난로 주위에 앉을까? 왜 방에 있을 때 99퍼센트의 경우 얼굴을 벽이 아닌 중앙으로 향할까? 왜 딱딱한 음식과 구정물보다 양고기 등심과 샴페인을 선호할까?

그는 대다수의 사람들은 이런 문제를 생각하지 않지만 생각하는 사람들도 있다고 말한다.

> 요컨대 자연스러운 것을 이상한 것으로 만드는 과정을 이행하려면 버클리Berkeley가 말하는 '학문으로 방탕해진 정신'이 필요하다. 이런 정신은 심지어 인간의 모든 본능적인 행위가 이뤄지는 이유를 따진다. 형이상학자만 해도 다음과 같은 의문을 품을 수 있다. 왜 우리는 기쁠 때 얼굴을 찡그리지 않고 웃을까? 왜 한 명의 친구에게 말할 때처럼 군중 앞에서 말하지 못할까?

이제 학문으로 정신이 방탕해진 형이상학자가 되어 보자. 지금부터 우리는 이상한 것들로 돌아가기 전에, 양고기 등심을 씹고 샴페인을 마시면서 진부한 일들을 이해하기 위해 노력할 것이다.

노력은 몸과 영혼을 힘들게 한다.[7] 노력이 들어가는 일을 하는 사람들은 불안, 스트레스, 좌절 등 온갖 나쁜 것들에 시달린다고 토로한다. 실험실에서 피실험자들에게 노력이 들어가는 과제를 시키면 대개 혈압 상승, 땀 분비, 동공 확장이 일어난다. 이는 우리가 즐기지 않는 활동과 연계된 반응이다. 노력은 또한 눈 근처의 눈썹주름근corrugator supercilii muscles과 연계된다. 다시 말해서 일할 때 당신의 얼굴은 기분 나쁜 표정으로 찌푸려진다. 노력의 정도는 대개 혐오스럽고 불쾌한 활동에 반응하는 전방대상피질anterior cingulate cortex의 활성과 연계된다.

어떤 기분이 드는지 말할 수 없고, 손다이크의 질문에 답할 수 없으며, 제대로 찌푸릴 얼굴이 없는 동물들도 노력을 싫어한다. 음식까지 도착하는 경로를 쉬운 것과 어려운 것, 두 개로 미로를 구성하면 쥐들은 쉬운 경로를 선택한다. 수렵 채집 활동을 하는 동물이 A 지역에서는 쉽게 먹이를 구할 수 있는 반면 B 지역에서는 힘들게 고생해야 먹이를 구할 수 있다면, 어느 지역에 머물까?

심리학자들은 동물 연구를 토대로 이미 오래전 노력에 관한 심리학 법칙을 제시했다. 이 최소 노력의 법칙에 따르면 비슷한 보상을 얻는 선택지를 고를 때 우리를 비롯한 유기체는 더 많은 노력을 요구하는 선택지를 피한다.

하지만 당신이 누군가에게 사랑의 신호를 보내야 한다고 가정하자. 진화심리학자, 동물행동학자, 상담 칼럼니스트들은 값비싼 신호의 가치를 잘 안다. 이런 신호는 꾸미기 어렵다. 즉, 비용을 감당할 자원과 의지를 모두 갖추지 않으면 보낼 수 없다(앞서 자해를 논할 때 값비싼 신호에 대해 이야기했다). 약혼반지가 비싸고 쓸모없다는 비판론자들이 있다. 그들은 차라리 그 돈을 아껴서 집 사는 데 보태는 등 실용적인 일에 쓰는 게 낫다고 말한다. 그러나 이 말은 핵심을 놓치고 있다. 비싸고 쓸모없는 것이 약혼반지의 존재 이유다. 약혼반지를 사려면 출혈을 감수해야 한다는 의미이기 때문이다. 누구도 "널 너무 사랑하니까 널 위해 핫 퍼지 선데 아이스크림을 먹을게"라고 말하지 않는다. 대다수 사람들은 누구를 사랑하지 **않아도** 핫 퍼지 선데를 먹을 것이기 때문이다. 이는 값비싼 신호와 정반대다.

구애를 위한 값비싼 신호는 종종 돈을 요구한다. 그러나 궁극적인 핵심은 희생이기 때문에 지속적인 노력도 분명 효과를 발휘한다. 사랑의 정도에 대해 멋진 가사를 쓴 프로클레이머스Proclaimers의 노래를 생각해 보라.

하지만 난 500마일을 걸을 거야
그리고 500마일을 더 걸을 거야
단지 1,000마일을 걷는 남자가 되기 위해
너의 문 앞에서 쓰러지기 위해

노력에 노력을 더한단다! 너무나 로맨틱하다. 내게 가장 기억에 남는 선물은 주는 사람의 입장에서 얻거나 만드는 데 가장 많은 시간, 노력, 희생이 들어간 것이다. 그들은 그렇게 나에 대한 헌신과 애정을 표현했다(나는 500마일을 걷겠다는 주장을 검증하고 싶은 욕구를 억누를 수 없다. 말은 싸게 먹힌다. 이 노래를 부른 그룹은 행동하는 게 아니라 주장하고 있다. 어쩌면 그래서 그들의 이름이 선언자들Proclaimers인 게 아닐까?).

우리는 타인의 선택을 인식할 때 최소 노력의 법칙을 암묵적으로 이해한다. 나는 요즘 일본산 위스키를 즐겨 마신다. 집 근처 길모퉁이에 있는 프랭크스 리큐어 스토어Frank's Liquor Store에서의 내 모습을 보면 아마 나의 취향을 알 수 있을 것이다. 하지만 프랭크스에 재고가 없어서 산토리 위스키를 사기 위해 도시 맞은편까지 운전해야 한다면 나는 대신 맥캘란 위스키를 살 것이다. 당신은 이 모든 행동에서 내가 일본산 위스키를 스카치 위스키보다 좋아하지만, 그것을 얻기 위해 추가적인 노력을 기울일 만큼은 아니라고 추정할 수 있다. 노력은 비용을 요구한다. 이 비용은 우리가 사람들의 행동을 이해하는 양상에 반영된다.[8]

정신적 노력의 한계

지금까지 살핀 노력의 사례는 물건을 옮기거나, 걷거나, 도시 맞은편까지 운전하는 등 육체적인 것이었다. 정신적 노력도 마찬가지로 힘들 수 있다. 우리는 노력에 대해 이야기할 때 대개 육체와 정신을 구분하지 않는다.

정신적 노력이 어떤 것인지 알아보자. 숫자 7을 암기해 보라. 이건 쉽다. 그러면 십 대 시절 우리 집 전화번호인 514-688-9058을 암기해 보라.* 이 번호를 5분 동안 머릿속에 떠올려라. 이 일은 정신적으로 작은 덤벨을 머리 위에 올려 놓은 듯 힘들고, 어쩌면 짜증스러울 수도 있다. 다른 사례를 들자면 15가지 맛의 아이스크림 중에서 하나를 고르는 것은 3가지 중에서 하나를 고르는 것보다 어렵

* 아버지가 아직 쓰고 있는 번호여서 한 자리를 바꿨다.

다. 이처럼 힘든 결정과 연관된 스트레스에 초점을 맞춘 '선택의 역설'에 대한 수많은 논문이 있다.[9]

100여 년 전 심리학 실험은 정신적 노력의 극단을 탐구했다.[10] 츠루코 아라이Tsuruko Arai는 「정신적 피로Mental Fatigue」라는 제목의 박사 논문을 쓰기 위해(지도교수가 다름 아닌…… 에드워드 손다이크였다!) 자신을 상대로 일련의 가혹한 실험을 실행했다. 바로 머릿속에서 네 자릿수 숫자를 곱하는 일이었다. 그녀는 나흘 동안 하루 12시간씩 계속 암산을 했다. 그 결과 시간이 지날수록 암산이 더욱 힘들어진다는 사실을 확인했다. 그리고 "힘들고 불쾌한 일을 계속하면 기능의 효율성이 저하된다"라고 결론지었다. 즉, 심리적 노력은 육체적 노력과 비슷한 패턴을 보였다.

수십 년 후, 또 다른 연구 팀이 아라이의 실험을 재현했다.[11] 다만 그들은 창의적으로 실험 방식을 비틀어서 대학원생들이 대신 불쾌한 고생을 하게 만들었다. 세 명의 대학원생이 아라이의 악몽 같은 루틴을 밟았다. 그 결과 아라이의 원래 연구 때만큼 큰 폭은 아니지만 날이 지날수록 효율이 나빠졌다. 분명한 사실은 피실험자들이 탈진, 초조, 권태를 호소하면서 실험을 정말로 싫어했다는 것이다. 한 명은 손다이크를 기쁘게 만들었을 법한 표현을 써서 "1만 달러를 줘도 다시는 이 짓을 나흘 동안 하지 않겠다"고 말했다.

정신적 노력을 기울이는 일은 다르게 반응하고 싶다는 유혹을 의식적으로 억누르는 자제력 또는 의지력과 밀접하게 연관되어 있다. 어떤 의미에서 노력이 필요한 모든 정신적 과제는 노력이 필요한 모든 신체적 과제와 마찬가지로 의지력을 시험한다. 모든 과제가 아무것도 하지 않으려는 욕구, 즉 관성을 극복해야 하기 때문이다.

의지력은 일상생활에서 명백하게 중요하다. 만약 내게 모든 사람의 지성을 높일 수 있는 능력이 있다면 당장 그렇게 할 것이다. 지성은 미래를 더 잘 계획하고, 타인을 더 친절하게 대하는 등 온갖 바람직한 일과 연관되기 때문이다.[12] 다른 한편 내가 자제력을 높이는 마법을 부릴 수 있다면, 그래서 정신적 노력을 더 쉽게 만들 수 있다면 더 열심히 그렇게 할 것이다. 자제력 결핍(또는 충동 조절 실패)은 중독, 범죄를 비롯한 수많은 문제로 이어진다.[13]

자제력은 실로 삶을 더 낫게 만든다. 몸에 나쁜 음식이나 어떤 유혹을 접했을 때 강한 의지력을 원치 않는 사람이 있을까? 절대 이성을 잃지 않고, 소셜 미디어에 한눈을 팔지 않을 수 있다면 어떨까? 이메일이나 냉장고 또는 소파 같은 방해 요소에 흔들리지 않고 아무리 오랜 시간이든 원하는 대로 한 프로젝트에 매달릴 수 있다면 놀랍지 않을까?

어떤 사람들은 의지력을 발휘하지 못하는 경우 대처법을 찾는다. 엉뚱하기는 하지만 책 쓰는 일을 예로 들어보자. 이 책을 쓰는 나의 일과를 보면 먼저 아침에 한 시간 동안 작업한다. 아침 일찍 작업하는 이유는 다른 방해 요소와 의무들이 나타나기 전에 작업 시간을 채우기 위해서다. 또한 나는 일 측면에서는 아침형 인간이다. 그래서 오후 2시보다 아침 8시에 여유 시간을 더 잘 활용할 수 있다(생산성이 좋은 사람들을 대상으로 조사한 결과에 따르면 이는 전형적인 패턴이다.[14] 많은 사람들은 아침에 가장 일을 잘하고, 그보다 다소 적은 사람들은 밤 늦게 일을 잘하며, 그보다 더 적은 사람들은 오후에 최선의 모습을 보인다). 가끔 더 오래 일하는 날도 있지만, 어떤 날에는 한 시간도 채우기 힘들다. 이럴 경우 일과 일 아닌 활동을 번갈아 하는 전략으로 바꾼다. 때로는 포모도로 테크닉Pomodoro Technique을 변형해 몇 분마다 다른 일을 한다. 가령 책 쓰기, 이메일 및 트위터 확인, 강의 준비를 조금씩 하면서 한 시간의 집필 작업을 서너 시간의 활동 속에 끼워 넣는다(이 방식이 모두에게 적합하지는 않다는 사실을 안다. 우리는 모두가 초능력을 갖고 있다. 나의 초능력은 8분 단위로 몰아서 일할 수 있다는 것이다).

내게는 이른 아침이 칼 뉴포트Cal Newport가 말한 '딥 워크deep work'[15]를 할 수 있는 최적의 시간이라는 깨달음이 유용했다. 그럼에도 나의 한계는 여전히 짜증스러웠다. 가끔 하루 종일 시간이 날 때가 있는데, 그런 날 줄곧 또는 대부분의 시간이라도 일할 수 있다면 마감 전에 이 책을 끝낼 수 있을 것이다. 그러면 담당 편집자가 얼마나 좋아할지 생각해 보라! 하지만 나는 도저히 그렇게 하지 못한다.

하지만 꼭 그런 것은, **말 그대로** 하지 못하는 것은 아니다. 이는 육체적으로 피로한 상황과 비슷하다. 내가 너무 지쳐서 한 걸음도 더 걸을 수 없다고 당신에게 말했을 때 당신이 1마일만 걸으면 100만 달러를 주겠다고(또는 총을 겨누며 걷지 않으면 쏘겠다고) 설득력 있게 말하면, 나는 1마일을 걸을 것이다. 그러니까 보다 진실에 가까운 말은 추가적인 작업이 **힘들며**, 그래서 노력이 필요하고 동시에 불쾌하다는 것이다.

최소 노력의 법칙이 육체적 작업에 타당한 이유는 과로하면 몸이 상하기 때문이다. 몸의 물리적 한계가 실제로 일을 멈추게 만드는 것은 아니다. 근육은 지치고, 허리는 쑤시고, 발은 아프다. 그러나 아마도 '한계까지 훈련하는' 역도 선수들을 제외하면 누구도 말 그대로 더 할 수 없어서 일을 멈추지 않는다. 그보다 신체적 탈진의 경험은 몸에 가해지는 스트레스를 감시하는 시스템에 반응한다. 과로하면 몸이 상한다. 그래서 머릿속의 시스템이 "속도를 늦춰"라고 말하고, 뒤이어 부담이 너무 심하면 "멈춰"라고 말하는 것이다.

그렇다면 왜 정신적 노력도 비슷하게 힘들까? 너무 열심히 생각한다고 해서 근육이 저리거나, 뼈가 부러지는 건 아니다. 뇌에는 그런 요소가 없다. 그러면 왜 우리는 원하는 만큼 오래 정신적 작업을 계속하지 못하는 걸까?

로이 바우마이스터와 동료들이 한 가지 설명을 제시했다.[16] 그들은 정신적 노력(또는 자제력, 의지력 또는 투지)이 실제로 근육과 아주 비슷하다고 가정한다. 즉, 근육처럼 지치기 전까지만 가동되며, 마찬가지로 훈련을 통해 강화할 수 있다는 뜻이다.

이 관점은 사람마다 근육 조직이 다르듯이 의지력의 강도도 다르다는 사실을 포착한다. 무한한 것처럼 보이는 집중력을 지닌 지적 중배엽형이 있는 반면, 1분도 집중하지 못하는 인지적 약골도 있다. 의지력의 강약은 일반적인 성격적 특성으로 보인다.[17] 앞서 언급한 대로 약한 의지력은 문제가 된다. 흡연을 하고, 자동차 사고를 내고, 원치 않는 임신을 하고, 범죄를 저지를 가능성을 높이기 때문이다.

그러나 다시 말하지만 뇌에는 근육이 없는데, 왜 정신적으로 지치는 걸까? 어쩌면 뇌는 근육처럼 한정된 자원으로 돌아갈지도 모른다. 바우마이스터와 동료들은 그 자원이 글루코스glucose(당)라고 주장한다. 이 이론은 당이 활기를 불어넣는 효과가 있다는 사실로 뒷받침된다. 기운이 없는가? 초콜릿 바를 먹어라.

이 이론은 영향력이 있었다. 바우마이스터와 존 티어니John Tierney가 쓴 『의지력의 재발견』[18]을 비롯한 여러 베스트셀러까지 낳았다. 그들은 불필요한 일에 의지력을 소진하지 않도록 주의하라고 조언했다. 역도 대회를 앞두고 근육을 지치게 만들지는 않을 것 아닌가? 나는 오바마가 대통령 시절에 이 특정한 조언에 주의를 기울이는 것을 보고 이 연구가 영향력을 발휘하고 있음을 알았다.[19] 그는 작가 마이클 루이스Michael Lewis와 가진 인터뷰에서 이렇게 말했다.

> 그는 "아시겠지만 저는 회색이나 청색 정장만 입습니다. 결정할 일을 줄이려고 합니다. 무엇을 먹을지 또는 입을지를 결정하고 싶지 않습니다. 결정해야 할 다른 일들이 너무 많거든요"라고 말했다. 그는 간단한 결정을 내리는 일도 추가로 결정을 내리는 능력을 저하한다는 사실을 보여주는 연구 결과를 언급했다. "의사 결정에 에너지를 집중해야 합니다. 자신을 루틴화해야 합니다. 사소한 일에 정신이 팔린 채로 하루를 보낼 수 없어요."

이 인터뷰는 정치인 앤서니 위너Anthony Weiner가 실수로 자신의 선정적인 모습이 담긴 사진을 트위터에 올린 직후에 이뤄졌다. 그래서 〈리즌Reason〉지는 자제에 대한 오바마의 생각을 '오바마는 자

신의 성기 사진을 트위터에 올리지 않으려고 따분한 정장을 입는다'라는 제목의 기사로 정리했다.[20]

이 근육으로서의 뇌 이론은 일상적인 경험을 명확하게 포착하지만 심각한 한계가 있다. 글루코스에 대한 주장이 특히 그러하다. 지적 노력을 기울이는 일이 뇌의 글루코스 수치를 낮출 가능성은 낮다. 사실 힘든 정신적 작업은 쉬운 정신적 작업보다 많은 글루코스를 소비하지 않는다. 실제로 글루코스 수치를 낮추는 것은 운동이다. 글루코스 가설에 따른 예측과 달리 운동은 정신적 노력이 필요한 작업의 효율을 낮추는 것이 아니라 높인다. 또한 비판론자들은 뇌 활동과 관련해 글루코스 수치를 가장 크게 떨어트리는 것은 인지적 부하가 아니라 눈을 뜨는 일임을 지적한다. 그러나 우리는 이 일을 어렵다거나 힘들다고 여기지 않는다.

대다수 심리학자들은 당분을 섭취해 글루코스를 신체에 투입하면 힘든 작업을 수행하는 능력이 향상된다는 데 동의한다. 그러나 글루코스가 뇌의 보상 회로에 영향을 미친다는 사실은 오래전부터 알려져 있다(당분은 마약이야, 친구!). 당분이 신체에 제공하는 칼로리 때문이 아니라 이 때문에 그런 효과가 있는 것으로 보인다.

로버트 커즈번Robert Kurzban과 동료들은 한정된 자원 이론보다 유망한 대안을 개발했다.[21] 이 이론은 '기회비용'이라는 경제학적 개념을 제시한다. 기회비용의 표준적인 정의는 "한 대안을 선택할 때 다른 대안들에서 얻을 수 있었지만 상실될 잠재적 이익"이다.

내가 300달러를 받고 교재를 검토해주기로 했는데, 그 일에 8시간이 걸린다고 가정하자. 현명한 결정일까? 우선 내가 교재를 검토하는 일을 어떻게 생각하는지 그리고 돈을 얼마나 좋아하는지가 중요하다. 또한 그 시간에 내가 할 수 있는 다른 일이 무엇인가에도 결정은 좌우된다. 만약 다른 조건이 동일할 때 두 배의 돈을 버는 일이 있다면 교재 검토를 거부해야 할 것이다. 일반적으로 다른 활동의 편익이 현재 활동의 편익을 넘어선다면 현재 활동을 멈추고 다른 활동을 해야 한다.

이는 노력이 종종 불쾌한 이유를 말해주는 이론이다. 피로를 느끼는 현상은 자원이 줄어드는 상황을 반영하지 않는다. 그보다 커지는 기회비용이 핵심이다. 힘들다는 느낌은 다른 곳에서 할 수 있는 더 나은 일이 있다는 신호다.

이 이론은 일부 활동만 우리를 지치게 만드는 이유를 설명할 수 있다. 창 밖을 내다보는 일은 힘들지 않다. 이 정신적 활동은 다른 일에 쓸 수 있는 능력을 소모하지 않기 때문이다. 따라서 기회비용이 없다. 클래식 음악을 듣는 일도 나를 피곤하게 만들지 않는다. 이메일을 확인하는 동안에도 그 일을 할 수 있기 때문이다. 상자를 옮기거나 머릿속에서 숫자를 더하는 일과 비교해 보라. **이런 일**들은 힘들다. 다른 활동을 하지 못하게 만들기 때문이다. 그래서 당신을 갉아먹는다. 노력에 따른 피로는 포모FOMO, 즉 기회를 놓칠지 모른다는 불안fear of missing out에 대한 신경적 반응이다.

이 관점에서 보면 노력에 비용이 수반되는 것은 시스템의 결함이 아니다. 오히려 휴머노이드 로봇을 제작할 때 넣고 싶은 가치 있는 요소다. 누군가가 어떤 일에 무한한 시간 동안 수월하게 매달릴 수 있다면, 사회적 자극과 접촉 같은 다른 일들을 놓치게 될 것이다. 이 점은 노력이 시간이 지날수록 더 힘들어지는 이유를 말해준다. 유한한 자원이 소진되어서가 아니라 시간이 지남에 따라 다른 활동의 가치가 높아지기 때문이다.

다소 이상한 비유를 들자면, 성적 불응기sexual refractory period를 생각해 보라. 연령과 성별 그리고 때에 따라 정도가 다르기는 하지만 사정 후 다시 흥분과 오르가슴 과정으로 돌아가려면 대개 기다림이 필요하다. 또한 곧 더 이상 그러고 싶은 기분이 들지 않는다. 어쩌면 몸이 그런 식으로 만들어진 것일 수도 있고, 시스템의 결함일 수도 있다. 그러나 동시에 적응의 결과일 수도 있다. 오르가슴은 너무나 기분이 좋다. 이런 메커니즘이 없으면 어떤 사람은 다른 모든 세속적 가치를 포기하고 계속 오르가슴을 추구할 것이다. 그래서 우리보다 똑똑한 진화는 우리가 휴식을 취하고 다른 일을 하게 만든다.

최소 노력의 법칙의 역설

지금까지 노력이 힘들고 불쾌한 이유에 대해 이야기했다. 하지만 이 책은 고난의 매력을 살피는 책이다. 앞서 배운 내용을 바탕으로 마이클 인즐리트Michael Inzlicht와 동료들이 말한 '노력의 역설the effort paradox'을 살펴보자.[22]

그들의 연구는 지금까지 우리가 논의한 문제에서 출발한다. 최소 노력의 법칙을 뒷받침하는 풍부한 증거들이 있다. 이 증거들은 인간과 다른 동물들이 일하는 것, 노력을 기울이는 것, 의지력을 발휘하는 것을 싫어한다는 사실을 보여준다. 그러나 그들은 때로 정반대의 현상이 일어난다고 지적한다. 우리는 종종 아무것도 하지 않기보다 어떤 일을 하는 쪽을 택한다. 그 일이 힘들고 아무런 가시적 편익을 제공하지 않더라도 말이다. 이처럼 노력 자체가 쾌락의 원천이 될 수도 있다.

노력이 상황을 더 나아지게 만드는 비법의 소스가 될 수 있다는 사실은 예전부터 알려져 있었다. 심리학계의 오래된 발견 중 하나는 당신이 어떤 대상에게 노력을 많이 기울일수록 그 대상을 더 소중히 여긴다는 것이다. 이는 경쟁자를 친구로 만드는 방법에 대한 벤저민 프랭클린Benjamin Franklin의 고전적인 조언에 담긴 논리다. 그의 방법은 경쟁자에게 어떤 일을 부탁하는 것이다. 그러면 당신을 도우려고 노력한 그 사람은 당신을 더 좋아하게 된다.

또는 마크 트웨인Mark Twain의 소설 『톰 소여의 모험』에서 톰 소여Tom Sawyer가 숙모네 담장을 칠한 이야기를 떠올려 보라.[23] 톰은 친구들이 오자 마치 그 일이 재미있는 것처럼 굴었다. 그러자 곧 친구들이 담장을 칠하는 특혜를 누리기 위해 톰에게 돈을 내는 지경이 되었다. 그들은 정말로 그 일을 즐기는 것처럼 보였다. 트웨인이 말한 대로 톰 소여는 "알지 못하는 사이에 인간 행동에 대한 대단한 법칙을 발견했다. 어른이나 소년이 어떤 것을 원하게 만들려면 그것을 얻기 힘들게 만들기만 하면 된다."

노력은 노동의 산물이 지니는 가치를 높인다. 1950년대에 즉석 케이크 믹스가 선보였을 때 가정주부들은 처음에 케이크 만들기가 너무 쉽다며 거부했다.[24] 그래서 제조사들은 달걀을 하나 추가하도록 레시피를 바꾸었다. 그러자 즉석 케이크 믹스의 인기가 높아졌다. 이 글을 쓰는 지금, 식료품 배달 서비스가 인기다. 이 서비스는 간단하게 저녁을 만들 수 있도록 소량으로 나눈 재료와 간단한 레시피를 보내준다. 이 방식은 완전히 조리된 음식을 보내는 것보다 몸에 좋고 덜 비쌀 것이다. 그러나 해당 서비스를 사용하는 많은 사람들은 완전히 조리된 음식을 주문할 수 있는 형편이 된다. 이 사실에 기반한 나의 추론은 해당 서비스가 제공하는 것이 직접 음식을 만든다는 만족감이라는 것이다. 마찬가지로 코네티컷에 사는 나는 사과, 복숭아, 딸기 따는 일을 할 만큼 해보았다. 장담컨대 직접 딴 재료로 만든 음식은 정말로 맛이 더 좋다. 그 이유는 단지 재료가 더 신선하기 때문만은 아니다.

이 밖에도 마이크 노튼Mike Norton, 대니얼 모촌Daniel Mochon, 댄 애리얼리Dan Ariely가 진행한 일련의 연구 결과도 있다. 그들은 피실험자들에게 종이접기나 레고 조립처럼 뭔가를 만드는 일을 시켰다. 그 결과 사람들은 같은 물건이라 해도 다른 사람이 만든 것보다 자신이 만든 것에 더 많은 대가(한 연구에서는 5배나 더)를 지불할 의사를 드러냈다. 이 효과는 작업을 완료하는 방식이 하나뿐이어서 창의성이나 개인적 느낌이 들어갈 여지가 없는 경우에도 작용했다. 그들은 이 효과를 셀프 조립 가구를 파는 스웨덴 양판점의 이름을 따서 '이케아 효과'라 부른다.[25]

노력과 가치의 관련성에 대한 한 가지 흔한 설명은 우리의 뇌가 의미 부여 기계로 작동한다는 것이다.[26] 우리는 자신의 행동을 정당화하고 싶어 한다. 내가 학생회에 들어가려고 벌거벗은 채 학교 운동장을 뛰었다면 정말 좋은 학생회임이 틀림없다. 또한 이 멍청한 종이접기를 하려고 노력을 기울였다면 아주 특별한 일임이 분명하다.

그러나 이 의미 부여 이론(인지 부조화 이론이라고도 함)은 전적으로 옳을 수 없다. 이 이론에 따르면 오직 자신의 노력만이 활동의 가치를 높인다는 점이 우려된다. 하지만 다른 사람의 노력에 대해서도 같은 현상이 일어날 수 있다. 한 연구에서 피실험자들은 시, 그림, 갑옷을 본 후 각각을 만드는 데 다른 시간이 소요되었다는 말을 들었다. 예상대로 한 대상에 더 많은 시간이 소요되었다는 말을 들은 피실험자들은 그 대상을 더 좋아했으며, 더 낫다고 생각했다. 노력과 가치 사이의 관련성은 의미 부여 이론과 달리 자신의 노력에만 한정되지 않는다.

동물에게서도 같은 효과가 나타난다. 가령 쥐들은 이전에 쉽게 얻은 음식보다 노력해서 얻은 음식을 받기 위해 더 오래 레버를 누른다.[27] 이는 쥐들도 얻기 힘든 음식을 더 가치 있게 인식함을 말해준다. 다른 다양한 동물들에게서도 비슷한 점이 발견되었다. 여기에는 근래 한 연구에서 대상으로 삼은 개미도 포함된다![28] 이제 나는 개미들이 상당히 똑똑하다는 사실을 인정한다. 그들이 복잡한 심리적 절차를 거쳐서 과거의 선택을 더 뿌듯해하지는 않겠지만 말이다.

인즐리트와 동료들이 제시한 대로 동물을 대상으로 한 연구 결과는 노력이 단순한 연상을 통해 유쾌한 것이 될 수 있음을 시사한다. 당신의 개가 칭찬받을 만한 행동을 할 때마다 간식을 꺼내서 "착해!"라고 말해준다고 가정하자. 이 루틴을 훈련하기 전에도 당신의 개는 간식을 즐긴다(이 쾌락은 학습된 것이 아니다). 또한 "착해!"라는 말은 훈련 전에는 아무 의미가 없다. 그러나 모든 동물 조련사나 심리학 개론을 들은 학생들이 알고 있듯이 이 말은 훈련을 통해 간식과 연계된다. 그래서 당신은 곧 당신의 개가 이 말을 듣기만 해도 기쁨에 몸을 떨게 만들 수 있다.

이제 우리 자신의 삶을 살펴보자. 세상이 돌아가는 방식에 따르면 보람찬 경험은 종종 노력을 요구한다. 개의 사례에서 확인한 연상 작용과 같은 논리대로 노력(처음에는 부정적일 수 있는)은 보상과 짝지어지고, 뒤이어 그 자체로 보상이 된다. 기쁨을 안기는 대상을 얻기 위해 고통을 감수하면, 곧 고통 자체가 기쁨을 안긴다.

그러나 인간의 경우 이것이 이야기의 전부는 아니다. 제러미 벤담은 숙련의 쾌락에 대해 이야기했다. 우리는 특정한 유형의 노력을 그 자체로 즐긴다. 증거가 없기는 하지만 나는 특정한 유형의 노력이 **근본적으로** 우리를 자극한다고 생각한다. 또한 우리는 결과와 무관하게 적절한 정도의 고생에서 깊은 만족감을 얻도록 만들어진 존재라고 생각한다.

사람들이 즐기는 유형의 노력을 더 깊이 파고들어보자. 사소한 예를 들자면 나는 〈뉴욕 타임스〉 낱말 퍼즐 푸는 일을 즐긴다. 낱말 퍼즐에는 내재된 재미가 있다. 누구도 내게 그 대가를 지불하지 않는다. 또한 다른 사람들을 감탄하게 만들 만큼 내 실력이 뛰어난 것도 아니다. 그래도 재미있다.

퍼즐을 푸는 일은 나름의 쾌락을 안긴다. 그러나 푸는 일 자체가 주된 매력은 아니다. 가령 나는 월요일판 퍼즐은 쉽게 풀 수 있다. 너무 쉽기 때문에 나는 거들떠보지 않는다. 내가 즐기는 것은 화요일판에서부터 나오는 퍼즐들이다. 이 퍼즐들은 더 어려워서 다 풀지 못하는 경우가 많다. 성공적인 마무리는 흔히 생각하는 것처럼 필수적인 요소가 아니다. 영화에서 결국 록키가 패배했다는 사실을 기억하라.

이 문제에서 쾌락의 핵심은 고생이다. 종이를 구겨서 멀리 있는 쓰레기통에 세 번 연속으로 던져 넣는 일을 생각해 보라. 또는 한 명이 초코볼을 공중으로 던지고, 다른 사람이 입으로 받아먹는 일을 생각해 보라. 이런 행위에는 내재적 가치가 없다. 우리는 쓰레기를 버리거나 초코볼을 먹는 일 같은 사소한 행위를 흥미로울 만큼 어렵게 만드는 방법들을 고안한다.

무엇이 어떤 활동들을 최소 노력의 법칙이 적용되지 않는 예외로 만드는 걸까? 앞서 기회비용의 측면에서 노력의 변화를 설명하는 이론에 대해 이야기했다. 그에 따르면 우리는 지금 하고 있는 일보다 더 나은 일이 있을 때 피로와 권태를 느낀다. 노력하기 꺼려지는 이유가 거기에 있다. 그렇다면 앞선 질문을 다음과 같이 바꿀 수 있다. 특정한 유형의 노력을 다른 대안보다 나은 것으로 만드는 원인은 무엇일까? 가구 옮기기와 낱말 퍼즐 풀기를 구분하는 것은 무엇일까?

한 가지 대답은 놀이나 게임으로 볼 때 노력이 즐거워진다는 것이다(생산성이 뛰어난 사람은 인터뷰에서 성공 비결에 대해 "그걸 **일**이라고 생각하지 않아요"라고 말한다). 그래서 게임이 아닌 것을 게임으로 제시하는 '게임화gamification' 운동이 전개되고 있다.

다만 이 내용은 앞선 질문에 답하지 않는다. 질문을 재구성할 뿐이다. 즉, 어떤 유형의 노력이 즐거운지 묻지 않고 어떤 유형의 노력을 게임으로 보는지 묻고 있다. 그래도 이 재구성은 유용하다. 사람들이 좋은 게임을 구성하는 요소가 무엇인지 깊게 생각하게 되었기 때문이다.[29] 자주 제시되는 속성은 다음과 같다.

1. **획득 가능한 목표**: 철학자들이 말하는 '아텔릭atelic' 활동, 즉 끝이 없기 때문에 절대 완료할 수 없는 일들을 하는 데서도 즐거움을 얻을 수 있다.[30] ('텔로스Telos'는 목적을 뜻하고, '아텔릭atelic'은 목적이 없음을 뜻한다.) 정처 없이 무작정 걷거나 친구들과 빈둥대는 시간을 생각해 보라. 그러나 일반적으로 아텔릭 과제에 오래 노력을 기울이기는 힘들다. 특히 어렵거나 꺼려지는 일이라면 더욱 그렇다. 그리스 신화에서 시시포스Sisyphus는 거대한 바위를 산 위로 밀어 올렸다가 바위가 굴러떨어지면 다시 밀어 올리는 일을 영원히 반복해야 한다. 이것이 너무나 끔찍한 운명인 이유는 쉽게 알 수 있다. 목표가 없어서 절대 끝낼 수 없기 때문이다.

목표는 필요조건이지만 충분조건은 아니다. 화장실 청소처럼 누구도 재미로 하지 않는 수많은 힘든 일에는 가시적 목표가 있다. 30분 동안 화장실을 청소하는 일은 불쾌하다. 하지만 아무리 솔로 문질러도 계속 더러운 시시포스식 화장실을 청소하면서 30분을 보내는 일이 더 기분 나쁘지 않을까?

2. **하위 목표**: 낱말 퍼즐을 푸는 즐거움 중 일부는 조금씩 작은 목표를 달성하면서 완성에 가까워지는 진전의 느낌이다. 이렇게 점수, 화폐, 진척도 막대를 활용하여 목표를 향해 나아가고 있음을 알리는 것은 상당수 게임화의 핵심이다. 이런 지표들은 강화 효과를 안기는 작은 자극을 가한다. 나는 달리기를 할 때 GPS 시계를 활용한다. 이 방법은 달리기를 일종의 게임으로 만든다. 나는 여러 번의 달리기에 걸쳐 속도와 시간을 비교하면서 진전을 이루려고 애쓴다.

그뿐만 아니라 달리기 전반에 걸쳐 하위 목표를 설정할 수 있다. '좋아, 1분 동안 X까지 속도를 올렸다가 그 보상으로 이후 1분 동안 Y까지 속도를 늦출 거야'라는 식으로 말이다. 그러면 시간이 더 빨리 가고 경험이 더 즐거워진다. 이 점은 우리를 즐거운 활동이라는 개념에 더 가까이 데려간다. 그러나 아직은 완전히 도달한 것이 아니다. 가구를 옮기는 일은 하위 목표로 가득하다(100개의 가구를 트럭까지 옮기는 일에는 100개의 하위 목표가 있다). 그러나 여전히 즐겁지 않다.

3. 숙련: 올바른 게임은 최적 수준의 난이도를 설정한다. 〈테트리스〉와 〈앵그리버드〉 같은 단순한 게임을 비롯한 많은 게임들은 처음에는 쉽다가 갈수록 어려워진다. 그래서 딱 적당한 정도로 고생하는 지점에서 대부분의 시간을 보내게 된다. 어떤 일을 잘하게 되는 것, 이전보다 그리고 다른 사람들보다 잘하게 되는 것은 즐거움을 안긴다. 이 점은 재미있는 활동과 화장실 청소 및 가구 옮기기 같은 활동을 구분한다.

4. 사회적 접촉, 동지 의식, 경쟁: 이 요소들은 모두 필수적이지는 않다. 뛰어난 게임 중 다수는 1인용이다. 그래도 다른 사람들과 같이 또는 다른 사람들을 상대로 게임하는 것은 많은 요소를 더한다. 가장 인기 있는 게임은 팀 단위 경쟁으로 진행된다. 이는 게임화의 한 측면이다. 즉, 일을 게임으로 바꿀 때 사람들에게 아바타가 주어지고, 다른 사람의 아바타를 볼 수 있는 경우도 있다. 또한 사람들은 팀을 형성하고, 점수판에는 팀별 점수가 표시된다.

5. 수집: 일부 인기 있고 재미있는 게임은 획득 요소를 지닌다. 당신이 〈포켓몬 고〉에서 모든 포켓몬을 수집하려고 애쓰는 것처럼 말이다. 이는 하위 목표의 구체적인 형태로 볼 수도 있다. 당신이 수집하는 각 아이템이 하위 목표에 따른 만족감을 반영하기 때문이다. 그러나 획득 활동에는 낱말 퍼즐이나 1인용 슈팅 게임에서는 찾을 수 없는 차별적인 만족감이 존재한다.

이것은 재미있는 게임의 모든 요소들이다. 이 중 일부 내용은 즐거운 추구에서 의미 있는 추구로 옮겨갈 다음 장에서 재등장할 것이다.

몰입의 절호점, 스윗 스팟

어떤 유형의 노력이 우리에게 매력적인지에 대한 최고의 분석은 '게임화'라는 단어가 사용되기 훨씬 전에 끝났다. 그것은 '몰입'의 속성에 대한 미하이 칙센트미하이의 통찰에서 나왔다. 칙센트미하이에게 몰입은 어느 순간에 완전히 빠져드는 강렬한 집중의 경험이다.

나는 『몰입』을 읽으면서 그의 연구를 처음 접했다.[31] 이 책의 내용 중 대부분은 체스 플레이어, 댄서, 암벽 등반가 그외 타인들과의 인터뷰를 토대로 몰입이 무엇인지 묘사한다. 앞서 말한 대로 이 책은 내가 삶에서 만족하는 것과 그렇지 않은 것을 파악하도록 도와줌으로써 큰 영향을 끼쳤다(내가 알고 있는 것과, 알고 있다는 사실을 몰랐던 것을 드러내주었다). 나는 칙센트미하이가 인터뷰한 사람들이 부러웠다. 그들은 삶의 아주 많은 부분을 몰입 상태에서 보낼 수 있을 만큼 운이 좋았고, 재능이 뛰어났다.

어떻게 하면 몰입 상태로 들어갈 수 있을까? 몰입 상태는 너무 차갑지도, 뜨겁지도 않은 골디락스 경험이다. 거기에는 절호점이 있다. 즉, 너무 쉬운 것(지루해짐)과 너무 어려운 것(스트레스와 불안을 안김) 사이에서 딱 적절한 정도의 도전이어야 한다. 몰입 경험은 대개 즉각적인 피드백과 명확한 목표를 가진다. 그래서 앞서 제시한 몇 가지 요건(목표, 하위 목표, 숙련)은 이 분석과 잘 맞는다.

전형적인 사례는 복잡한 운동(암벽 등반)과 지적 활동(저술)이다. 대개 몰입을 돕거나 방해하는 경험들이 있지만, 많은 부분이 개인에게 달려 있다. 가령 두 사람이 대화를 나누고 있는데 한 사람은 최적 수준의 도전을 즐기며 절묘한 몰입 상태에 빠진 채 그 순간에 몰두하는 반면, 다른 사람은 당황하고 버거워하거나 지루해서 죽을 지경일 수 있다.

사람들이 삶에서 어떤 것에 몰입하는 정도에는 크나큰 차이가 있다. 어떤 사람들은 기회가 풍부한 세상에 사는데도 전혀 몰입하지 않는다. 다른 사람들은 홀로 갇혀 있는 듯한 최악의 상황에서도 노력을 통해 몰입한다. 칙센트미하이는 '자기목적적autelic 성향'을 지닌 사람들에 대해 이야기한다. 그들은 어떤 일을 그 자체로 즐기며, 외적 목표를 좇지 않는다. 이런 성향은 호기심, 끈기 그리고 칙센트미하이가 말하는 '낮은 자기중심성', 즉 자기 자신 그리고 타인의 시선에 덜 집중하는 속성과 연계된다(다른 사람들이 어떻게 생각하는지에 얽매이지 않는다면 더 나은 몰입과 집중을 가능해진다).

몰입하는 삶을 살 수 있을 만큼 운 좋은 사람은 드물다. 칙센트미하이는 진 나카무라Jeanne Nakamura와 함께 미국인과 독일인을 대상으로 설문조사를 실시했다.[32] 그 결과 약 20퍼센트는 종종 시간의 흐름을 잊어버릴 만큼 깊게 빠져드는 몰입 상태를 경험하는 것으로 나타났다. 반면 그보다 많은 사람들(33퍼센트 이상)은 **한 번도** 경험한 적이 없다고 밝혔다. 다른 연구들에서도 어떤 사람들은 비몰입, 저난도 활동(쉬운 낱말 퍼즐 풀기, 저급한 프로그램 보기)에서 거의 아무 만족을 느끼지 못하는 반면 다른 사람들은 그런 활동에 만족하면서 다른 대안을 피했다.

몰입이 너무나 만족스럽다면 왜 어떤 사람들은 빠져들지 않는 걸까? 우선 시작하기가 힘들다. 결국 쉬운 일을 하는 쪽이 쉽다. 조깅복을 입는 것보다 소파에 앉아 있는 편이 더 쉽다. 어렵고 지적인 프로젝트를 시작하는 것보다 유튜브를 보는 편이 더 쉽다. 또한 몰입 상태에 들어가더라도 계속 머물기가 어려울 수도, 절호점을 찾기가 힘들 수도 있다. 앞서 설명한 기회비용 이론을 적용하자면 다른 활동들이 갈수록 강하게 당신을 끌어당기기 시작한다.

게다가 시간이 지남에 따라 특정한 작업에 수확 체감의 법칙이 작용한다. 글쓰기를 할 때 처음에는 좋은 아이디어들이 떠오른다. 그러나 수월한 부분이 끝나고 새로운 단어로 페이지를 채우기가 갈수록 어려워지고, 짜증스러워진다. 낱말 퍼즐을 푸는 일은 정답을 찾는 과정에서 약간의 만족감을 준다. 그러나 난도가 오르면 몰입을 넘어 좌절할 수 있다.

이처럼 몰입은 멋진 일이지만 권태와 불안 사이에 끼어 있어서 찾기 어렵고, 시작하기 어려우며, 유지하기 어렵다.

칙센트미하이는 직업이 몰입의 주된 원천이라고 강조했다. 이 말은 그가 책을 쓴 30여 년 전에는 맞을지 모르지만 지금은 틀릴 수 있다. 갤럽은 142개국에 사는 20만여 명을 상대로 설문조사를 실시했다.[33] 그 내용은 다음 세 가지 범주 중 하나를 고르는 것이었다.

1. **참여형 근로자**: "참여형 근로자는 열정적으로 일하며, 회사와 깊은 유대감을 느낀다. 그들은 혁신을 추동하며, 조직을 진전시킨다."
2. **이탈형 근로자**: "이탈형 근로자는 근본적으로 '마음이 떴다'. 그들은 직장에서 몽유병 환자처럼 움직이면서 시간만(활기나 열정 없이) 채운다."
3. **적극 이탈형 근로자**: "적극 이탈형 근로자는 그냥 일에 대한 불만만 품는 게 아니다. 그들은 불만을 부지런히 표출한다. 그래서 매일 참여형 근로자의 성과를 저해한다."

이 설문조사에서 자신이 참여형 근로자라고 밝힌 사람은 13퍼센트에 불과했다. 63퍼센트는 자신이 이탈형이라고 밝혔으며, 24퍼센트는 자신이 적극 이탈형 근로자라고 밝혔다. 간단히 말해서 많은 사람은 자신의 일이 '엿같다'고 생각한다.

왜 그런지에 대해서는 온갖 이유들이 있다. 많은 직업은 모멸적 여건, 부당한 처우, 자율성 결여 같은 문제를 안고 있다. 인류학자 데이비드 그레이버David Graeber에 따르면 많은 사람들은 헛된 일자리에서 의미 없고, 불필요하고, 해로운 업무를 하면서 삶의 많은 시간을 보낸다.[34] 이런 경우 순간적인 차원에서는 참여나 몰입이 이뤄지지 않고, 폭넓은 차원에서는 의미와 목적이 결여되어 있다.

그러나 어떤 일은 비교적 헛된 정도가 덜하거나 의미와 연계되어 있다. 한 조사는 200만여 명을 대상으로 어떤 일을 하는지 그리고 삶에서 얼마나 많은 의미를 느끼는지 물었다.[35]

그 결과 가장 의미 있는 직업은 성직자였다. 군인, 사회복지사, 사서가 뒤를 이었다. 흥미로운 목록이다. 이 모든 직업은 일정한 정도의 어려움을 수반한다. 보수는 많지 않으며, 지위가 아주 높지도 않다. 의미와 돈을 모두 원한다면 최선의 베팅은 외과 의사가 되는 것이다. 외과 의사는 연봉이 높고, 사회적 지위가 높으며, 아주 의미 있는 일로 여겨진다. 하지만 그게 전부다(의미가 적다고 느껴지는 직업은 무엇일까? 음식 조리 및 서비스, 영업직의 순위가 아주 낮았다. 가장 의미가 적다고 느껴지는 직업은 무엇일까? 바로 주차 관리직이었다).

직업의 성격만 중요한 게 아니다. 같은 일을 해도 다른 방식으로 반응할 수 있다. 나는 교수라는 나의 직업이 넉넉한 자유, 뛰어난 환경, 생산적 · 참여적 · 일상적인 노동 같은 미덕을 지녔다고 생각한다. 그래서 이보다 보람찬 소명을 상상할 수 없다. 그러나 지난 몇 년 동안 세 명의 지인이 정상급 대학의 종신 교수직을 포기하고 조기 은퇴했다. 그들은 나와 달리 권태와 불만 그리고 좌절을 느꼈다.

한편, 칙센트미하이는 어떤 직업이라도 의미 있는 직업으로 바꿀 수 있다는 점을 지적한다. 불교의 전통적인 표현에 따르면 화장실 청소 같은 막노동도 올바른 사람이 하면 의미와 가치를 지닐 수 있다. 에이미 프제니에프스키Amy Wrzesniewski와 제인 더튼Jane Dutton은 대형 병원에서 일하는 청소부들을 인터뷰했다.[36] 그 결과 직업 만족도의 차이가 상당히 크다는 사실을 밝혀냈다. 그 차이는 환자를 치료하는 과정에 자신이 얼마나 기여하는지에 대한 인식과 연관되어 있었다. 에밀리 에스파하니 스미스는 케네디 대통령의 일화를 통해 자신의 직업을 폭넓은 목적과 연계하는 일의 가치를 잘 정리한다.[37] 케네디 대통령은 1962년에 나사를 시찰하던 도중 한 청소부와 대화를 나누었다. 그 청소부는 어떻게 지내는지 묻는 대통령에게 "달에 사람을 보내는 일을 돕고 있다"라고 말했다.

짐작했겠지만 나는 몰입의 광팬이다. 몰입은 심리적 건강과 연관되어 있고, 개인적 보람을 안기며, 집중력과 자제력 같은 유익한 능력과 연계되어 있다. 다만 그 중요성을 과장하기 쉽다. 진 나카무라와 칙센트미하이는 이렇게 썼다. "좋은 삶을 만드는 것은 무엇일까?…… 몰입 연구는 한 가지 답을 제시했다. 이 답은 현재 순간에 완전히 몰입하는 경험을 이해하도록 해준다. 몰입에 대한 경험적 렌즈로 바라보면 *좋은 삶의 특징은 자신이 하는 일에 완전히 빠져드는 것*이다."[38](이탤릭체 원저자 표기)

하지만 이는 '좋은 삶을 만드는 것이 무엇인가?'라는 질문에 대한 답으로는 부실하다. 몰입은 사소할 수 있다. 낱말 퍼즐을 푸는 일은 나와 다른 사람들에게는 몰입의 경험이 될 수 있다. 그러나 평생 낱말 퍼즐만 푼다면 시간 낭비일 것이다. 또한 칙센트미하이 본인이 다른 글에서 말한 대로, 몰입은 시시한 일들보다 훨씬 나쁠 수도 있다. 홀로코스트의 핵심 기획자 중 한 명인 아돌프 아이히만Adolf Eichmann은 종종 유대인에게 악의가 없는 사람으로 묘사되었다. 그는 일을 잘하고 싶었던 전문가로, 복잡하고 기술적으로 어려운 과제를 능숙하게 처리하는 데 자긍심을 가졌다. 칙센트미하이는 앞서 말한 책에서 이렇게 주장한다. 아이히만은 "복잡한 열차 운행 일정을 조정하여 귀한 철도 차량이 필요할 때 확보되고, 최소한의 비용으로 시체를 운송할 수 있도록 만들 때 아마도 몰입을 경험했을 것이다. 그는 자신에게 주어진 일이 옳은지 그른지 결코 따지지 않은 것으로 보인다. 명령을 따르는 한 그의 의식은 조화로운 상태였다."[39]

여기서 우리는 몰입의 한계를 본다. 결국 목적이 없다면 어떤 삶이 될 것인가? 미덕과 의미가 없다면 어떤 삶을 살게 될 것인가?

삶의 의미를 발견하기 위하여

인간은 기어이 산을 오른다

기원을 다룬 최고의 이야기는 종교, 신화, 과학에서 나오지 않았다. 영화 〈매트릭스〉에서 나왔다. 스미스 요원은 모피어스에게 그들이 경험하는 세상(사악한 컴퓨터가 창조한 가상 현실)이 어떻게 만들어졌는지 말해준다.

최초의 매트릭스가 완벽한 인간 세상으로 설계되었다는 사실을 알고 있나? 누구도 고통받지 않고, 모두가 행복한 세상 말이야. 하지만 그건 재앙이었어. 누구도 그 프로그램을 받아들이지 않았고, 우리는 모든 작물(생체 에너지를 얻는 도구로 삼은 인간을 빗댄 표현-옮긴이)을 잃고 말았어. 어떤 이들은 우리가 완벽한 세상을 구현할 프로그래밍 언어를 갖고 있지 않다고 믿었지. 하지만 나는 인간이라는 종은 불행과 고난을 통해 현실을 규정한다고 믿어. 완벽한 세상은 당신들의 원시적인 대뇌가 계속 깨어나려고 하는 꿈이었던 거지.

"불행과 고난을 통해 현실을 규정한다." 이 구절은 신학과 철학 그리고 수많은 대학교 기숙사 방에서 치러진 논쟁을 거치며 오랫동안 이어져온 이론을 포착한다. 또한 이 책의 핵심 주제와도 부합한다. 일정한 정도의 불행과 고난이 풍요롭고 의미 있는 삶에 필수적이라는 것이다.

의미는 다루기 어려운 주제다. 물리학자 볼프강 파울리Wolfgang Pauli가 다른 과학자의 연구를 폄하하면서 한 유명한 말이 있다. 그는 "그 사람의 말은 옳지 않아. 심지어 틀리지도 않아"라고 말했다. 나는 의미와 목적에 대한 글을 읽을 때 종종 이 말을 생각한다. 문제는 내가 글의 내용에 동의하지 않는다는 것이 아니다. 문제는 그 내용이 진지하게 받아들이기에는 흐릿하고, 모호하고, 일반적이라는 것이다.

이제 산악 등반으로 이야기를 시작해 보자. 똑똑한 외계인이 인간을 관찰한다면 그들은 우리가 선택하는 많은 행동을 이해할 것이다. 성교, 먹기, 마시기, 쉬기, 아이 돌보기, 친구 사귀기 등은 자연 선택으로 생겨난 동물이 할 법한 행동이다. 그러나 지금까지 우리가 논의한 많은 것들 즉, BDSM, 호러 영화 보기, 마라톤 같은 행위에는 혼란스러워할 것이다. 그들은 어느 정도 시간이 지나면 이렇게 물을 것이다. "인간들이 에베레스트산 등반처럼 위험하고, 어려우며, 쓸모없어 보이는 일을 하는 이유는 무엇일까?"

인간 자신도 그 답을 모른다. 이 문제에 대한 고전적인 답은 "거기 산이 있으니까"라는 조지 말로리George Mallory의 말이다. 이 말은 너무나 나쁜 답이라서 웃기다. 결국 온갖 것들이 거기 있다. 이 말은 경제학자 조지 로웬스타인George Loewenstein이 약 20년 전 발표한 탁월한 논문의 주제목이기도 하다. 전체 제목은 「거기 산이 있으니까: 산악 등반이 효용 이론에 제기하는 문제Because It Is There: The Challenge of Mountaineering…… for Utility Theory」다.[1]

'효용Utility'은 상품이나 서비스에서 얻는 만족감을 가리키는 전문용어다. 로웬스타인은 제러미 벤담이 활동하던 1700년대에는 구체적으로 무엇이 사람에게 만족감을 안기는지에 관심이 많았다는 말로 논의를 시작한다. 그러나 경제학이 발전하면서 이런 심리학적 질문에 대한 관심은 사그라들었다. 이제 경제적 행동에서 효용의 중요성에 대한 주장은 로웬스타인의 말에 따르면 "사람들은 선호하는 것을 선택한다는 관찰보다 별로 나을 게 없는 심리학적 통찰"을 제공하는 데 그친다.[2] 그의 논문이 추구한 목표 중 하나는 산악 등반을 사례로 경제학 분야에서 효용의 속성에 대한 관심을 되살리는 것이었다.

벤담이 지금 살아 있다면 산악 등반의 효용을 뭐라고 말할까? 그는 이따금 단세포적인 쾌락주의자로 폄하된다. 그러나 그의 실제 관점은 고차원적이었다.[3] 그는 감각적 쾌락에 대해 말했지만 그에게 이는 효용의 많은 측면 중 하나에 불과했다. 그는 만족의 보다 추상적인 형태도 고려했다. 거기에는 (그의 용어를 빌자면) 기술, 친교, 명성, 권력, 신심, 선의, 악의에 따른 쾌감이 포함된다.

산악 등반의 효용은 명백하지 않은 정도가 아니다. 감각적 쾌락은 애초에 고려 대상이 아니다. 로웬스타인은 진지한 산악 등반(그는 극지대 탐험도 이 범주에 넣는다)에 대한 보고서들을 훑어본 후 "처음부터 끝까지 끊임없는 고통의 연속"이라고 정리한다.[4] 등반가들이 쓴 일기는 "가혹한 추위(종종 동상과 수족 상실 또는 죽음으로 이어지는), 탈진, 설맹증, 고산병, 불면증, 불결, 배고픔, 공포"에 대해 이야기한다. 음식에 대한 지속적인 갈망도 있다. 또한 지루함도 있다. "일반적인 등반의 경우 미쳐버릴 만큼 단조로운 활동을 하면서 대부분의 시간을 보낸다. 가령 작고 냄새나는 텐트에서 다른 등반가들과 부대끼며 몇 시간 동안 '악천후를 버텨야' 한다." 게다가 힘든 원정 중 다수가 죽음이나 수족 절단이라는 결말로 끝났다는 사실을 감안하면 당연히 생겨나는 공포와 불안도 있다.

로웬스타인은 논문을 쓸 때 등반가들이 직접 쓴 보고서를 토대로 삼았다. 이후 여러 뛰어난 등반 다큐멘터리와 재현극(『희박한 공기 속으로』, 〈에베레스트〉, 〈북벽North Face〉, 〈터칭 더 보이드〉 같은)이 나왔다. 이런 자료들은 그가 말한 요점을 뒷받침한다. 모든 일이 잘못되고 사람들이 죽거나 발가락을 잃는 대목 전에 멈춘다고 해도, 등반을 일반적인 의미에서 즐기는 사람은 아무도 없다. 산악 등반은 암울한 경험이다.

그렇다면 소속감, 우정, 애정 같은 사회적 유대에서 얻는 쾌락은 어떨까? 일부 거친 활동은 참여자들에게 따스한 결속감을 불어넣는다. 공동의 고생과 고난을 통해서만 얻을 수 있는 깊은 유대를 제공한다. 전쟁의 끔찍함에 대해 사람들이 뭐라고 하든 간에 전우애를 비롯한 사회적 결속감은 공통된 긍정적인 주제다. 그러나 장기 등반에는 이런 요소가 존재하지 않는 것처럼 보인다. 아마도 그 이유는 숨쉬기가 힘들어서 대화를 나누기 어렵기 때문일 수도 있고,

지속적으로 신체적 스트레스를 받기 때문일 수도 있다. 어쨌든 등반가들은 외로움과 소외감을 느꼈다며 자신의 경험을 묘사한다. 며칠 또는 몇 주 동안 냉담한 침묵이 흐르고, 의견 차이가 해소되지 않고, 서로를 미워하며 갈라지는 이야기들이 여럿 있다.

산악 등반의 효용을 설명할 보다 유망한 후보는 벤담이 말한 명성의 쾌락이다. 몇 년 전 나는 아들이 코네티컷의 대형 체육관에서 열린 등반 대회에 출전하는 모습을 지켜보았다. 사람들이 대회장으로 들어선 젊은 여성을 둘러쌌다. 그녀는 막 에베레스트산을 등정했고, 모두가 그녀의 이야기를 듣고 싶어 했다. 아마 그녀가 초기 등반가 중 한 명이었다면 반응이 더 대단했을 것이다. 특정한 활동의 혜택 중 하나는 다른 사람들에게서 받는 존중과 존경이다. 당연한 얘기지만 이는 어려움, 위험, 능력과 관련이 있다. 에베레스트산 등반이 즐겁고 쉽다면 누구도 감탄하지 않을 것이다.

하지만 위신을 얻는 것이 동기였다는 말은 하기가 껄끄럽다. 로웬스타인은 등반가들이 어떤 산을 정복할 계획을 이야기할 때 명성을 얻으려는 욕망에 이끌린다고 인정하는 경우는 거의 없다는 점을 지적한다. 마찬가지로 북극 원정은 주로 과학적 탐사나 인도주의적 프로젝트로 묘사된다. 그러나 로웬스타인은 냉소적으로(내 생각에는 정확하게) 이런 설정을 덜 이타적인 다른 목표를 감추려는 시도로 본다.

학자들의 경우도 마찬가지다. 업계에서 큰 상을 받은 사람들은 모두 자신의 연구를 진행할 수 있고, 유망한 학생과 동료들의 연구를 지원할 수 있어서 너무나 기쁘다고 말한다. 그러나 우리의 동기는 대부분 순수하지 않다. 과학 분야에서도 산악 등반처럼 누가 먼저 결론에 도달했느냐를 두고 격렬한 순위 논쟁이 벌어진다.

산악 등반 같은 활동의 또 다른 동기는 자신의 능력에 대한 호기심이다.[5] 로웬스타인은 위신과 마찬가지로 이 동기가 등반가들이 난관을 견디는 이유를 이해하는 데 도움이 된다고 말한다. "등반은 오직 쉽지 않다는 이유 때문에 등반가의 성격을 드러낸다. 등반의 목적 중 큰 부분은 자신의 기개를 시험하는 것이다. 고통과 불편은 시험의 재료를 제공한다."

사람들은 실로 자신에 대한 호기심이 강하다. 온라인 IQ 테스트를 치르거나, MBTI 테스트의 16가지 성격 중에서 자신은 어디에 속하는지 알아보거나, 자신이 어느 마블 슈퍼 히어로에 해당하는지 확인한 적이 있다면 내가 무슨 말을 하는지 이해할 것이다. 내가 존경하고 흠모하는 작가 록산 게이Roxane Gay는 트위터에서 자신이 선호하는 서브웨이 샌드위치 재료들을 토대로 진짜 나이를 알려준다는 인터넷 조사를 비난했다.

'네 자신을 알라'는 좋은 정책이다. 가령 당신이 겁쟁이라면 그 사실을 알아둘 가치가 있다. 큰 용기가 필요한 상황을 피할 수 있기 때문이다. 잠을 충분히 자지 못하거나 배가 고플 때 화를 잘 낸다면, 이는 당신이 활용할 수 있는 뉴스다. 자신에 대한 많은 사실들은 가만히 앉아서는 알 수 없다. 일상생활에서는 죽음에 맞서 용기를 낼 수 있는 능력이나 신체적 고통을 견디는 능력을 확인할 기회가 거의 생기지 않는다. 자신에 대해 더 알고 싶다면, 당신의 기개를 시험하고 싶다면 산악 등반 같은 활동이 알맞아 보인다.

그러나 이 문제는 보기만큼 간단하지 않다. 내가 얼마나 힘이 센지 알고 싶다면 운동 기구를 들어보면 된다. 하지만 내가 얼마나 관대한지 알고 싶다고 가정하자. 노숙자 쉼터에 자원봉사를 가서 얼마나 오래 버틸지 보면 될까? 그렇지 않다. 얼마나 인정이 많은지 보려고 쉼터에서 보내는 나의 시간은 노숙자에 대한 걱정이 아니라 나의 호기심(또는 자기 회의)이 얼마나 강한지를 반영한다. 드라마 〈굿 플레이스The Good Place〉는 이 역설을 훌륭하게 탐구한다. 이 드라마의 등장인물들은 영원한 지옥의 심판을 받지 않기 위해 선행을 해야 한다. 그러나 그들은 선행을 해야 구원받는다는 사실을 아는 불행한 상황에 처해 있다. 즉, 동기가 오염되었기 때문에 그들의 선행을 진정한 선행으로 간주할 수 없다.

선한 행동에서만 이런 문제가 생기는 것은 아니다. 주위에서 가장 덩치 큰 사람에게 싸움을 거는 일은 내가 얼마나 강인한지 평가하는 유용한 방법처럼 보일지 모른다. 그러나 그런 목적이라면 나는 전혀 강인하지 않다. 오히려 심하게 자신감이 없는 것이다. 마찬가지로 기개를 시험하기 위해 산악 등반을 선택하는 것은 용기와 모험을 즐기는 태도가 아니라 자기 회의를 반영할 수 있다.

또한 에베레스트산을 오르는 일은 비용과 시간이 많이 들고, 위험하고, 힘들다. 삶과 거의 무관한데도 스스로를 알기 위해 정말로 그렇게 많은 대가를 치를 가치가 있을까?

확신에 대한 욕구, 자신을 **감동**시키고 싶은 바람과 관련하여 이를 설명하는 용어가 있다. 바로 자기 신호화self-signaling다.[6] 그러나 이 역시 너무나 미미한 혜택을 위해 과다한 노력을 기울이는 것처럼 보인다. 게다가 전체 이론이 약간 혼란스럽다. 당신이 등반에 성공할 자신이 있다고 가정하자. 좋다. 그러면 당신은 자신에게 신호를 보내기 위해 굳이 등반을 할 필요가 없다. 이미 할 수 있다는 사실을 알기 때문이다. 반대로 자신이 없는 경우를 가정해 보자. 이는 형편없는 자기 신호화다. 결국 자신의 기분을 더 좋게 만드는 것이 아니라 더 나쁘게 만들지도 모르는 일을 하는 것이기 때문이다.

끝으로 정상 부근까지 올라갔지만 정상에 오르지 못하고 돌아와야 하는 경우를 상상해 보라. 이 경우 어쨌든 등반을 위한 노력이 용기와 인내 등 온갖 미덕을 분명하게 드러냈으므로 완전히 만족할까? 아마 그렇지 않을 것이다. 오히려 실망할 것이다. 목표는 대단히 중요하기 때문이다.

정상에 대한 본능적 욕구

목표 달성, 성공, 정상을 손에 넣는(등반가들의 표현) 일에 대한 욕구를 로웬스타인은 다음과 같이 설명한다. 등반가들은 등반을 완료하고자 하는 욕구가 압도적으로 커질 수 있다고 이야기한다. 그들은 정상 공략 범위 안에 들어서면 종종 귀환 시간을 정한다. 얼마나 멀리 나아갔든 안전을 위해 귀환 시간이 되면 하산을 시작해야 한다. 이는 사전 조치 수단이다. 그러나 정상이 가까워지고, 너무나 많은 비용과 시간과 고통을 치른 후 목표를 달성하는 일이 가능해 보이면, 많은 등반가는 애초의 계획을 따르지 못한다. 로웬스타인은 이렇게 귀환을 거부하는 바람에 많은 사람이 죽었다고 밝혔다. 거기에는 1996년 에베레스트산에서 7명이 사망한 유명한 사고도 포함된다.

이런 목표에 대한 초점은 타인이나 자신을 상대로 위신을 세우거나 신호를 보내는 일의 중요성을 부정하지 않는다. 지난 장에서 이야기한 숙련과 몰입의 경험도 분명한 관련이 있다. 그러나 이 문제에 있어서 주된 대답은 이것이다. 우리가 에베레스트산을 오르는 이유는 올바른 유형의 목표를 추구하는 일이기 때문이다.

하지만 여기서 논의를 멈추면 "거기 산이 있으니까"라는 대답보다 별반 나을 게 없다. 무엇이 그것을 올바른 유형의 목표로 만들까? 이 질문에 "의미가 있으니까"라고 대답할 수 있다. 그러나 이는 질문을 되돌리는 것에 불과하다. 무엇이 의미 있는 목표를 만들까? 왜 에베레스트산을 오르는 일은 의미 있지만, 계단으로 사무실까지 올라가는 일은 그렇지 않을까? (단지 난이도의 문제만은 아니다. 계단을 1,000번 오르내리는 일도 힘들 것이다. 하지만 이 일은 의미 있다기보다 멍청해 보인다.) 결국 **의미**라는 건 무엇일까?

이 질문의 해답에 접근하기 위해 의미와 연계된 다른 일들을 고려해 보자. 당신은 에베레스트산에 오르고 싶은 마음은 없을 수 있어도 전쟁에 참전할 마음은 있을지 모른다. 많은 사람들, 특히 많은 젊은 남성들은 그렇다. 이 일에는 자기 희생, 사랑하는 사람들과의 이별, 수족 절단이나 죽음의 위험처럼 명백한 부정적 요소들이 있다. 그러나 부정할 수 없는 매력도 있다.

사람들은 전쟁에 참전하는 일에 대해 여러 다른 생각들을 갖고 있다. 들려주고 싶은 이야기가 있다. 이전에 강연을 하러 한 대학을 방문한 적이 있었다. 철학과 사람이 공항까지 마중 나와 주었다. 어쩌다 보니 우리는 흔히 그러하듯 전쟁의 도덕성에 대한 대화를 나누게 되었다. 그 여성에게는 아들이 있었다. 그녀는 아들이 군대에

끌려가서 전투를 치르게 된다면 너무나 화가 날 것이라고 말했다. 나는 우리 아들들에 대한 이야기를 하면서 진부한(내 생각에는) 발언을 했다. 사람들이 전쟁을 어떻게 생각하든 내게는 아들들의 죽음보다 나쁜 일은 없다는 내용이었다. 그녀는 아들이 죽는 것과 아들이 다른 사람을 죽이는 것 중에서 어느 쪽이 더 나쁜지 모르겠다고 대꾸했다.

나는 이 말에 실로 충격을 받았다. 내게는 아들들 중 한 명이 죽는 것이 상상할 수 있는 최악의 일이었다. 반면 내 아들이 누군가를 죽였다는 말을 듣는 것은 글쎄……, 잘 모르겠다. 상황에 따라 다를 것 같다. 아들이 정신적 외상에 시달렸는가? 죽일 때의 상황은 어땠는가? 아들의 행동이 용기 있는 것이었는가 아니면 불필요하고 잔인했는가? 테러범들의 소굴을 소탕했는가 아니면 아동을 죽이라는 명령을 받았는가? 나는 그녀에게 아들의 죽음보다 나쁜 시나리오를 떠올릴 수 없다고 말했다. 그녀는 내 말에 동의하지 않았다. 그녀는 살인이 아들을 끔찍한 방식으로 바꿔놓을지 모른다고 걱정했다. 그녀에게는 아들의 살인이 아들의 죽음보다 나쁠 수도 있었다.

그런 경험이 사람을 바꿔놓는 힘을 지닌다는 그녀의 말은 옳다.[7] 그러나 많은 사람들에게 이는 전쟁이 지니는 매력의 일부다. 유명한 작가이자 활발한 소셜 미디어 사용자인 조이스 캐롤 오츠Joyce Carol Oates가 올린 논쟁적인 트윗을 보라.

우리가 ISIS에 대해 듣는 말은 오로지 금욕적이고 징벌적이라는 것뿐이다.

축하와 기쁨의 요소는 아예 없는 걸까? 아니면 이 물음이 순진한 걸까?[8]

쉽게 예상할 수 있듯이 그녀의 타임라인은 금세 분노의 댓글로 채워졌다. 사람들은 악의 매력에 대한 말을 들으면 화를 낸다. 그러나 그녀의 물음은 순진하지 않았으며, 합당하고 중요했다. 로스 다우댓Ross Douthat은 오츠를 변호하는 글에서 이렇게 썼다. "적어도 일부 젊은 자원병들에게는 ISIS 가입이 기쁘고 축하할 일이라는 사실을 모른다면, ISIS가 지니는 놀라운 매력을 이해하기 어렵다."[9]

이 매력의 일부는 바로 소속감이다. ISIS에 들어간 유럽 출신 자원병들은 이민 온 지 얼마 되지 않은 이민자인 경우가 많다. 그들은 대개 친구가 없고, 가족과 떨어져 있다. 그래서 자신을 받아줄 공동체의 일원이 되고 싶다는 실질적인 욕구가 있다. 특히 자신의 삶 속에 다른 사람이 없을 때는 더욱 그렇다.

그러나 그게 전부는 아니다. ISIS 같은 집단은 대의를 위해 고난, 고통, 결핍을 감내한다는 특정한 유형의 초월을 약속한다. 내 친구이자 저널리스트인 그레이엄 우드Graeme Wood는 ISIS에 대해 많은 글을 썼다. 신병과 고참 멤버를 대상으로 한 인터뷰를 담은 책도 냈다.[10] 그녀는 내게 ISIS에 참여한 많은 사람들이 기존의 생활에 염증을 느낀 상태였다고 말한다. 그들은 아무하고나 숱한 섹스를 즐겼고, 온갖 마약에 취했으며, 공허한 쾌락에 빠진 삶을 살았다. 그러나 그것으로는 충분치 않았다. 그들은 더 많은 것, 진정한 가치를 지닌 것을 찾았다.

나는 히틀러가 옳았던 점에 대해 이야기하는 일이 이례적임을 안다. 그러나 조지 오웰George Orwell은 히틀러의 책 『나의 투쟁』 서평에서 국가 사회주의의 매력을 다음과 같이 설명했다.

> 히틀러는…… 인간이 안락, 안전, 짧은 노동 시간, 위생만을 원치 **않는다**는 사실을 안다……. 그들은 적어도 간헐적으로 고난과 자기 희생을 원한다……. 사회주의 그리고 심지어 자본주의도 마지못해 사람들에게 "좋은 시간을 제공하겠소"라고 말한 반면, 히틀러는 "고난과 위험 그리고 죽음을 제공하겠소"라고 말했다. 그 결과 나라 전체가 그의 발밑에 엎드렸다.[11]

사실 ISIS 같은 조직에 합류하는 일을 선택하는 사람은 매우 드물다. 또한 일반적인 사회에서는 대다수가 입대조차 하지 않는다. 그래도 환상과 놀이를 통해 그 매력을 대리 체험할 수 있다. 문화평론가들은 종종 게임, 특히 전투를 모사하는 게임의 강력한 흡인력을 간과한다. 가령 〈콜 오브 듀티Call of Duty〉 시리즈는 약 2억 5,000만 개가 판매되어 150억 달러의 매출을 기록했다.[12] 이런 게임이 인기를 끄는 이유는 욕구를 충족하기 때문이다.

전쟁은 또 다른 매력도 지닌다. 앞서 공동체에 소속되는 쾌락을 언급했다. 그러나 종종 강력한 도덕적 흡인력, 자신의 집단을 보호하고 적에게 반격하려는 욕구도 작용한다(9·11 테러 이후 특히 미국에서 이런 욕구가 강해지면서 자원 입대자가 확연히 늘었다). 또한 전장에 합류하는 일은 용기와 충성심을 보여주는 탁월한 신호다. 그리고 앞서 단서를 붙이기는 했지만 자신을 이해하는 수단이 될 수도 있다. 배우 아담 드라이버Adam Driver가 〈뉴요커〉와 가진 인터뷰에서 이런 동기들과 혼재된 다른 동기들을 볼 수 있다. 그는 이 인터뷰에서 배우가 되기 전에 해병대에 입대한 이유에 대해 말한다.

> 그는 신체적 도전을 갈망했고, 해병대는 힘든 곳이었다. "'입대 보너스는 없다. 우리는 가장 힘든 부대다. 육군이 제공하는 온갖 편의는 누릴 수 없다. 해병대원이 되는 일은 **힘들** 것이다'라는 식의 말들이 저를 사로잡았어요." 그의 입대 결정은 너무나 갑작스러워서 모병관이 경찰한테 쫓기고 있냐고 물어볼 정도였다.[13]

그러나 전쟁의 매력은 소속감, 윤리성, 신호화에 국한되지 않는다. 크리스 헤지스Chris Hedges가 한 저서의 제목에서 말한 대로 "전쟁은 우리에게 의미를 부여하는 힘이다."

부모가 되는 일의 진실

어쩌면 지금까지 다룬 두 사례는 당신의 관심을 끌지 못했을지도 모른다. 아마 당신은 높은 산에 오르거나 전쟁에 참전할 생각이 없을 것이다. 그렇다면 아이를 낳는 일은 어떨까?

이보다 중요한 선택은 드물다. 심리학자와 사회과학자들은 이것이 좋은 선택인지 파악하려고 노력했다. 다수의 연구는 순전히 쾌락적 관점에서 보면 그렇지 않다고, 즉 아이를 낳는 일은 실수라고 주장한다. 연구 결과에 따르면 부모가 되는 일상적 경험은 거의 쾌락을 안기지 않는다. 특히 아이들이 어릴 때는 더욱 그렇다. 한 연구에서 대니얼 카너먼과 동료들은 약 900명의 직장 여성을 대상으로 일과가 끝난 후 하루 동안 어떤 활동을 했고, 그때 얼마나 행복했는지 알려 달라고 요청했다.[14] 조사 대상자들은 아이들과 같이 보낸 시간이 TV 시청, 쇼핑, 요리 등 다른 활동을 하며 보낸 시간보다 덜 즐거웠다고 회상했다. 다른 연구에서도 아이가 태어났을 때 부모의 행복도가 낮아지고, 이 상태가 오래 지속된다는 사실이 밝혀졌다.[15] 결혼 생활에 대한 만족도도 낮아졌다가 자녀가 집을 떠난 후에야 회복되었다.[16] 대니얼 길버트가 말한 대로 "빈 둥지 증후군empty nest syndrome(자녀가 독립한 후 부모가 상실감에 빠지는 현상 — 옮긴이)의 유일한 증상은 웃음이 잦아진다는 것"이다.[17]

결국 아이를 키우는 일은, 특히 그들이 어릴 때는 금전적 어려움, 수면 부족, 스트레스를 가져온다. 엄마들의 경우 임신과 수유라는 신체적 부담까지 진다. 또한 아이는 유쾌하고 애정 어린 부부 관계를 수면, 휴식, 일을 놓고 다투는 제로섬 싸움으로 바꿀 수 있다. 제니퍼 시니어Jennifer Senior는 아이가 부부 싸움을 가장 많이 유발하는 원인이라고 지적한다.[18] "돈, 일, 배우자 가족, 짜증스러운 개인적 습관, 의사소통 스타일, 레저 활동, 애정 문제, 성가신 친구, 섹스"보다 더 많이. 이 점이 잘 이해되지 않는 사람은 화가 난 두 살짜리 아이(또는 삐친 열다섯 살짜리 아이)와 하루 종일 같이 있으면서 얼마나 힘든지 느껴보길 바란다.

그러나 심리학 분야에서는 초기 연구에서 분명하고 흥미로운 결과("아이를 낳으면 불행해진다" 같은)가 나오다가, 뒤이은 연구에서 사정이 보다 복잡하다는 사실이 밝혀지는 경우가 많다. 우선, 사람마다 아이가 행복도에 미치는 영향이 다르다.[19] 한 연구에서 나이 많은 아빠들은 실제로 행복도가 **높아지는** 반면, 젊은 부모나 외부모는 성별을 막론하고 최대폭의 행복도 하락을 겪는다는 사실이 드러났다. 또한 초기 데이터는 대부분 미국에서 나왔다. 근래 발표된 논문은 22개국에서 자녀가 있거나 없는 사람들의 행복도를 살폈다.[20] 그 결과 자녀가 행복에 도움을 주는 정도는 유급 육아 휴직 같은 정책의 존재 여부에 영향받는 것으로 드러났다. 가령 노르웨이와 헝가리의 부모들은 무자녀 부부보다 더 행복했다. 반면 호주와 영국의 부모들은 덜 행복했다. 자녀가 생겼을 때 행복도가 가장 크게 하락하는 나라는? 바로 미국이었다.

아이 때문에 행복해지는 사람도 있고, 불행해지는 사람도 있다. 나머지는 그 중간에 해당한다. 주로 나이가 몇 살인지, 엄마인지 아빠인지, 어디서 사는지에 좌우된다. 그래도 하나의 심오한 수수께끼가 남는다. 아이를 갖지 않았다면 더 행복한 삶과 결혼 생활을 누렸을 사람들이 많다. 그런데도 그들은 여전히 부모가 된 것을 삶의 중심에 두고 살면서 가장 잘한 일로 꼽는다. 왜 우리는 아이를 낳은 일을 후회하지 않을까?

한 가지 가능성은 기억이 왜곡되었다는 것이다. 우리는 과거의 경험을 가늠할 때 절정 부분만 기억한다. 그 사이에 있는 99퍼센트의 진부하고 끔찍한 부분은 잊어버린다. 기억은 선택적이다. 제니퍼 시니어는 이렇게 말한다. "우리의 경험하는 자아는 연구자들에게 아이들과 같이 시간을 보내는 것보다 설거지(또는 낮잠, 쇼핑, 이메일 답신)를 더 좋아한다고 말한다……. 반면 우리의 기억하는 자아는 연구자들에게 누구도(그리고 어떤 것도) 아이만큼 많은 기쁨을 안기지 못한다고 말한다. 그것은 우리가 매일 살아가는 행복이 아닐지 모른다. 우리가 되새기는 행복, 불러내고 기억하는 행복, 삶의 이야기를 구성하는 행복일지도 모른다."[21]

이는 충분히 타당한 생각으로 나는 반박할 의사가 없다. 그래도 사람들이 대개 부모가 된 것을 후회하지 않는 이유에 대한 두 가지 설명을 살펴보려 한다. 이 문제에 있어서도 나는 다원론적 입장을 취할 것이다. 두 설명 모두 단순한 의미의 행복과 관련이 없기 때문이다.

첫 번째 설명은 애착을 수반한다. 대다수 부모는 아이를 사랑한다. 사랑하는 대상이 존재하지 않는다면 세상이 더 나아질 거라고 자신과 타인에게 인정하는 것은 끔찍한 일이다. 게다가 당신은 단지 아이가 있어서 행복하다고 말해야 할 것 같은 기분만 느끼는 것이 아니다. 당신은 **실제로** 아이가 있어서 행복하다. 결국 당신은 당신의 아이를 사랑한다.

이 점은 다른 대안보다 덜 행복해질 것이라고 스스로 믿고 있는 상태를 오히려 바라게 되는 흥미로운 상황을 초래한다. 키어런 세티야Kieran Setiya는 『어떡하죠, 마흔입니다』에서 논의를 확장한다.[22] 그는 철학자 데렉 파피트Derek Parfit가 예시로 든 사례를 변형해 당신과 배우자가 특정 기간에 아이를 가지면, 그 아이가 만성 관절통처럼 심각하지만 치명적이지는 않은 질병을 갖게 되는 상황을 상상해 보라고 말한다. 이 기간이 지날 때까지 기다리면 다음 아이는 아무 문제 없이 자랄 것이다. 이유가 무엇이든 당신은 기다리지 않는 쪽을 선택한다. 아이는 성장하고, 당신은 아이를 사랑한다. 또한 아이는 고통받기는 하지만 살아 있는 것을 행복해한다. 당신은 당신의 결정을 후회하는가?

이는 복잡한 문제다. 물론 질병이 없는 아이를 낳는 편이 더 나왔을 것이다. 하지만 당신이 기다렸다면 다른 아이가 태어났을 것이고, 당신이 사랑하는 이 아기(커서는 소년, 더 커서는 남자)는 존재하지 않을 것이다. 실수인 선택은 맞다. 그러나 당신이 후회하지 않는 실수일지 모른다. 우리가 어떤 대상에게 갖는 애착은 삶의 질이 전반적으로 하락하는 상황마저 압도한다. 아이들을 향한 애정 때문에 아이들이 우리의 행복에 미치는 모든 영향을 넘어서는 선택을 하게 된다.

두 번째 고려 사항은 심리학자와 부모들이 서로 딴소리를 한다는 점이다. 나는 아들들을 키운 게 내가 한 최고의 일이었다고 말했다. 이 말은 그들이 단순한 일상적 의미에서 내게 즐거움을 주었다는 뜻이 아니다. 또한 그들이 나의 결혼 생활에 도움이 되었다는 의미도 아니다. 나는 만족감, 목적, 의미와 관계된 보다 깊은 가치에 대해 말했다.

나만 그런 게 아니다. 사람들에게 "얼마나 자주 삶의 의미와 목적에 대해 생각하나요?"라거나 "삶의 큰 그림 가운데 바로 지금 당신이 하는 일은 얼마나 중요하고 의미 있나요?"[23]라고 물어보라. 부모들(엄마와 아빠 모두)은 자신들의 삶이 부모가 아닌 사람들보다 의미 있다고 말한다. 또한 앞서 길게 논의한 바우마이스터와 동료들의 의미와 행복에 대한 연구에서도 자녀를 돌보는 데 오랜 시간을 들이는 사람일수록 삶이 더 행복하지는 않더라도, 더 의미 있다고 생각한다는 사실이 드러났다.[24]

그렇다면 아이를 키우는 일은 산을 오르거나 전쟁에 참전하는 것처럼 쾌락과의 연관성은 불확실하지만 의미와 목적을 강화하는 활동이다. 작가인 제이디 스미스Zadie Smith는 이 점을 나보다 훨씬 잘 표현한다. 그녀는 아이를 갖는 일을 "공포와 고통 그리고 기쁨의 기묘한 혼합"이라고 묘사했다.[25]

스미스는 이 문제를 진지하게 고민한 다른 사람들처럼 긴밀한 애착의 위험성을 지적한다. "당신이 진정한 기쁨을 경험한 애정의 대상이 결국에는 당신에게서 멀어진다는 사실만 해도 충분히 슬프지 않은가? 그런데 왜 이 악몽에 더해 혹시라도 아이를 잃는 일은 그야말로 완전한 소멸과 같은 의미를 지닐까?" 그러나 아이를 잃는 일이 완전한 소멸과 같다면 건강하고, 행복하고, 튼튼한 아이를 갖는 일은 소멸의 반대여야 한다. 이는 아주 굉장한 일처럼 들린다.

의미 있는 활동의 사례들을 살핀 지금, 우리는 그 공통점이 무엇이고 고난과 어떤 연관성이 있는지 질문할 수 있다.

알베르 까뮈Albert Camus는 『시시포스 신화』에서 진지한 철학적 문제는 오직 하나뿐으로 자살을 해야 할지 여부라고 썼다.[26] 까뮈가 보기에 이것이 철학적 문제인 이유는 '삶은 살 가치가 있는가?'라는 문제와 연결되고 뒤이어 삶의 의미와 연결되기 때문이다. 따라서 삶의 의미가 가장 시급한 질문이 된다.

그러나 까뮈는 이 질문에 **명시적인** 답을 얻어야만 삶을 견딜 수 있다고 말하지 않았다. 적어도 그렇게 말해서는 안 된다. 우리 집안에는 풍요로운 삶을 살았거나, 살고 있는 사람들이 있다. 그들에게 삶의 의미를 물으면 아마 콧방귀를 뀌며 눈동자를 굴릴 것이다. 이런 질문을 한 번도 생각하지 않아도 좋은 삶을 살 수 있다.

모두가 나의 생각에 동의하지는 않는다. 일부 철학자들은 의미 있는 삶을 살기 위해서는 삶의 의미에 대한 질문이 필요하다고 생각한다. 케이시 우들링Casey Woodling은 이렇게 쓴다. “우리는 자신의 삶을 평가하고 숙고함으로써, 일상으로부터 한 걸음 물러서서 자신의 삶을 다른 방식으로 생각함으로써, 그 의미와 중요성을 발견한다. 그렇게 하지 않으면 삶은 어떤 의미도, 중요성도 얻지 못한다……. 이는 성찰하지 않는 삶은 살 가치가 없다는 소크라테스의 유명한 말과 비슷하다. 나는 더 나아가 성찰하지 않는 삶은 의미가 없다고 말할 것이다.”[27]

두 사람을 예로 들어보자. 제인은 힘들지만 중요한 프로젝트를 진행하고 있다. 그녀에게는 많은 가족과 친구들이 있다. 또한 그녀는 세상을 더 나은 곳으로 만들기 위해 애쓴다. 그러나 그녀는 자신의 삶을 성찰하는 시간을 전혀 갖지 않는다. 아마 그냥 너무 바빠서 그럴 것이다. 반면 모이라는 부모가 남겨준 유산으로 살아간다. 그녀는 술을 마시고, 대마초를 피우고, 웹 서핑을 하면서 하루를 보낸다. 다만 그녀는 유튜브 동영상과 증오로 가득한 트윗 사이를 몇 시간 동안 오가며 자신의 삶을 생각하면서 가치를 고민하고 숙고한다.

우들링의 시선에 따르면, 대다수 사람들이 의미 있고 중요하다고 여길 만한 활동들을 하는 제인의 삶이 모이라의 삶보다 의미가 없어 보인다. 이는 적어도 내게는 옳은 말처럼 들리지 않는다. 의미 있는 삶은 어느 정도는 우리가 하는 일 그리고 다른 사람들에게 미치는 영향과 관계가 있다.

그래서 나는 일부 학자들만큼 사람들이 삶의 의미를 얼마나 고민하는지 걱정하지 않는다. 에밀리 에스파하니 스미스는 ‘전미 대학 신입생 설문American Freshman Survey'에 대해 이야기한다.[28] 1960년대 말에 실시된 이 설문에서 응답자의 86퍼센트는 "의미 있는 삶의 철학을 갖는 일은 반드시 필요하거나, 아주 중요하다"고 주장했다. 반면 2000년대에는 그 비율이 40퍼센트로 줄었다. 그녀는 이 변화에 낙담하고 나쁜 신호로 보지만 나는 아니다. 이 사실은 의미 있는 삶에 대한 관심이나 그런 삶을 영위하는 사람이 줄어든 현실을 반영할지도 모른다. 그러나 동시에 오늘날의 청년들은 자의식이 덜 강한 것일 수도 있다. 어쩌면 그들은 살아가는 데 더 많은 에너지를 쏟고, 자신이 어떻게 살아가는지 생각하는 데 더 적은 에너지를 쏟는지도 모른다. 내게는 철학자 친구들이 많다. 그중 일부는 의미와 목적에 대한 심오한 물음을 항상 생각한다. 나는 철학자들을 좋아한다. 그래도 그들이 내가 아는 다른 사람들보다 나은 사람처럼 보이지는 않는다. 또한 그들의 삶이 다른 모든 사람들의 삶보다 의미 있다고 한들 어떤 흥미로운 의의가 있는지 잘 모르겠다.

여기서 전반적인 요점은 자신이 의미 있는 삶을 이루려고 노력한다는 사실을 인지하거나, 반대로 이에 대해 전혀 생각하지 않아도 의미 있는 삶을 이룰 수 있다는 것이다. 비유하자면 내가 운동을 권장하는 책을 쓴다고 가정해 보자. 간식을 먹고 웹 서핑을 하면서 자유 시간을 보내는 일은 유혹적이다. 반면 자리에서 일어나 달리기나 자전거 타기 또는 운동 기구를 드는 일은 힘들기는 하지만 신체적·정신적 측면에서 온갖 장기적인 혜택으로 이어진다(참고로, 나는 이 모든 내용이 맞다고 생각한다). 나의 주장을 제시하기 위해 운동을 하는 사람들이 하지 않는 사람들보다 건강하다는 연구 결과들을 인용할 수 있다.

그러나 운동을 하는 사람들이 운동에 대한 명확한 이론을 알아야 한다는 말은 아니다. 그들은 운동이 자신에게 좋다는 사실을 모를 수 있다. 또한 운동을 자신이 가장 좋아하는 활동으로 여기지 않거나, 아예 운동에 대해 생각해본 적이 없을 수도 있다. 어린이들은 분명히 그렇다. 그들은 종종 활기차고 에너지가 넘치지만 자신이 하는 활동의 가치를 숙고하지 않는다.

의미에 있어서도 마찬가지다. 어떤 사람들은 의미 있는 일을 추구한다. 나는 그것이 삶을 더 낫게 만든다고 주장한다. 그러나 그러기 위해서 반드시 의미에 대해 생각해야 하는 것은 아니다. 가령 산에 오르는 사람이 등반이 자신에게 미치는 영향에 대해 완전히 잘못된 이론을 믿고 있을 수도 있다. 운동을 하는 사람이 운동의 혜택에 대해 완전히 틀린 이론을 믿는 것처럼 말이다.

삶의 의미를 찾는 질문들

우리는 지금 의미와 의미 있는 추구, 나아가 의미 있는 삶에 대해 이야기하고 있다. 그러나 '무엇이 의미 있는 삶인가?'라는 질문에 대한 답을 찾고 있다면 당신은 엉뚱한 책을 고른 것이다. 나는 의미 있는 삶에 대해 편하게 이야기할 수 있다. 그냥 의미 있는 추구와 의미 있는 경험으로 가득한 삶에 대해 이야기한다면 말이다. 그러나 이 질문에 단일한 답이 있다고는 생각하지 않는다.

이런 생각은 더글러스 애덤스Douglas Adams의 뒤를 따르는 것이다. 그는 『은하수를 여행하는 히치하이커를 위한 안내서』에서 수백만 년 전 외계인 과학자들이 "삶과 우주 그리고 모든 것에 대한 궁극적인 질문에 답하는" 컴퓨터를 만든 이야기를 들려준다. 컴퓨터가 도출한 답은 '42'였다. 과학자들은 분노했다.

"'42'라니!" 룬퀄Loonquawl은 소리쳤다. "750만 년 동안의 연구 끝에 보여줄 게 겨우 그거야?"

컴퓨터는 말했다. "아주 철저하게 확인했습니다. 정답이 확실합니다. 솔직히 질문이 무엇인지 제대로 모른다는 게 당신의 문제인 것 같습니다."

룬퀄은 울부짖었다. "하지만 그건 위대한 질문이야! 삶과 우주 그리고 모든 것에 대한 궁극적인 질문이라고!"

'깊은 생각Deep Thought'은 바보를 부드럽게 어르는 투로 말했다. "맞습니다. 하지만 그게 실로 **무엇**일까요?" **29**

두 사람은 멍한 침묵이 서서히 깃드는 동안 컴퓨터를 그리고 서로를 바라보았다. 푸흐그Phouchg는 "글쎄, 그게, 그냥 모든 것……, 모든 것이야"라고 풀죽은 목소리로 말했다.

깊은 생각은 말했다. "바로 그겁니다! 그러니까 질문을 제대로 알면 그 답이 무엇을 의미하는지 알게 될 겁니다."

과학자들은 뒤이어 질문을 이해하기 위해 또 다른 컴퓨터를 만들기로 결정한다. 이 대목에서 나는 애덤스와 결별한다. 나는 위의 질문에 명료성이 필요하다고 생각하지 않는다. 그런 질문은 "일어설 때 무릎은 어디로 향하는가?"나 루드비히 비트겐슈타인Ludwig Wittgenstein이 던진 "지금 태양은 몇 시인가?" 같은 질문과 비슷하다. 애초에 던질 만한 좋은 질문이 아닌 것이다.

멍청한 질문에는 불만족스러운 답이 나오기 마련이다. 철학자인 팀 베일Tim Bale은 "삶의 의미는 죽어 있지 않다는 것"이라고 말한다.[30] 그는 그냥 살아 있다는 것만으로도 삶이 의미를 갖기에 충분하다고 주장한다. 단지 출석만 하면 모두에게 A 학점을 주는 히피 교수처럼 말이다. 나는 이런 답에 만족할 사람이 있을 거라고는 상상할 수 없다. '42'보다 크게 나을 게 없는 답이기 때문이다. 삶의 의미가 없다고 말하는 많은 철학자들에게도 같은 문제가 적용된다. 내가 보기에 이는 '자전거가 우울증에 시달리는가?'라는 물음에 아니라고 답하는 것과 같다. 어떤 의미에서 이 답은 옳다. 그러나 더 나은 답은 우울증이라는 개념이 자전거에는 해당되지 않는다는 것이다. 자전거는 우울증에 걸리는 종류의 존재가 아니다. 마찬가지로 삶은 의미를 지니는 종류의 존재가 아니다.

다만 여기서 한 가지 단서를 붙일 필요가 있다. '삶의 의미는 무엇인가?'라는 질문을 타당하게 받아들이는 사람들이 있다. '의미'라는 단어를 사용하는 방식을 생각해 보라. 모래에 그려진 이상한 기호나 암호 같은 이메일의 의미를 이야기할 때는 의도를 뜻한다. 이런 관점에서 보면 우리가 신의 피조물이라고 믿는 사람은 삶의 의미에 대해 이야기하는 일이 타당성을 지닌다. 그 의미라는 것이 우리에 대한 신의 의도, 그의 계획을 가리키기 때문이다. 실제로 어떤 사람들에게 삶의 의미에 대해 이야기하면, 그들은 『성경』이나 『토라Torah』 또는 『코란kuran』을 권할 것이다. 그리고 진심으로, 거기에 모든 것이 담겨 있다고 말할 것이다.

하지만 초자연적인 창조주가 없다면, '삶의 의미는 무엇인가?'라는 질문을 포기해야 하는 걸까? 빅터 프랭클은 이렇게 썼다.

이 질문은 체스 챔피언에게 "세상에서 최고의 수는 무엇인가요?"라고 묻는

> 것과 같다. 어떤 판에서 나온 특정한 상황 그리고 상대의 특정한 성향과 무관한 최고의 수 또는 좋은 수 같은 것은 없다. 인간 존재의 문제도 마찬가지다. 삶의 추상적인 의미를 찾아서는 안 된다. 인간은 모두 삶에서 이뤄야 하는 확고한 과업에 대한 구체적인 소명이나 사명을 지니고 있다.[31]

우리 모두는 어떤 활동은 의미가 있고, 어떤 활동은 의미가 없다는 의식을 갖고 있다. 지금까지 여러 심리학 연구에서 사람들이 의미를 토대로 경험을 평가할 수 있고, 자신의 삶이 얼마나 의미 있는지 분명한 느낌을 갖고 있다는 사실을 확인했다. 많은 이들은 가난한 사람을 돕는 일은 삶의 의미를 더하지만, 넷플릭스를 몰아보거나 줄곧 대마초를 피우는 일은 그렇지 않다는 점에 동의한다. 또한 다 먹은 줄 알았는데 상자 속에 아직 남아 있는 도넛을 발견하는 것처럼 덜 의미 있는 경험과 달리, 아이의 탄생은 더 의미 있는 경험이라고 이야기할 수 있다.

이러한 구분 능력은 우리가 추구할 전략을 알려준다. 비슷한 경우로 혼란스럽고 복잡한 주제인 의식에 대한 연구를 살펴보자. 연구자들은 지금 당신에게 해당되는 상황처럼 의식이 있는 상황과 혼수 상태처럼 의식이 없는 상황의 차이에 대해 질문함으로써 그 실마리를 잡을 수 있다. 또는 이 책을 읽는 일처럼 의식이 작용하는 경험과 신발 속이나 마루 위에서 자신의 발을 느끼는 일처럼 의식이 작용하지 않는 경험의 차이에 대해 질문할 수도 있다(지금은 발을 의식할지 모르지만 2초 전에는 아니었을 것이다).

이제 우리는 이렇게 물어볼 수 있다. "의미 있는 활동이나 경험과 의미 없는 활동이나 경험은 무엇이 다를까?" 실제로 많은 연구자들이 이렇게 질문했다.

에밀리 에스파하니 스미스는 역사학자이자 철학자인 윌 듀런트Will Durant가 쓴 『내가 왜 계속 살아야 합니까』에 대해 이야기한다.[32] 그는 이 책에서 삶의 의미에 대해 간디, 메리 울리Mary Woolley, 헨리 루이스 멩켄H. L. Mencken 같은 당대의 선각자들에게 받은 답변을 정리했다. 약 50년 전 〈라이프〉지도 같은 일을 했다. 그들은 달라이 라마, 로자 파크스Rosa Parks, 존 업다이크John Updike, 베티 프리단Betty Friedan, 리처드 닉슨Richard Nixon 등 100여 명의 영향력 있는 인사들에게 보내는 편지에서 같은 질문을 했다. 사실, 방금 내가 주장한 대로 우리는 그 질문 자체('삶의 의미')가 적절한지 의문을 제기해야 한다. 그래도 대다수 답변은 우리가 살피는 내용과 가까운 의미 있는 **활동**에 대한 것인 경우가 많았다.

스미스는 이 답변들에 대한 논의를 다음과 같이 정리한다.

> 듀런트의 편지와 〈라이프〉지의 설문에 대한 각 답변은 차별성을 지닌다. 이는 응답자의 고유한 가치관과 경험과 성격을 반영한다. 그래도 이 답변들에서 거듭 나타나는 몇 가지 주제가 있다. 응답자들은 자신의 삶을 의미 있게 만드는 것이 무엇인지 설명할 때 다른 사람들과의 긍정적인 소통과 유대를 말한다. 시간을 들일 가치가 있는 대상을 찾는 일에 대해 말한다. 또한 자신과 세계를 이해하는 데 도움이 되는 내러티브를 만드는 일에 대해 말한다. 그리고 자아가 사라지는 신비로운 경험에 대해 말한다.

스미스는 이렇게 정리한 내용에서 드러나는 네 가지 주제를 중심으로 자신의 책, 『어떻게 나답게 살 것인가』를 구성한다.

소속: 다른 사람들과의 소통과 유대

목적: 가치 있는 대상을 찾는 것

스토리텔링: 삶에 질서를 부여하는 내러티브

초월: 자아를 상실하는 신비한 경험

또 다른 유사한 제안도 있다. 마이클 스티거Michael Steger는 심리학 문헌을 토대로 여러 논문에서 의미 있는 활동의 세 가지 속성을 이야기한다.[33] 이 속성들은 스미스가 말한 내용과 유사하다.

일관성: 내러티브에 합당함

목적: 목표를 향해 나아감

중대성: 가치와 중요성을 지님

조지 로웬스타인과 니클라스 칼손Niklas Karlsson은 「벤담을 넘어서: 의미의 탐색Beyond Bentham: The Search for Meaning」이라는 논문에서 다음 항목들을 포함하는 나름의 목록을 제시한다.[34]

목적이나 목표에 대한 결의: 무엇을 향해 나아갈지 파악하는 것

사람 또는 시간을 통한 자기 확장: 자신을 폭넓은 집단이나 과거 및 미래 세대와 같이 묶는 것

한 걸음 물러서서 우리가 지금 하고 있는 일을 상기해 보자. 우리는 사람들이 의미에 대해 어떻게 생각하는지와 무관하게 의미를 연구하는 것이 아니다. 마치 숲에서 이상한 동물을 찾아내서 그 특징을 추정하는 일처럼 말이다. 이는 개념적 탐구의 한 형태다. 우리는 사람들이 의미에 대한 의식을 가졌음을 안다. 또한 그 의식을 해체하여 어떤 속성을 지녔는지 알아보고자 한다. 그렇게 하는 이유는 사람들이 내린 정의에 따르면 의미 있는 추구와 사건들은 진정한 가치를 지니기 때문이다.

다음은 지금까지 살펴본 생각들을 통합하려는 내 나름의 시도다. 먼저 의미 있는 활동부터 살펴보자.

> 의미 있는 활동은 목표를 지향한다. 이 목표를 달성하면 세상에 영향을 미치게 된다. 이는 대개 다른 사람들에게 미치는 영향을 뜻한다. 이 활동은 삶의 중대한 부분에 걸쳐 확장되며, 일정한 구조를 지닌다. 즉, 그에 대해 이야기할 수 있는 종류의 것이다. 또한 이 활동은 종종 종교 및 영성과 연결되고, 몰입(자아가 사라지는 경험)으로 이어지며, 다른 사람들과 밀접하게 교류하도록 만든다. 그리고 종종 도덕적으로 바람직하게 여겨진다. 다만 이 부수적 속성들은 모두 필수적이진 않다.

나는 의미 있는 추구에서 초월(또는 달리 말하자면 영성과 종교)이 중요하다는 스미스의 지적에 동의한다. 초월은 너무나 중요해서 다음 장의 많은 부분을 그 문제에 할애할 것이다. 그러나 초월이 필수적인 요소는 아니다. 초월적인 것을 부정하는 사람에게도 의미는 주어진다. 에베레스트산을 오르거나, 입양아를 키우거나, 전쟁에 맞서서 목숨을 바치는 사람들은 영적 믿음에 흔들리지 않는 냉철한 무신론자일 수 있다. 이 책의 서두에서 나는 그레타 툰베리의 이 트윗을 인용했다.

> 등교 거부 운동을 시작하기 전까지 나는 활기도, 친구도 없었고 누구와도 이야기하지 않았다. 섭식 장애에 시달리면서 집에 혼자 앉아 있었다. 지금은 그 모든 게 사라졌다. 너무나 많은 사람들에겐 피상적이고 의미 없어 보이는 세상에서 의미를 찾았기 때문이다.

툰베리가 여기에 영적 요소가 있다고 말할지는 모르겠지만, 그렇게 말하지 않을 가능성은 분명해 보인다. 그녀가 추구하는 프로젝트의 인간적 중요성(가슴으로 느낀 중요성)은 그것을 의미 있게 만들기에 충분하다.

스미스가 제시한 또 다른 요건은 소속이다. 나는 대다수 의미 있는 활동이 다른 사람들과의 교류를 포함한다는 데 동의한다. 이는 또한 로웬스타인과 칼손이 말한 '자아의 확장'이라는 개념과도 연계된다. 그러나 이 역시 필수적이지 않다. 혼자서 하는 의미 있는 추구들도 있다. 알렉스 호놀드Alex Honnold가 엘카피탄El Capitan을 프리솔로free-solo로 등반한 것이 좋은 예다. 촬영 팀이 그를 뒤따르기는 했다. 그러나 그에게 필요하지는 않아 보였다. 호놀드는 모든 면에서 혼자인 편을 선호하는 사람이라는 인상을 풍긴다. 또 다른 사례는 앤드류 와일즈Andrew Wiles가 수년 동안 혼자서 풀어낸 페르마Fermat의 마지막 정리다. 나를 비롯한 많은 사람에게 이 프로젝트는 큰 의미를 지니지만 딱히 사회적인 프로젝트는 아니었다.

도덕성은 어떨까? 많은 의미 있는 추구는 도덕적이다. 그러나 히틀러의 '최종 해결책Final Solution(유대인 대량 학살 계획을 말함 – 옮긴이)'을 기획한 아돌프 아이히만의 예를 다시 생각해 보라. 그는 수백만 명의 삶에 엄청난 영향(엄청나게 끔찍한 영향)을 끼친 프로젝트를 추진했다. 그가 한 일이 '의미 있다'고 말하고 싶지는 않을 것이다('의미 있다'는 긍정적으로 비치기 때문이다). 보다 부드러운 사례를 들자면, 에베레스트산 등반은 많은 사람에게 가치 있고, 중요한 일로 여겨진다. 그러나 등반가 자신도 그것을 **선하다**고 보지는 않는다.

대다수 분석과 마찬가지로 의미 있는 활동에 대한 나의 개념은 중요성과 영향에 중점을 둔다. 이런 개념은 본질적으로 모호하다. 거의 모두가 의미 없다고 동의하는 행동들(가령 쿠키를 먹는 일)이 있다. 또한 거의 모두가 기준을 충족한다고 보는 다른 행동들(가령 세계의 기아 문제를 종식하기 위해 삶을 바치는 것)이 있다. 그러나 많은 행동은 그 사이에 해당한다. 또한 어떤 사람에게 의미 있는 행동이 다른 사람에게는 그렇지 않을 수 있다.

앞서 살핀 산악 등반, 전쟁, 육아 등으로 돌아가서 이 사례들이 요건에 맞는지 확인할 수 있다. 그들은 모두 의미 있는 목표를 갖고 있다(산악 등반의 경우는 그렇다고 보기가 가장 어렵지만 분명히 등반가 자신들은 세상에 영향을 미친다고 여긴다). 또한 오랜 시간에 걸쳐 진행되면서 일련의 사건을 거친다. 즉, 내러티브 구조를 지닌다. 부가적 요건에 대해서는 부합하는 경우도 있고, 아닌 경우도 있다. 가령 이 모든 활동은 사회적이며, 일부는 도덕적 가치를 지닌다고 여겨진다 (역시 산악 등반은 가장 거리가 멀다). 반면 종교는 이 모든 활동에 스며들 수 있지만 반드시 그렇지는 않다.

당신은 여기서 고난이 요건에 해당되지 않는다는 사실을 알아챘을 것이다. 그러나 의미는 중요하고 영향력 있는 목표에 대한 추구를 포함한다. 따라서 불가피하게 난관, 불안, 갈등 그리고 어쩌면 더 많은 고난을 수반할 수밖에 없다. 아이를 갖거나, 전쟁에 뛰어들거나, 산에 오르기를 선택하는 사람들이 고난을 바라거나 반기지 않을 수도 있다. 그러나 고난은 언제나 그 여정에 동반한다.

우리가 진정 추구하는 것들

지금까지 우리는 의미 있는 추구에 대해 이야기했다. 그러나 의미 있는 경험도 있다. 이 부분에서는 기준선이 조금 낮춰진다. 의미 있는 경험은 보다 수동적이며, 반드시 목표를 달성하지 않아도 된다. 핵심은 그것이 일정한 방식으로 당신을 변화시킨다는 점이다. 이 변화는 출산의 경우처럼 심오할 수 있다. 또는 좋은 이야깃거리가 되는 경험들처럼 보다 작은 의미에서 인상적일 수 있다. 의미 있는 활동과 마찬가지로 의미 있는 경험을 만드는 것은 정도의 차이다.

근래 발표된 한 연구에서 피실험자들은 가장 중요한 경험(한 실험에서는 작년, 다른 실험에서는 지난 세 달 동안)을 떠올리고, 그 경험을 한 구절로 묘사한 다음, 0점('의미 없는 경험')부터 10점(한 실험에서는 '당신이 생각할 수 있는 가장 의미 있는 경험', 다른 실험에서는 '누구에게

라도 가장 의미 있을 것이라고 상상할 수 있는 경험')까지 점수를 매기라는 요청을 받았다.[35] 또한 해당 경험의 즐거움이나 고통스러웠던 정도를 제시해 달라는 요청도 주어졌다.

그 결과 가장 의미 있는 사건들은 아주 즐겁거나, 고통스러운 극단에 속하는 경향이 있었다. 즉, 삶에 자국을 남기는 중요한 경험들이었다.

같은 맥락에서 조지 로웬스타인은 산악 등반의 경우 최악의 시련을 겪은 사람들 중 일부는 자신의 경험에 대해 긍정적이었다는 점을 지적한다.[36]

1950년에 최초로 네팔 안나푸르나를 등정한 팀에 속했던 모리스 에르조그Maurice Herzog는 여러 개의 손가락과 발의 일부를 잃었다. 그럼에도 긍정적인 측면에서 보자면 그 시련은 그에게 "자아를 실현한 사람의 확신과 평온을 안겼다. 그것은 내가 싫어하던 것들을 사랑하는 드문 기쁨을 안겼다. 새롭고 눈부신 삶이 내 앞에 열렸다." 에베레스트산의 눈폭풍 속에 밤새 남겨졌다가 두 손과 얼굴의 많은 부분을 잃은 벡 웨더스Beck Weathers는 "나는 가족과 손을 맞바꾸었다. 내가 언제든 받아들일 수 있는 거래다"라고 말했다. 로웬스타인은 "의미 부여는 신체 부위의 손실로도 강화된다"고 건조하게 결론짓는다.

실은 누구도 이 등반가들의 경험처럼 극도로 부정적인 사건을 선택하지 않는다. 그러나 우리는 종종 보다 사소한 부정적인 경험을 물색한다. 부분적인 이유는 우리를 변화시키고자 하는 속성 때문이지만, 그저 그런 경험을 소유하고 싶기 때문이기도 하다. 우리는 그것을 기억 속에 저장해 두고 싶어 한다. 그리고 이상하지만 적절한 표현을 쓰자면 미래에 소비하고 싶어 한다. 그러기 위해서 우리는 기꺼이 고난을 감수하거나, 적어도 쾌락을 포기한다. 세네카Seneca가 말한 대로 "견디기 힘들었던 일들은 달콤한 기억이 된다."

이 주장은 흥미로운 일련의 연구들을 통해 지지를 받았다. 그중 한 연구는 피실험자들에게 다음과 같은 선택지를 제시했다.[37]

> 당신은 부다페스트 공항에서 6시간 동안 환승을 기다려야 한다. 공항에서 노트북으로 DVD를 보면서 기다릴 것인가, 아니면 아주 추운 날씨에 시내를 구경할 것인가?
>
> 당신은 휴가 중이다. 플로리다에 있는 메리어트 호텔과 퀘벡에 있는 아이스 호텔 중 어디서 머물 것인가?

피실험자들은 각 경우에 대해 "어느 쪽이 더 기억에 남을까요?", "어느 쪽이 더 즐거울까요?", "어느 쪽을 선택하시겠습니까?"라는 질문을 받았다. 그 결과 피실험자들이 선택한 것은 대개 가장 기억에 남을 만한 쪽이었다. 모든 선택지 조합 중에서 해당 선택지가 가장 덜 즐겁다는 평가를 받았는데도 말이다. 대다수 사람들은 부다페스트를 탐험하거나 아이스 호텔에 가는 쪽을 선택할 것이라고 말했다. 또한 그들 중 대다수는 공항에 머물거나 플로리다에 가는 쪽이 더 즐거울 것이라고 예측했다.

또 다른 연구는 플로리다와 퀘벡을 비교하는 데 초점을 맞춰 새로운 피실험자 집단을 대상으로 실험을 진행했다. 다만 이번에는 선택에 대한 설명을 요구했다. 그 결과 약 3분의 1이 플로리다 휴가를 선택했다. 그들은 종종 '신나는', '재미있는', '즐거운' 같은 단어들을 써서 쾌락에 기반해 자신의 선택을 설명했다. 반면 아이스 호텔을 선택한 사람들은 이런 단어를 거의 쓰지 않았다. 대신 그들은 자신의 선택이 새로운 기억을 획득하는 수단이라고 이야기했다. 또한 이런 휴가가 "힘들지만 추억을 만들어 주며", "춥지만 새롭고 기억에 남는다"라고 설명했다.

세 번째 연구는 섣달그믐, 뉴욕 타임스 스퀘어Times Square에서 이루어졌다. 연구진은 이미 영하의 날씨에 몇 시간 동안 밖에 서 있던 사람들을 대상으로 삼았다. 어떤 사람들은 즉각적인 순간에 대한 질문을 받았다("오늘밤에 타임스 스퀘어에 오기로 한 선택에 대해 현재 만족하나요?"). 반면 다른 사람들은 미래를 생각하게 만드는 질문을 받았다("10년 후에 오늘 밤 타임스 스퀘어에 오기로 한 선택을 돌아보면 만족스러울까요?"). 뒤이어 모든 대상자들은 "오늘 밤 뉴욕에 눈이 내릴 것 같다고 합니다"라는 말을 들은 후 자정에 하늘이 맑기를 바라는지 아니면 눈이 내리기를 바라는지 답했다.

사람들은 현재가 아니라 먼 미래를 생각하도록 동기가 부여되었을 때 눈이 내리는 쪽을 선호했다. 또한 "오늘 15년 만에 처음으로 섣달그믐 자정에 뉴욕에 눈이 내린다고 합니다"라는 말을 들은 후에도 눈이 내리는 쪽을 선호했다. 아마도 그 이유는 특별하고 수집할 만한 경험이기 때문일 것이다.

이 사례들은 모두 우리가 미래를 위해 저장할 목적으로 의미 있는 경험을 선택하는 양상을 보여준다. 그러나 우리는 과거에서도 의미 있는 경험을 찾는다. 빅터 프랭클은 자신과 동료 수감자들이 밥을 굶는 처벌을 받은 이야기를 들려주었다. 그는 누군가가 자살하지 않을까 걱정했다. 그래서 그는 그들과 현재("지금보다 더 나쁠 수도 있었어")와 미래("앞으로 나아질 거야")에 대해 이야기했다. 그러나 그것이 전부는 아니었다.

> 나는 미래와 그 위로 드리운 베일만 이야기한 것이 아니었다. 과거에 대해, 그 모든 기쁨이 현재의 암흑 속에서도 빛난다고 언급했다. 또한 나는 (설교하는 것처럼 보이지 않으려고) 한 시인의 말을 인용했다. 그 시인은 이렇게 말했다. "네가 경험한 것은 세상의 어떤 힘도 앗아가지 못한다Was Du erlebst, kann keine Macht der Welt Dir rauben." 우리의 경험뿐 아니라 우리가 했던 모든 일들, 품었던 모든 훌륭한 생각들, 겪었던 모든 고통은 사라지지 않는다. 우리는 이 모든 것을 존재하게 만들었다. 과거는 존재의 일부며, 어쩌면 가장 확실한 일부일지도 모른다.[38]

어떤 고난을 선택할 것인가

종교, 그 자발적 고행

모리셔스에서 열리는 힌두 축제에서 참가자들은 뜨거운 석탄 위를 걷고, 꼬챙이로 볼과 혀를 꿰뚫는다.[1] 또한 등과 배에 갈고리를 걸고, 이 갈고리들을 수십 킬로그램이 나가는 마차에 연결한다. 오후의 열기 속에서 몇 시간 동안 이 마차를 먼 언덕 꼭대기까지 끌고 간다. 이런 시련은 극단적이다. 그러나 종교적 이유로 이보다 덜한 자발적 고난을 택하는 경우는 많다. 사순절, 욤 키푸르Yom Kippur(유대교 최대 명절인 '속죄의 날'–옮긴이), 라마단Ramadan처럼 쾌락을 거부하는 형태는 보다 익숙하다. 또한 모든 종교에는 1년 365일 내내 적용되는 제약과 희생이 있다. 먹을 수 있는 음식과 성교를 나눌 수 있는 대상(그리고 시기와 방식)이 포함된다. 이런 규제는 보다 폭넓기도 하다. 정통 유대교 회당에 다니면서 십 대 시절을 보낸 사람으로서, 나는 『토라』의 율법이 **모든 것**을 규제한다는 사실을 안다. 종교는 무엇을 실천해야 하는지 설교한다. 경전들은 세속적 쾌락을 거부하는 일의 중요성과 희생 및 고통의 미덕을 명시한다.

지금까지 이 책을 읽었다면 세속적 맥락에서도 비슷한 유형의 선택적 고난이 나타난다는 사실을 알아차릴 것이다. 모리셔스 힌두 축제 참가자들이 겪는 괴로움은 극단적인 형태의 BDSM과 크게 다르지 않아 보인다. 그렇다면 희생과 결핍은 어떨까? 장시간에 걸친 부동不動과 침묵은? 이는 운동선수의 훈련과 명상에서도 발견할 수 있다. 좋은 삶의 열쇠로서 고난이 중요하다는 추상적 주장은 어떨까? 같은 말을 하는 비종교적 학설도 많다.

그래도 선택적 고난에 대한 어떤 논의도 종교를 살피지 않고서는 완전할 수 없다. 종교는 고난의 사회적 가치를 예시한다. 이런 고난은 청소년의 자해처럼 도움을 요청하는 수단이 아니라 사회적 접착제 역할을 한다. 즉, 지난 장에서 의미의 한 속성으로 살펴본 소속감을 부여한다. 보다 중요한 사실은 종교가 비선택적 고난을 비롯해 고난을 이해하려는 인간의 가장 길고도 깊은 노력을 보여준다는 점이다.

의식儀式은 모든 종교의 일부다. 일부는 피부 절단이나 포경 수술만큼 고통스럽다. 다른 일부는 해롭지 않으며 노래와 춤, 보디 페인팅, 마을 잔치 등이 포함돼 즐겁기까지 하다.

의식이 존재하는 이유는 오랫동안 수수께끼였다. 나를 비롯한 많은 사람은 종교의 심리적 토대가 인간 본성의 일부라고 생각한다.[2] 그러나 구체적인 의식에는 이런 생각이 맞지 않다. 어떤 두 살배기 아이도 해당 공동체에서 길러지지 않았다면 즉흥적으로 메카를 향해 기도하거나, 빵을 먹기 전에 히브리어 기도를 하지 않았다. 앞으로도 그럴 것이다. 의식은 문화적 발명이다.

보다 유망한 접근법은 문화적 진화에 호소한다. 자연 선택은 특정한 유전자 무리의 도움으로 일부 동물이 다른 동물들보다 잘 생존하고 번식하기 때문에 이뤄진다. 마찬가지로 문화적 진화는 특정한 사회적 관행의 도움으로 일부 공동체가 나머지 공동체보다 오래 지속되고 크게 성장하기 때문에 이뤄진다. A 사회는 X 관행을 따르지만 B 사회는 따르지 않는다고 가정하자. 이때 A 사회가 X 관행 덕분에 더 잘 산다면, 수백 년 또는 수천 년 후에 A 사회(X 관행과 더불어)가 살아남을 가능성이 더 높다.

유용한 관행은 사람들을 단결시킨다. 구성원들이 이기적 동기를 절제하고 주위 사람들을 보살필 때 사회가 번성한다. 이는 보다 포괄적인 종교의 기능으로 제시된다. 조너선 하이트가 말한 대로 "종교는…… 우리 내면의 침팬지 같은 측면을 억누르고 꿀벌 같은 측면을 끄집어내는 역할을 한다."[3] 그에 따라 집단을 중시하는 군집의식hive mind이 발현된다. 어느 사회가 더 오래 지속될지 예측하고 싶다면 구성원들이 하루 동안 의식화된 행동에 참여하는 시간이 큰 단서가 된다.[4]

무엇보다 의식은 에밀 뒤르켐Émile Durkheim이 말한 '집단적 열광collective effervescence'을 만들어낸다. 가령 유대교 결혼식에서 사람들이 손깍지를 끼고 춤추는 모습을 생각해 보라. 이런 동조성이 사람들을 한데 묶고, 서로를 더 아끼게 만든다는 많은 증거가 있다.[5]

모든 의식이 이처럼 합동의 요소를 지니는 것은 아니다. 고통스러운 의식은 대개 그렇지 않다. 일부 사람들만 자발적으로 고통을 경험하고 대다수는 그냥 지켜보기만 한다. 그러나 이런 의식도 공감에 기반한 다른 유형의 유대감을 창출할 수 있다. 다시 한번 모리셔스의 힌두 축제 참가자들을 생각해 보자. 인류학자 디미트리스 시갈라타스Dimitris Xygalatas는 고도의 고통을 주는 의식에 참가하는 사람은 자신이 속한 집단을 더 사랑하게 되며, 그 결과 더 관대해진다는 사실을 확인했다.[6] 또한 큰 고통을 경험할수록 더욱 집단 지향적인 태도를 갖는다. 중요한 점은 이처럼 집단에 대한 애착이 강해지는 현상이 참가자 자신뿐 아니라 그들의 행동을 지켜보는 사람들, 그들이 언덕까지 먼 길을 걸어가는 모습을 지켜보는 사람들에게도 일어난다는 것이다. 관찰자들은 고통을 대리 체험함으로써 공동체와 더 밀접해진다.

또한 의식은 참가자들이 속한 집단뿐 아니라 그 개인에게도 혜택을 제공한다. 고통스러운 의식의 경우 특히 더 그렇다. 고통스러운 의식에 자발적으로 참여하는 일은 집단에 대한 헌신을 나타내며, 용기와 미덕을 드러낸다. 시갈라타스는 가장 많은 꼬챙이에 꿰뚫리고, 가장 많은 무게(말 그대로)를 끌도록 해달라고 요청하는 이는 연인을 찾는 청년이라는 사실을 지적한다. 또한 그들은 비교적 가난한 경향이 있다. 돈이 많다면 더 쉬운 방식으로 자신의 가치를 자랑할 수 있기 때문이다.

시갈라타스는 또한 이런 의식에 수반되는 위험을 언급한다. 참가자는 얼마나 많은 꼬챙이에 꿰뚫릴지 그리고 얼마나 많은 무게를 끌지 선택할 수 있다. 물론 더 많을수록 좋다. 하지만 너무 과하면 언덕을 오르는 데 실패할 수 있다. 이는 사회적 재난이다. 약한 모습을 공공연히 드러내게 될 뿐 아니라 신들이 좋게 보지 않는다는 증거로 간주되기 때문이다.

결국 참가자들은 신들이 어떻게 생각하느냐는 측면에서 자신이 하는 일을 바라본다. 그들은 의식을 집단 안정성 유지와 신호 보내기를 위한 메커니즘으로 보지 않는다. 욤 키푸르를 위해 금식하거나 사순절을 위해 단것을 먹지 않는 사람들은 자신이 경전에 담긴 명령이나 신의 바람을 따른다고 생각한다. 신심이 덜한 사람들은 전통을 따르거나 가족적 의무를 지킨다고 생각한다. 의식은 그 기능이 모호할 때 가장 효과가 좋아 보인다. 의식이 집단의 단결성을 고취하기 위한 장치일 뿐 다른 의미는 없음을 모두가 명시적으로 말하는 문화에서, 모리셔스 힌두 축제의 의식이나 유월절 세데르Seder가 오래가리라고 상상하기는 어렵다. 이 말이 맞다면 공동체를 구축하기 위해 의식을 활용하려는 자의적 시도는 실패할 수밖에 없다.[7] 실용적 목적을 위해 치러지는 의식은 통하지 않는다.

심지어 우리가 의식을 거행할 명분을 얻기 위해 신을 고안했다고 주장할 수도 있다. 궁술을 연마하기 위해 나무에 그린 표적처럼 말이다. 그러나 이는 너무 지나친 주장이다. 고통스러운 의식을 비롯한 어떤 의식을 갖기 위해 항상 신이나 종교가 필요하지는 않다. 가령 일부 브라질 주짓수 도장의 경우 승급자는 양쪽에 늘어선 다른 관원들을 지나가면서 띠로 두들겨 맞는다.[8] 등과 목의 피부가 벌겋게 벗겨질 정도로 말이다. 이는 매우 중요하고 심지어 초월적인 경험으로 여겨진다.

때로 힌두 축제와 유사한 공개적인 피학증적 행사가 새롭게 창조된다. 이런 행사는 의식과 거리가 멀다. 그보다 소속 집단에 대한 충성심을 드러내고 구성원들에게 잘 보이려고 선택적 고난을 적극적으로 실행하는 것이다.

나는 대학생인 아들에게서 스키·스노보드 동아리 행사에 참석한 이야기를 들었다. 경쟁을 통해 지도부를 정하는 행사였다. 후보들은 한 명씩 무대에 올라가 회원들에게 자신이 어느 자리를 원하는지 밝힌 후, 우스갯소리를 하거나 공중제비를 도는 등 장기를 선보였다. 아들이 참석한 행사에서 한 청년이 무대에 올라가더니 아무 자리도 원하지 않지만 그냥 뭔가를 보여주면 안 되겠냐고 말했다. 회원들은 그 말에 동의했다.

그러자 그 청년은 가방에서 여섯 개의 쥐덫을 꺼냈다. 그는 왼손의 모든 손가락에 쥐덫을 걸고, 뒤이어 혀에도 걸었다. 그리고 매운 소스통을 꺼내서 오른쪽 눈에 이어 왼쪽 눈에 조금씩 짜넣었다. 끝으로 그는 'UBC 스키 앤드 스노보드'라고 적힌 표지판과 스테이플러를 꺼내더니 **가슴에 표지판을 박았다**.

회원들은 일어나 환호성을 질렀다. 동아리 지도부는 그를 기리기 위해 새로운 자리를 만들었다.

비선택적 고난과 운명론

지금까지 나는 이 책에서 선택적 고난을 변호했다. 그렇다면 비선택적 고난은, 당신이 원치 않는 고난은 어떨까? 차량관리국DMV에서의 오랜 기다림, 발가락을 찧는 일, 심한 요통, 쓰나미에 무너진 집, 아이의 죽음, 고문, 수용소에서 보낸 몇 년은 어떨까? 이는 당신이 선택한 고난이 아니다. 자발적으로 의미 있는 일을 추구한 부산물로서의 고난이 아니며, 사회적 헌신이나 도덕적 결정을 반영하는 고난도 아니다. 언제든 "그만"이라고 말할 수 있는 고난이 아니다. 당신이 원하지 않아도 일어나는 고난이다.

제임스 코스텔로James Costello의 사례를 보자.[9] 2013년 4월, 그는 보스턴 마라톤 대회의 결승선 근처에서 친구를 응원하고 있었다. 그때 폭탄이 터졌다. 코스텔로는 온몸에 파편을 맞았다. 팔과 다리는 심한 화상을 입었다. 그는 몇 달 동안 수술과 재활을 거쳤다. 여기서 끝이라면 이 일은 명백한 사실을 말해주는 예일 뿐이다. 즉, 나쁜 일은 생기기 마련이고 우리는 그것을 극복해야 한다.

그러나 코스텔로의 이야기에는 반전이 있었다. 그는 병원에 있는 동안 간호사인 크리스타 다고스티노Krista D'Agostino와 사랑에 빠졌고, 두 사람은 약혼했다. 당시 코스텔로는 페이스북에 반지 사진을 올리면서 이렇게 썼다. "이제는 내가 왜 비극에 휘말렸는지 깨달았다. 최고의 친구이자 일생의 사랑을 만나기 위해서였다."

이는 비선택적 고난에 대한 드물지 않은 반응이다. 흔히 하는 말처럼 **모든 일에는 이유가 있다**everything happens for a reason. 구글과 소셜 미디어에서 이 구절을 검색해 보라. 아마 모든 곳에 있을 것이다. 당신도 한두 번 말했을지 모른다.

그렇게 생각하는 쪽이 도움이 될지도 모른다. 대니얼 길버트는 의미를 부여함으로써 부정적인 경험에서 회복하는 '심리적 면역계'에 대해 말한다.[10] 그는 케이티 비어스Katie Beers의 이야기를 소개한다. 그녀는 아홉 살 때 부모의 지인에게 납치되어 지하실에서 2주 동안 강간과 고문을 당한다. 20년 후 그녀는 이 사건에 대해 뭐라고 말했을까? "내게 일어난 최고의 일"이었다고 말했다.

다른 사례로 모리스 비캄Moreese Bickham은 자신이 저지르지 않은 범죄 때문에 루이지애나 주립 교도소에 37년이나 갇혀 있었던 일에 대해 말한다. "한순간도 후회하지 않는다. 영예로운 경험이었다." 또 다른 사례로, 지난 장에서 조지 로웬스타인이 소개한 끔찍한 등반 사고를 떠올려 보라. 조난자는 여러 개의 손가락과 발의 일부를 잃었다. 그런데도 "내 앞에 새롭고 눈부신 삶이 열렸다"라고 말했다. 다른 조난자도 "나는 가족과 손을 맞바꾸었다. 내가 언제든 받아들일 수 있는 거래다"라고 말했다.

이런 사례는 찾아보면 도처에서 확인할 수 있다. 내 친구이자 동료인 로리 산토스Laurie Santos는 행복을 주제로 하는 훌륭한 팟캐스트를 운영한다. 그녀는 한 에피소드에서 이라크에서 복무하다가 급조폭발물IED 때문에 불탄 지프에 갇혔던 청년을 인터뷰했다.[11] 그는 장기간 입원했으며, 평생 불구가 되었다. 그가 자신의 이야기를 끔찍한 디테일(흉터 난 자신의 얼굴을 처음 거울로 보았을 때처럼)과 함께 들려주는 동안 앞선 사례와 같은 반응을 볼 수 있다.

산토스 바꾸고 싶은 과거가 있나요? 달라졌으면 하는 게 있어요?

마르티네즈 아뇨. 아무것도 바꾸지 않을 겁니다. 100퍼센트 진심이에요.

산토스 폭발, 흉터, 수술도 바꾸지 않겠다고요? 모든 걸 그대로 두겠다고요?

마르티네즈 네……. 전 축복받았어요.

이런 사례들은 강렬하다. 하지만 대표성을 지닐까? 몇 년 전 나는 당시 대학원생이던 코니카 바네르지Konika Banerjee와 함께 쓴 논문에서 다양한 생활 사건life events에 의미를 부여하는 일이 얼마나 흔한지 탐구했다.[12]

한 연구에서 우리는 피실험자들에게 먼저 자신의 삶에서 졸업, 아이의 탄생, 사랑, 가족의 죽음, 중병 같은 중대한 사건을 회고해보라고 요청했다. 그리고 이런 사건들이 운명이라고 생각하는지,

일어나게 되어 있었는지, 이유가 있어서 일어났는지, 그들에게 메시지를 보내기 위해 일어났는지 물었다. 그 결과 피실험자들은 종종 긍정적인 사건뿐 아니라 부정적인 사건에 대해서도 "그렇다"라고 대답했다. 심지어 스스로 무신론자라고 밝힌 사람도 그런 경우가 많았다. 다른 연구에서는 어린이조차 생활 사건이 어떤 이유로("신호를 보내거나", "교훈을 가르치기 위해") 일어난다는 편향을 드러냈으며, 그 정도가 성인보다 더 심했다.

이런 연구 결과가 흥미로운 이유는 운명과 업보에 대한 믿음이 보편적일 수 있음을 시사하기 때문이다. 그러나 우리는 또한 이런 사건을 바라보는 사람들의 관점에 종교가 큰 영향을 미친다는 사실을 확인했다. 가령 중대한 생활 사건이 "메시지를 보내기 위해 일어났다고" 믿는지 물었을 때 종교를 믿는 사람은 동의할 가능성이 두 배 이상 높았다. 어떤 일이 "일어나게 되어 있었는지" 또는 "이유가 있어서 일어났는지" 묻는 경우에도 비슷한 차이가 나타났다.

종교가 이런 영향을 미쳤다는 사실은 놀랍지 않다. 종교는 (지난 장에서 논의했듯이) 삶의 의미에 대해 일관된 답을 제공할 수 있다. 또한 이와 관련하여 비선택적 고난도 설명할 수 있다. 이는 여러 가지 방식으로 이뤄진다.

일부 종교는 고난이 유익한 훈육의 산물이라고 가르친다. 신은 당신을 사랑하는 엄격한 아버지다. 당신이 견디는 고난은 신이 가하는 처벌이다. 다만 신은 당신이 잘되라고 그렇게 할 뿐이다. 이는 신약 성경에서 명시적으로 드러난다.

너희가 참음은 징계를 받기 위함이라, 하나님이 아들과 같이 너희를 대우하시나니, 어찌 아버지가 징계하지 않는 아들이 있으리요.

징계는 다 받는 것이거늘 너희에게 없으면 사생자요 친자가 아니니라.

또 우리 육신의 아버지가 우리를 징계하여도 공경하였거든 하물며 모든 영의 아버지께 더욱 복종하며 살려 하지 않겠느냐.

그들은 잠시 자기의 뜻대로 우리를 징계하였거니와 오직 하나님은 우리의 유익을 위하여 그의 거룩하심에 참여하게 하시느니라.

무릇 징계가 당시에는 즐거워 보이지 않고 슬퍼 보이나 후에 그로 말미암아 연단 받은 자들은 평강의 열매를 맺느니라.[13]

이 구절은 긍정적인 어조로 끝난다. 하나님의 훈육이 '평강의 열매'를 맺어서 우리의 삶을 더 나아지게 해주리라고 약속한다. 그러나 앞선 구절은 결과보다는 **정통성**에 초점을 맞춘다. 즉, 이런 처벌을 받지 않으면 우리는 '친자'가 아니다. 따라서 우리는 처벌받음으로써 '그의 거룩하심에 참여하게' 된다. 여기서 훈육은 우리가 신과 맺은 관계의 필수적인 일부로 여겨진다. 결국, 좋은 아버지는 아이들을 훈육한다. 따라서 고난(설령 그에 따른 모든 긍정적인 효과를 제쳐두더라도)은 신과 맺은 진정한 관계를 반영한다.

기독교에서 말하는 고난은 예수와 맺은 관계에 기반한다.[14] 필리핀에서 그 극단적인 예를 찾을 수 있다. 필리핀의 가톨릭 회개자들은 금요일에 십자가에 매달리는 십자가형을 받는다. 그러나 이는 비선택적 고난에도 적용된다. 한 논평은 성 바오로의 가르침을 이렇게 정리한다. "우리는 예수의 죽음과 부활을 통해 구원받았으므로, 그의 수난에 참여하여 구원을 얻어야 한다." 교황 요한 바오로 2세도 이 주제를 탐구했다. 그는 독실한 신자는 예수의 고난을 나눔으로써 "헤아릴 수 없는 구원redemption의 값을 되갚는 것"[15]이라고 썼다.

고난의 효용에 대한 또 다른 접근법을 제시한 사람은 C. S. 루이스C. S. Lewis다. 그는 우리가 행복에 대해 지나친 만족과 자만심을 느낀다고 걱정했다. 그에 따르면 우리를 깨어나게 하는 것은 고난이다. 그가 특유의 아름다운 문장으로 표현한 대로 "고통은 주의를 기울일 것을 고집한다. 신은 쾌락 속에서 속삭이고, 양심 속에서 말하며, 고통 속에서 외친다. 고통은 귀먹은 세상을 일깨우기 위한 그의 확성기다……. 고통은 장막을 걷으며, 반란을 일으킨 영혼의 요새에 진리의 깃발을 꽂는다."[16]

이러한 고난에 대한 설명은 종교적 측면에서 흔히 제시할 만하다. 그러나 종교적 설명은 이보다 더 중요할 수 있다. 인지과학자들은 종교의 기능에 대해 이야기할 때 종종 거대한 의문에 대한 호기심을 충족한다는 점을 언급한다. 즉, 우주가 어디서 왔는지, 인간과 동물은 어떻게 생겨났는지 등을 말해준다. 다만 이런 폭넓은 형이상학적 문제가 우리의 가장 큰 걱정인지는 불확실하다. 내 생각에는 아마 우주의 기원을 말해주는 훌륭한 이론을 몰라도 괜찮다는 것이 대다수 사람들의 입장일 것이다.

반면 고난의 의미를 이해하는 일은 보다 시급한 문제다. 특히 자신이 고난에 시달리고 있을 때는 더욱 그렇다. 우리는 안심하고 싶어 한다. 고난이 모두 헛되지 않다는 사실을 알고 싶어 한다. 현생의 미래에서든, 사후의 천국에서든, 또 다른 삶에서든 우리의 고난이 멈추고, 보상받을 것이라는 말을 듣고 싶어 한다. 고난이 좋은 것이라는 종교적 사상은 우리가 기꺼이 듣고 싶어 하는 메시지다.

테드 창Ted Chiang이 쓴 「옴팔로스Omphalos」라는 단편에 이 점이 잘 그려져 있다. 어느 대안 우주에서 사는 사람들이 자신들의 세상이 본격적인 창조 이전에 폐기된 시험의 일환으로 창조되었을지 모른다는 사실을 발견한다. 즉, 그들은 신의 사랑을 받은 대상이 아닌 것이다. 소설 속 화자는 신에게 이 발견이 어떤 사람에게 미친 영향에 대해 이야기한다.

> 맥컬로McCullough 박사는 "당신은 자녀가 없으니 아들을 잃어버린 고통을 이해할 수 없어요"라고 말했습니다.
> 저는 그의 말이 맞으며 이 발견이 그와 아들, 두 사람에게 힘든 이유를 이제 깨달았다고 말했습니다.
> 그는 "정말로 깨달았어요?"라고 물었습니다.
> 저는 제가 추측한 내용을 말했습니다. 그가 아들의 죽음을 견딜 수 있도록 해준 유일한 버팀목은 그것이 거대한 계획의 일부라는 생각이었습니다. 그러나 인류가 실은 주님, 당신께서 주의를 기울인 대상이 아니라면, 그런 계획은 없으며 아들의 죽음은 의미를 잃게 됩니다.[17]

지금보다 덜 세속적인 시대에는 비선택적 고난의 가치가 더 폭넓게 받아들여졌다. 1800년대 초 아산화질소와 에테르를 포함한 마취제가 개발되었다. 현대인들이 보기에 이는 순전히 좋은 일이다. 혹시 과거에 살았으면 하고 바란 적이 있다면, 마취제가 개발되기 이전의 수술법에 대한 글을 읽어보라. P. J. 오루크P. J. O'Rourke는 현대에 사는 것이 뭐가 그렇게 좋으냐는 질문을 받았을 때 즉각 "치과 치료!"라고 대꾸했다고 한다.

그러나 당시 많은 사람들은 마취제를 혐오했다. 전미치과협회American Dental Association의 초대 회장 윌리엄 헨리 앳킨슨William Henry Atkinson은 이렇게 썼다. "마취제 따위가 없었으면 좋겠다! 신께서 견디라고 의도하신 고통을 피해 가서는 안 된다고 생각한다."**18**

내게는 이 말이 우습게 들린다. 아마 당신도 그럴 것이다. 그러나 완전히 생경한 사고방식은 아니다. 출산의 고통을 생각해 보라. 나는 출산 경험이 있는 일부 여성들에게 산통이 출산의 중요한 요소며, 마취제로 고통을 완화하는 건 출산 경험을 덜 의미 있고, 덜 참되게 만든다는 말을 들었다.

비선택적 고난을 설명하려는 종교의 노력은 종종 반향을 일으킨다. 그것은 우리가 듣고 싶어 하는 말이며, 최악의 사태에서 의미를 찾으려 애쓰는 심리 체계와도 잘 맞는다. 그러나 다른 측면에서는 이런 설명들을 받아들이기 어렵다. 심리적 면역계의 능력에는 한계가 있다. 또한 자발적일 경우 고난을 대단히 보람차게 만드는 많은 속성들(지금까지 우리가 이야기한 것들)은 비자발적인 경우에는 존재하지 않는다.

선택적 고난이 안기는 한 가지 쾌락은 놀이의 형태를 띨 수 있다는 것이다. 그러나 선택하지 않거나, 원하지 않는 놀이란 없다. 억지로 하는 놀이는 놀이가 아니다. 정신의학 저널에 소개된 한 치과 관련 일화에서 이 점이 잘 드러난다.[19] 그 내용을 보면 남자 친구와 SM 플레이를 할 때는 통증에 대한 고도의 욕구를 지니지만 치과에 가는 것은 싫어하는 여성이 있었다. 그녀의 남자 친구는 치과 진료를 또 다른 에로틱한 피학증적 모험으로 느끼게 만들려고 애썼다. 그러나 그녀는 전혀 받아들이지 않았다. 그녀에게는 치과 방문이 어쩔 수 없이 해야 하는 일이라는 사실을 우회할 방법이 없었다. 그것은 자유로운 선택이 아니었다.

또는 숙련의 쾌락을 생각해 보라. 이는 선택적 고난에서 자연스럽게 발견된다. C. S. 루이스는 『고통의 문제』에서 못마땅한 어조이기는 하지만 단식과 관련하여 이 점을 지적한다. "모두가 단식은 우연이나 가난 때문에 저녁을 거르는 일과 다르다는 것을 안다. 단식은 식욕에 맞서는 개인의 의지를 내세운다. 그 보상은 자기 통제력과 자긍심이다." 즉, 자발적으로 굶지 않으면 자기 통제력을 얻을 수 없다.

그리고 윤리성의 측면도 있다. 종교는 종종 고난에 시달리는 것이 도덕적으로 바람직하다고 주장한다. 스스로 선택한 고난의 경우에는 이 말이 타당할 수 있다. 그러나 스스로 선택하지 않은 행동은 대개 도덕 점수를 받을 수 없다. 내가 가난한 사람들에게 대부분의 재산을 나눠주는 일은 만족감을 얻기 위한 희생이다. 반면 가난한 사람들이 강제로 재산을 빼앗아간다면 내가 영웅이 되는 이야기를 들려주기 어렵다.

그래도 비선택적 고난에 대응하는 양상에서 미덕을 보여줄 수 있다. 고난에 직면하여 극기와 용기를 발휘하고, 너무 많이 불평하지 않고, 자신의 부담을 다른 사람에게 전가하지 않으려고 애쓰는 것은 도덕적이다. 고난의 표현이 도덕적 감성을 드러낼 수도 있다. 1755년에 영국의 한 무명 작가는 『인간: 인간 종을 고상하게 만들기 위한 논문Man: A Paper for Ennobling the Species』에서 인간을 개선하기 위한 다수의 아이디어를 제안했다. 그중에는 "도덕적 울음"이 도움이 될 것이라는 아이디어가 있었다. 거기에 따르면 "신체적 울음은 머릿속에 실로 상응하는 생각이 없어도, 마음속에 울음을 부르는 참된 정서적 감정이 없어도 몸의 메커니즘에 따라 이뤄진다. 반면 도덕적 울음은 머릿속의 진정한 감성, 마음속의 감정에서 기인하며, 언제나 이를 포함하는 인간 본성에 경의를 표한다. 반면 거짓 울음은 언제나 인간 본성을 저하시킨다."[20]

때로 눈물은 올바른 반응이다. 내 친구 중에 암으로 아내를 잃은 후 몇 달 동안 우울증에 시달린 사람이 있다. 한동안 여러 사람들이 그에게 도움을 구하라고 제안했다. 상담사나 항우울제를 처방해줄 의사를 찾아가라는 얘기였다. 그러나 그를 아는 사람들이 예상한 대로 그는 거절했다. 그는 나중에는 그렇게 할지 모른다는 사실을 알았다. 그러나 지금은 슬퍼하는 것이 옳았다. 슬픔은 아내에게 바치는 적절한 존중이었다. 그런 슬픔을 사라지게 만드는 일은 옳지 않았다. 나도 같은 태도를 가졌는지는 모르겠다. 물론 가까운 사람이 얼마 전에 세상을 떠났다면 춤추러 나가고 싶은 생각은 전혀 들지 않을 것이다. 단지 다른 사람들이 보기에 꼴사납기 때문만은 아니다. 그것은 도덕적으로 터무니없는 일이다.

제이디 스미스는 출산에 따른 가혹한 위험을 논하면서 줄리언 반스Julian Barnes가 들려준 한 조문의 구절을 인용한다. 거기에는 "가치 있는 만큼 고통스럽다"라고 적혀 있었다.[21] 고통은 가치에 대한 적절한 인정이 될 수 있다.

고난이 길러낸 미덕들

고난과 미덕의 관계에 대한 우리의 인식 중 일부는 비합리적이다. 1994년에 대니얼 팔로타Daniel Pallotta는 팔로타 팀웍스Pallotta TeamWorks라는 회사를 설립했다.[22] 목적은 에이즈 및 유방암 연구 같은 대의를 위한 기금을 모으는 것이었다. 모금 활동이 성공하면서 9년 동안 3억 달러가 넘는 기금이 모였다. 그러나 팔로타 팀웍스는 자선 단체가 아니었다. 그들은 기금 모금을 통해 해마다 약 40만 달러의 수익을 올렸다. 이 사실이 보도되자 사람들은 경악했다. 관련 단체들은 그와 협력하지 말라는 압력을 받았다. 결국 그의 회사는 문을 닫았다.

나의 동료인 조지 뉴먼George Newman과 데일리언 케인Daylian Cain은 이 사건에 흥미를 느꼈다. 그래서 '더럽혀진 이타주의'[23]를 조사해 보기로 결정했다. 더럽혀진 이타주의는 설령 세상을 더 낫게 만든다고 해도 개인에게 이득을 안기는 이타적 행위를 폄하하는 것을 말한다. 연구에서 피실험자들은 한 여성에게 구애하기 위해 매주 몇 시간 동안 그녀가 일하는 곳에서 자원봉사를 하는 남성에 대한 글을 읽었다. 이때 연구진은 일부 피실험자에게는 그곳이 노숙자 쉼터라고 말했다. 또한 남성이 이기적인 목적으로 그곳에 갔지만 노숙자들을 잘 도왔다고 말했다. 반면 연구진은 다른 피실험자들에게는 그곳이 커피숍이라고 말했다. 그 결과 피실험자들은 남성이 노숙자 쉼터에서 일했다는 말을 들었을 때 그를 더 나쁜 사람으로 평가했다. 연구진은 피실험자들이 영리 목적으로 사업체를 운영하는 사람보다 영리 목적으로 자선 단체를 운영하는 사람을 더 가혹하게 평가한다는 사실을 확인했다.

우리는 선의가 쾌락에 더럽혀지지 않기를 바란다. 다만 이것이 선행을 고난과 연결짓는다는 사실을 보여주는 증거는 아니다. 그래도 이런 주장에 대한 근거는 존재한다. 아이스 버킷 챌린지Ice Bucket Challenge를 생각해 보라. 이는 루게릭병 연구를 지지한다는 취지로 얼음물을 머리에 붓도록 부추기면서 유행을 탄 소셜 미디어 캠페인이었다. 한 실험에서 사람들은 대의를 위해 고통과 고난을 견뎌야 할 때 기부를 더 많이 하는 경향을 드러냈다. 이를 '순교 효과martyrdom effect'라 부른다. 금식, 희생, 심지어 신체 훼손 등 종교에서 나타나는 자발적 고난은 우리가 미덕으로 보는 대상이 지닌 보다 보편적인 속성을 반영하는지도 모른다. 아프지 않다면 좋은 것이 아니다. 따라서 좋은 일을 할 때 우리는 기꺼이(사실 열렬히) 고통을 경험한다. 명민한 자선 단체들이 단체 마사지나 해변 파티가 아니라 걷기 대회와 마라톤을 후원하는 이유가 거기에 있다.

여기서 한 가지 반전을 제시하겠다. 바로 고난에 시달리는 것만으로는 충분치 않다는 점이다. 고난에는 의미도 있어야 한다. 크리스토프 올리볼라Christophe Olivola와 엘다 샤피르Eldar Shafir는 이 점을 뒷받침하는 사례를 제시한다.[24] 당신에게 병이 나서 집을 청소할 기운도 없는 친구가 있다고 가정하자. 당신이 방문한 동안 그녀는 다른 방에서 휴식을 취한다. 당신은 싱크대에 수북히 쌓인 그릇들을 청소해 친구를 놀라게 하기로 마음먹는다. 당신은 한 시간 내내 그릇들을 문지르고, 씻고, 헹구고, 말린다. 마지막 그릇을 마무리할 무렵 친구가 주방으로 와서 깨끗해진 싱크대를 발견한다. 이는 흐뭇한 순간처럼 보인다. 당신이 친구를 위해 한 일을 보라! 설령 당신이 그 전에 떠나서 설거지를 한 사람이 당신이라는 사실을 친구가 모른다고 해도 당신은 여전히 훈훈한 기분을 느낄 것이다.

하지만 당신의 친구가 주방에 새 식기세척기가 있다는 사실을 밝힌다고 상상해 보라. 당신이 그걸 발견하기만 했어도 설거지를 빨리 마칠 수 있었을 것이다. 즉, 더 적은 노력과 시간을 들여서 같은 결과를 얻었을 것이다. 이 경우 올리볼라와 샤피르가 주장한 대로 당신이 느끼는 만족감은 줄어들게 된다.

두 사람은 실험을 통해 이 주장을 뒷받침한다. 그들은 첫 번째 집단에게는 8킬로미터 달리기(괴로움)를 하는 자선행사에 참여할 것인지 묻고, 두 번째 집단에게는 야유회(즐거움)를 가는 자선행사에 참여할 것인지 물었다. 이 경우 첫 번째 집단이 동의할 가능성이 더 높았다. 이것이 순교 효과다. 다른 한편 두 선택지를 동시에 고려하게 하면, 즉 8킬로미터 달리기와 야유회 중에서 하나를 선택하게 하면 야유회를 선택하는 경향이 있었다. 야유회를 가면서도 똑같은 선행을 할 수 있다면 굳이 8킬로미터 달리기를 하면서 고생할 필요가 없다고 생각하기 때문일 것이다. 올리볼라와 샤피르가 지적한 대로 이 점은 우리가 단지 '고통스러운 선행을 애호하는' 것이 아님을 보여준다. 그보다는 긍정적인 결과를 얻는 데 필수적이라고 여겨질 때만 고난이 가치가 있다는 점을 시사한다.

지금까지 우리는 비선택적 고난이 좋은 것이라고 생각하는지, 그것이 신과 우리의 관계를 개선하고, 가치 있는 교훈을 주고, 영적 성장을 허용하며, 도덕적으로 선한지에 대해 이야기했다. 이제 사람들의 믿음은 잊도록 하자. 비선택적 고난은 실제로 유익할까? 정말로 우리를 더 강하고, 착하고, 나은 사람으로 만들어줄까?

많은 사람들은 그렇다고 생각한다. 그 근거로 자주 인용되는 존 로버츠John Roberts 대법관의 2017년 졸업 연설 중 일부다.

> 졸업 연설자들은 대개 행운을 빌어주고 덕담을 합니다. 저는 그러지 않을 겁니다. 그 이유를 말씀드리죠. 저는 앞으로 가끔 여러분이 부당한 대우를 받기를 바랍니다. 그래야 정의의 가치를 알게 될 것이니까요. 또한 여러분이 배신당하기를 바랍니다. 신의의 중요성을 배울 수 있으니까요. 미안한 말이지만 저는 여러분이 때로 외롭기를 바랍니다. 그래야 친구들을 당연하게 여기지 않을 테니까요. 저는 여러분이 가끔은 불운하기를 바랍니다. 그래야 삶에서 운의 역할을 인식하고, 여러분의 성공이 전적으로 마땅한 일이 아니며, 타인의 실패도 전적으로 마땅한 일이 아니라는 사실을 이해할 테니까요.[25]

로버츠가 보기에 고난은 객관적 관점을 부여하고 공감 능력을 촉진한다. 즉, 고난이 끈기를 길러준다는 것이다. 나심 탈레브Nassim Table의 멋진 표현에 따르면 고난은 '반취약성anti-fragile'을 심어준다.[26] 이는 "죽음 이외의 모든 고난은 나를 더 강하게 만든다"라는 니체의 유명한 경구로도 표현되어 있다. 또한 브록 바스티안은 이를 보다 고상하게 "건강한 심리적 기능을 얻는 핵심적인 수단은 고난에 노출되는 것"이라고 말했다.[27]

이 관점을 뒷받침하는 연구들이 있다. 마크 시어리Mark Seery와 동료들의 연구 내용이다.[28] 그들은 먼저 피실험자들에게 37가지 부정적인 생활 사건(육체적 폭행이나 사랑하는 사람의 죽음 등)의 목록을 제시했다. 그리고 자신의 삶에서 얼마나 많은 사건을 경험했는지 집계하도록 요청했다. 뒤이어 피실험자들은 얼음물에 한 손을 넣은 상태로 고통이 얼마나 심한지, 얼마나 기분을 나쁘게 만드는지 묻는 질문에 답했다. 또한 피실험자들이 '파국화catastrophizing'("그 고통을 감당하지 못할 거라고 생각했다" 같은 진술에 동의하는 것을 뜻함)에 취약한지 알아보는 질문도 제시되었다. 그동안 연구진은 피실험자들이 얼음물에 얼마나 오래 손을 담그고 있었는지 측정했다.

피실험자들은 0개에서 19개 사이의 부정적인 사건들을 겪었다고 밝혔다. 그중에서 하나도 겪지 않았다고 밝힌 사람은 7.5퍼센트였다. 그들은 행운아일까? 아닐지도 모른다. 실험 데이터는 뒤집힌 U자 형태의 곡선을 보였다. 즉, 고통을 잘 견딘 사람들은 생활 사건에 중간 정도로 노출된 사람들이었다. 반면 인생을 무사히 살아온 사람들은 상대적으로 나약했다.

연구진은 다른 방법을 써서 두 번째 실험을 진행했다. 이번에는 얼음물에 손을 담그는 것이 스트레스 인자가 아니었다. 대신 비언어적 지성을 알아보는 중요한 테스트라면서 피실험자들에게 컴퓨터로 장애물 코스를 통과하게 만들었다. 또한 스트레스를 측정하는 수단도 설문이 아니라 심박수를 비롯한 일련의 생리적 지표였다. 그럼에도 결과는 동일했다. 가장 긍정적인 반응을 보인 것은 살면서 전혀 스트레스를 받지 않았거나, 수많은 스트레스에 시달린 사람들이 아니었다. 그 사이 절호점에 해당하는 사람들이 가장 긍정적인 반응을 보였다.

데이비드 데스테노David DeSteno와 동료들도 비슷한 연구를 했다.[29] 그들의 연구는 인정kindness에 초점을 맞추었다. 그들은 앞선 연구와 마찬가지로 피실험자들에게 살면서 얼마나 많은 역경에 직면했는지 물었다. 그들은 소위 '기질적 연민dispositional compassion'을 측정했다. 이때 "노약자를 돌보는 일은 중요하다", "아프거나 어려운 사람을 보면 보살피고 싶은 강한 욕구를 느낀다" 같은 주장에 얼마나 동의하는지 측정하는 다섯 가지 항목을 기준으로 삼았다. 끝으로 그들은 피실험자들이 실제로 돈을 기부할 수 있는 기회를 실험에 포함시켰다. 그 결과 과거에 역경을 겪은 정도가 연민을 표현하고 돈을 기부하는 정도와 연관되어 있었다. 이는 스트레스와 역경에 더 많이 시달리는 가난한 사람들이 높은 수준의 연민을 드러낸다는 다른 연구 결과와 부합한다.[30]

여기서 신중을 기할 필요가 있다. 이는 실제 통계이기는 하지만 미묘한 성격을 지닌다. 또한 원인과 결과를 분리하기가 어렵다. 특정한 부정적인 생활 사건을 경험하는 성향과 끈기 및 인정에 모두 영향을 미치는 제3의 요소가 있을지도 모른다.

그러나 최소한 단기적으로는 고난의 사회적 편익을 말해주는 증거가 있다. 레베카 솔닛Rebecca Solnit은 『이 폐허를 응시하라』에서 여러 집단이 재해에 대응하는 양상을 기록한다.[31] 그리고 집단 구성원들이 서로에게 대단히 친절했다고 주장한다. 외부의 제약이 없어지는 경우 사람들이 야만적인 수준으로 퇴행하리라는 홉스의 주장에서 예상할 수 있는 것보다 훨씬 더 말이다. 솔닛은 "재난 상황에서 드러나는 인간 본성은 끈기, 수완, 관대함, 연민 그리고 용기"라고 말한다. 그녀가 보기에 재난은 일종의 기회를 제공한다. 사람들은 그냥 위기에 대처하기만 하는 것이 아니라 거기서 기쁨을 얻는다. 이는 "재난이 종종 제공하는 공동체 의식, 목적성, 평소에는 충족되지 않는 의미 있는 일에 대한 욕구"를 드러낸다.

연구실에서도 이런 징후를 일부 확인할 수 있다. 브록 바스티안이 진행한 일련의 실험에서 피실험자들은 얼음물에 손을 담글 뿐 아니라 레그 스쿼트leg squat를 하거나 매운 고추를 먹었다.[32] 이런 과제는 소규모 집단으로 나뉘어 실행되었다. 그 결과 고통스러운 경험을 나눈 집단의 구성원들은 보다 강한 유대감을 느꼈고, 서로를 신뢰했으며, 더 잘 협력했다.

외상 후 스트레스와 성장

삶에서 일정한 정도의 고난은 끈기와 인정을 키워주고, 결속을 촉진해 유익할 수 있다. 그렇다면 강간당하거나 암으로 아이를 잃는 일처럼 구체적인 끔찍한 사건들은 어떨까? 이런 사건도 실제로 긍정적인 효과를 미칠까? 선택적 고난이 혜택을 안기듯, 비선택적 고난도 혜택을 안길까?

나쁜 사건들이 절대 좋은 결과를 가져오지 못한다는 주장은 냉소적이다. 제임스 코스텔로는 보스턴 마라톤 폭탄 테러로 사지를 잃은 후 자신의 삶이 훨씬 나아졌다고 말한다. 내가 감히 그의 말이 틀렸다고 할 수 있을까? 물론 그의 관점은 나쁜 사건에서 혜택을 찾으려는 심리적 편향에 좌우되었을 테다. 그럼에도 그가 착각한 것은 아니다. 그는 실제로 꿈에 그리던 여성을 만났다.

결국 세상에는 예측 불가능한 일들이 많다. 당신이 독감에 걸려서 절친의 결혼식에 참석하기 위해 예약한 런던행 비행기를 탈 수 없다고 상상해 보라. 당신은 나중에 이 일을 큰 손실로 되돌아볼지 모른다. 그러나 당신이 런던에 갔다면 다음 날 아침 호텔에서 비틀거리며 나왔을지 모른다. 그리고 행복과 숙취에 절어서 거리를 건너다가 오른쪽이 아니라 왼쪽을 보는 바람에 관광객들이 탄 이층 버스에 치였을지 모른다. 독감이 당신의 생명을 구했을 수도 있다. 다음은 당신도 들었을 법한 중국의 고사다.

> 오랜 세월 농사를 지은 늙은 농부가 있었다. 어느 날 그의 말이 달아나 버렸다. 그 소식을 들은 이웃들이 그를 찾아왔다. 그들은 "참 불운한 일이오"라며 동정했다. 농부는 "그럴지도 모르지요"라고 대답했다.
>
> 다음 날 아침 달아났던 말이 다른 세 마리의 야생마와 함께 돌아왔다. 이웃들은 "너무 잘되었네요"라며 탄복했다. 노인은 "그럴지도 모르지요"라고 대답했다.
>
> 다음 날 그의 아들이 길들여지지 않은 말 중 한 마리를 타다가 내동댕이쳐진 바람에 다리가 부러졌다. 이웃들은 다시 찾아와 불운한 일이라며 동정심을 표했다. 농부는 "그럴지도 모르지요"라고 대답했다.
>
> 다음 날 장교들이 젊은이들을 징병하기 위해 마을로 왔다. 그들은 다리가 부러진 농부의 아들을 보고 그냥 지나쳤다. 이웃들은 잘된 일이라며 농부를 축하했다. 농부는 "그럴지도 모르지요"라고 말했다.[33]

부정적인 사건이 지닌 변화의 힘에 대해 이야기하는 사람들은 단지 세상이 예측 불가능하며, 나쁘게 보이는 사건도 긍정적인 결과를 낳을 수 있다고 말하는 것이 아니다. 그들은 보다 강한 주장을 하고 싶어 한다. 바로 일부의 사람들은 나쁜 일이 실제로 유익할 수 있도록 만드는 성향을 지녔다는 주장이다.

나는 이 대목에서 열린 태도를 유지해야 한다고 생각한다. 그러나 데이비드 흄이 말한 대로 "특별한 주장에는 특별한 증거가 필요하다"라고도 생각한다. 앞선 주장은 실로 특별한 주장이다.

어떤 범죄자에게 사형선고가 내려지면, 종종 사형제 반대론자들은 그 범죄자가 처참한 삶을 살았다고 말한다. 가령 어린 시절에 끔찍한 학대를 당했고, 어른이 되어서도 부당한 대우를 받았다는 이야기를 들려준다. 이런 경험과 고난이 어떤 식으로든 피고인을 파괴했으며, 따라서 자비를 베풀어야 한다고 주장한다. 이 주장이 통할지 여부는 사형제, 도덕적 책임, 용서에 대한 관점에 좌우된다. 279
그러나 주장의 형식은 타당하다. 우리는 끔찍한 삶이 사람을 망가트릴 수 있음을 안다. 하지만 누구도 이런 이야기에 "그러면 처벌하는 게 더 **나쁘네**. 그 모든 나쁜 경험이 그 사람을 우리보다 더 인정 많고 끈기 있게 만들었을 테니까!"라고 말하지 않는다. 이는 실로 도착적인 반응일 것이다.

나쁜 경험은 우리에게 상처를 입힌다. 또한 분노와 공포를 안기고, 더 방어적이고 덜 친절하게 만든다. 정신적 외상과 외상 후 스트레스 장애도 있다. 물론 사람들은 버틸 수 있고, 시간이 지나면 끔찍한 생활 사건을 겪은 후에도 정서적으로 건강해질 수 있다.[34] 그럼에도 그런 사건은 **분명히** 부정적이다. 나는 이 책을 쓰면서 자료를 충분히 제시하기 위해 노력하고 있다. 그래서 팩트에 대한 주장을 뒷받침하는 논문들을 미주에 넣었다. 그러나 강간이나 고문이 나쁘다는 관점을 뒷받침하기 위해 굳이 실증적 자료를 제시하는 건 이상하다. 이는 차에 치이는 사고가 몸에 나쁘다는 주장에 대한 자료가 필요하다고 말하는 것과 같다.

내가 방금 전개한 회의적 입장에 반박하는 사람들이 있을 것이다. 특히 일부 학자들은 소위 '고난에서 태어난 이타주의'[35]라는 가능성에 매료된다. 그 내용은 고난에 시달린 사람들(여기서 살피는 연구 결과 중 다수는 방치, 신체적 폭행, 성폭행, 고문처럼 타인의 손에 의한 고난에 초점을 맞춘다)은 종종 자신의 아픔에도 불구하고가 아니라 바로 그 고난 때문에 다른 사람들을 돕고자 하는 동기를 갖는다는 것이다.

사람들은 종종 자신이 인정을 베푸는 이유를 이런 식으로 설명한다. 조한나 볼하트Johanna Vollhardt는 근래 발표한 논문에서 여러 사례를 제시한다. 척수 손상이나 뇌졸중에 시달린 사람들은 비슷한 고통을 겪는 사람들을 돕고 싶은 마음이 든다고 말한다. 강간 피해자들은 힘을 모아 다른 피해자들을 돕기 위한 단체를 만든다. '음주운전에 맞서는 어머니 모임Mothers Against Drunk Driving'은 음주 운전 사고로 아이를 잃은 어머니가 설립했다. 이 밖에도 무수히 많은 사례가 있다.

볼하트는 고난이 이런 효과를 일으키는 양상에 대해 몇 가지 설명을 제시한다. 다른 사람들을 돕는 일은 고통받는 사람들이 자신의 문제로부터 주의를 돌리게 해주고, 심지어 스스로를 북돋울 수 있다. 또는 자신의 고난을 다른 각도에서 바라보게끔 만든다. 즉,

당신만큼 나쁘거나 더 나쁜 상황에 처한 사람들과 교류하면 자신의 문제가 사소해 보일 수 있다. 그것은 당신이 보다 유능하고 뛰어나다고 느끼게 해준다. 또한 사회적 공동체에 더 잘 동화되도록 만든다. 무엇보다 빅터 프랭클의 생각을 토대로 보면 다른 사람을 돕는 일은 자신의 고난에 더 많은 의미와 가치를 부여한다. 즉, 목적의식을 불어넣을 수 있다. '끔찍한 일이 생겨서 고통받았고, 그것으로 끝이야'와 '끔찍한 일이 생겨서 고통받았지만, 덕분에 다른 사람들을 도우면서 세상에 긍정적인 영향을 미치고 있어' 사이에는 큰 차이가 있다.

이론적으로 보면 이 모두가 타당하다. 그러나 고통받은 사람들이 고통받지 않았을 경우보다 더 인정이 많다는 증거는 거의 없다. 이 점을 보여준다고 주장하는 연구는 표본이 적다. 그중 일부는 개인 사례 연구에 불과하다. 게다가 객관적 척도가 아니라 자기 보고에 의존하는 경우가 많다. 가령 한 연구는 100명의 홀로코스트 생존자들을 인터뷰했다. 그들 중 다수는 자신이 다른 수용자들에게 음식과 옷을 주면서 도왔다고 설명했다. 하지만 이런 이야기들을 어떻게 이해해야 할까? 설령 우리가 자신이 한 선행을 부풀리는 성향을 타고나지 않았다고 해도 먼 과거의 사건에 대한 기억은 부정확하다. 또한 우리는 종종 과거의 행동을 실제보다 훨씬 긍정적으로 기억한다.

무엇보다 이런 연구들은 비교군이 있는 경우가 드물다. 가령 아이의 죽음을 경험한 많은 사람들이 훗날 선행에 뛰어든다는 사실을 알게 되었다고 치자. 하지만 그들이 그런 비극을 겪지 않았다면 무엇을 했을까? 또한 아이의 죽음을 겪은 사람들 중에서 그 결과로 세상을 등진 채 냉담하고 몰인정하게 변하거나, 너무나 피폐해져서 다른 사람들의 삶에 긍정적인 영향을 미치지 못하게 된 사람들은 얼마나 될까?

이 모든 고난을 넘어서

그렇다면 고난과 끈기의 연관성을 있을까? 우리는 여러 실험을 통해 삶에서 겪는 어느 정도의 고난은 끈기를 키워준다는 단서를 확인했다. 과연 현실 세계에서도 그럴까?

이는 앤서니 만치니Anthony Mancini와 동료들이 실행한 연구의 주제였다.[36] 그들은 실제로 일어난 비극적 사건을 활용하는 '자연 실험natural experiment'을 실행했다. 목적은 정신적 외상의 효과를 탐구하는 것이었다. 지금부터 이 연구의 내용을 설명하는 데 약간의 시간을 할애하겠다. 중요하고, 널리 알려져 있으며, 흥미롭기 때문이다.

2007년 버지니아 공대Virginia Polytechnic Institute에서 정신질환을 앓던 학생이 기숙사로 들어가 32명을 살해하고 25명에게 부상을 입혔다. 이 학살극은 2시간 넘게 지속되었다. 나중에 알고 보니 해당 캠퍼스에서 여성들을 대상으로 한 (성적性的 피해 관련) 연구가 진행되고 있었다. 덕분에 만치니와 동료들은 총격 사건 이전에 집계된 모든 종류의 심리적 측정 자료에 접근할 수 있었다. 그래서 그들은 전과 후를 비교할 수 있는 이상적인 입지에 있었다. 이미 368명의 여성을 대상으로 수집한 데이터는 확보되어 있었다. 연구진은 총격 사건 2달 후, 6달 후, 1년 후에 더 많은 데이터를 수집했다.

우울증 지수는 네 가지 주된 범주로 나눌 수 있었다. 56퍼센트는 괜찮았다. 즉, 총격 사건 전과 후에 모두 우울하지 않았다. 8퍼센트는 정반대로 전과 후에 모두 우울했다. 반면 23퍼센트는 시간이 지날수록 상태가 나빠졌다. 그들은 총격 사건 전에는 괜찮았지만 후에는 우울해졌다. 연구진에게 가장 인상적이었던 점은 13퍼센트는 오히려 나아졌다는 것이었다. 즉, 총격 사건 전에는 우울했지만 후에는 덜 우울해졌다. 한편 불안 지수는 비슷했다. 다만 우울증의 경우보다 작은 비율인 7퍼센트는 불안 정도가 개선되었다.

심리적 상태가 개선된 사례들은 어떻게 설명해야 할까? 만치니와 동료들은 그것이 총기 난사 사건 이후 제공된 사회적 지원의 결과라고 주장한다. 온갖 애정과 우려와 상담은 결과적으로 우울하고 불안하던 학생들에게 도움을 주었다. 그래서 총격 사건 때문에 생긴 정신적 외상뿐 아니라 학생들이 각기 안고 있던 다른 삶의 문제들도 운 좋게, 우연히 해결되었다. 연구진은 이것이 총기 난사 같은 류의 사건이 지니는 특징이라고 지적한다. "집단 트라우마의 핵심적 측면은 수많은 사람들에게 동시에 피해를 입힌다는 것이다. 그에 따라 폭넓게 서로를 돕고 협력하는 행동을 이끌어낼 수 있다." 이는 강간이나 폭행 같은 개인적 트라우마와 다른 점이다. 이런 경우 공동체가 결집하는 일은 일어나지 않으며, 실제로 피해자는 고립감과 소외감을 느낄 수 있다.

이 모든 내용은 타당하다. 다만 염두에 둬야 할 몇 가지 우려사항이 있다.

우선, 연구진이 제시한 데이터는 정신적 외상을 안기는 사건의 혜택을 과장했을 가능성이 있다. 사건 이후 연구진이 접촉한 많은 사람은 후속 설문조사에 응하지 않았다. 상품권을 주거나, 대상자의 이름으로 기부를 하거나, 복권을 제공하는 등 보상을 제안했는데도 말이다. 총격 사건으로 정신적 외상을 입은 사람들은 후속 설문조사에 응할 가능성이 낮다. 그래서 가장 긍정적인 결과를 얻은 사람들이 과도한 비중을 차지하게 된다.

이처럼 배제된 사람들을 고려하지 않으면 생존 편향survivorship bias에 빠질 위험이 있다.[37] 생존 편향을 가장 잘 보여주는 사례는 제2차 세계대전 때 영국 공군의 이야기다. 그들은 조종사를 보호하기 위해 기체에 철갑을 추가하려 했다. 동시에 기체의 무게를 최소화해야 했다. 그래서 가장 효과가 좋은 지점에만 철갑을 추가하기를 원했다. 해군분석센터Center for Naval Analyses는 공중전에서 귀환한 비행기들을 검사하여 총알 구멍이 어디에 뚫렸는지 살폈다. 그들은 해당 부위가 가장 많이 공격받는 부위라고 추정하고 거기에 철갑을 덧대라고 권고했다. 나는 이 이야기를 여기까지 읽었을 때 전적으로 타당하다고 생각했다.

즉, 나는 통계학자 에이브러햄 왈드Abraham Wald만큼 똑똑하지 않다는 얘기다. 그는 영국 공군에게 이 논리가 틀렸다고 말했다. 그들이 연구한 비행기는 귀환한 비행기였다. 즉, 특정 부위가 총알 구멍 투성이인 것은 사실 나쁜 일이 아니었다. 철갑을 덧대야 하는 곳은 **다른 부위**였다. 보다시피, 그 부위에 총알을 맞은 비행기는 귀환하지 못했기 때문이다.

이 논리는 보다 포괄적으로 적용할 수 있다. 이수 학생 중 다수가 중도에 탈락하는 심리학 대학원 과정이 있다고 가정하자. 가장 많이 고전하는 최종 학년 학생들을 분석한 결과 통계적 기술이 부족하다는 사실이 드러난다. 그래서 교무 당국은 해당 기술을 개선하는 것을 최우선 순위로 삼는다. 그러나 이는 실수며, 귀환한 비행기에서 총알 구멍이 많이 난 부위에 철갑을 덧대는 일과 같다. 사실은 **반대로** 추정해야 한다. 보다시피, 통계적 기술이 나빠도 최종 학년까지 올라갈 수 있다. 따라서 가장 중요한 요건이 될 수 없다.

이 문제는 끔찍한 사건의 영향을 탐구하면서 해당 사건의 경험자들이 얼마나 잘 이겨나가고 있는지 확인하는 방법을 쓸 때 특히 두드러진다. 이 경우 대개 병원이나 정신병원 또는 감옥에 있는 사람들은 배제된다. 또한 심리학 조사에 참여할 의지나 능력이 없는 사람들도 배제된다. 이 모든 문제는 불가피하며, 본질적으로 잘못된 것도 아니다. 다만 생존 편향을 잊지 않고, 가장 큰 피해를 입은 사람들은 배제되었기 때문에 해당 경험의 긍정적인 영향이 과장될 수 있다는 점을 인식해야 한다.

또한 버지니아 공대 연구에서는 대조군이 없었다. 즉, 총기 난사 사건을 겪지 않은 비교 집단이 없었다. 이 점은 여건상 이해할 만하다. 그래도 총격 사건이 없었다면 조사 대상자들에게 어떤 변화가 생겼을지 알 길이 없다. 누구도 일부 대학생들이 우울증에 걸린다는 사실에 놀라지 않는다. 그렇다면 일부 대학생들은 우울증이 나아진다는 사실이 크게 놀라울 게 있을까? 대학생 8명 중 1명 정도는 총격 사건과 무관하게 우울증이 개선되는 양상을 보일 수 있다는 생각이 정말로 그렇게 터무니없을까?

이 말이 틀렸다고 가정해 보자. 이 소수의 대학생들은 집단적 트라우마가 아니었다면 우울증이 개선되지 않았을 것이라고 가정해 보자. 생존 편향도 잊어버리도록 하자. 그래도 만치니와 동료들의 이론에 따르면 모든 개선을 초래한 것은 사건 자체가 아니었다. 그것은 총격 사건과 관련된 사회적 서비스의 동원, 온갖 애정과 관심이었다. 당신이 가벼운 교통사고를 당해서 물리 치료를 받는다고 가정해 보자. 치료를 받은 결과 운동을 더 많이 하고, 더 좋은 음식을 먹고, 스스로를 더 잘 돌보기 시작한다. 그렇다고 해서 교통사고가 당신에게 좋은 일은 아니다.

따라서 결과를 액면 그대로 받아들이면 외부의 지원이 우울과 불안에 시달리는 학생들에게 도움이 된다는 점을 시사한다. 이런 지원이 총기 난사 사건 때문에 제공되었다는 사실은 그저 운명의 장난일 뿐이다.

일부 연구자들은 외상 후 성장post-traumatic growth[38]에 관심이 있다. 외상 후 성장은 끔찍한 사건을 겪은 후 전반적으로 긍정적인 변화가 일어나는 것을 말한다. 이는 방금 논의한 심리적 개선과 다르다. 심리적 개선은 우울과 불안에 시달리는 정도를 개선하는 데 초점을 맞춘다. 또한 마음의 상처를 입지 않는 회복력과도 다르다. 외상 후 성장은 **개선**이다. 이 이론을 정립한 사람 중 한 명인 리처드 테데스키Richard Tedeschi는 말한다. "사람들은 자기 자신, 자신이 사는 세상, 다른 사람들과 관계를 맺는 양상, 자신이 살아갈 수 있는 미래를 새롭게 이해하고, 삶을 살아가는 방법을 더 잘 이해한다."[39]

흔히 다음 다섯 가지 척도로 개선 정도를 확인한다.

1. 삶의 가치 이해
2. 타인과의 관계
3. 인생의 새로운 가능성
4. 개인의 강인함
5. 영적 변화

외상 후 성장을 경험했다고 주장하는 사람들에 대한 많은 일화가 있다. 어쩌면 당신에게도 끔찍한 사건을 겪은 후 삶의 가치를 더 잘 이해하거나, 다른 사람들과의 관계가 개선되거나, 신을 만난 것 같은 이야기가 있을지 모른다. 이 모든 사례를 회의적으로 바라볼 수도 있다. 우리가 긍정적인 면을 보는 성향을 지녔다면, 이런 이야기들은 사실이든 아니든 자연스럽게 떠오르게 된다. 그래도 정신적 외상이 때로 긍정적인 개인적 변화를 일으킬 수 있다는 사실을 의심하는 일은 어리석다.

다른 한편으로는 외상 후 성장의 일반적인 과정이 있다는 점을 의심할 수 있다. 근래 진행된 메타 분석의 결과를 예로 들어보자. 이 연구의 내용은 "성장에 고통이 필요할까? 진정한 외상 후 성장에 대한 체계적 리뷰와 메타 분석"이었다.[40] 연구진은 관련 문헌을 분석하면서 세 가지 주요한 결론을 얻었다.

1. 전향적 연구(트라우마를 초래하는 사건 전후의 데이터를 수집하는 연구)에서 트라우마를 초래하는 사건 이후 자존감, 긍정적 관계, 숙련성에서 약간의 개선이 이뤄졌다는 일부 증거가 나왔다. 의미와 영성 범주에서는 성장이 이뤄지지 않았다.
2. **그러나** 이런 효과는 중대한 부정적 생활 사건 이후만큼 중대한 긍정적 생활 사건 이후에도 강력했다.
3. **그리고** 이런 효과는 사건 자체와 아무 관련이 없을지도 모른다. 많은 연구는 대조군을 두지 않았다. 즉, 아무런 사건이 일어나지 않은 경우와 긍정적 또는 부정적 경험을 한 경우에 어떤 일이 일어나는지 비교하지 않았다. 또한 대조군을 둔 연구들을 살펴본 결과 대부분 아무런 효과가 드러나지 않았다는 사실이 밝혀졌다. 즉, 사람들은 중대한 삶의 경험 이후 일부 측면에서 상황이 나아졌다고 말하는 경향이 있다. 그러나 그들은 같은 기간에 아무런 경험이 없었어도 역시 상황이 나아졌다고 말한다.

다시 말하지만 누구도 끔찍한 사건이 개인의 긍정적인 변화로 이어질 수 있다는 사실을 의심하지 않는다. 그러나 알고 보면 멋진 사건도 긍정적인 변화로 이어질 수 있다. 어쩌면 그만큼 종종, 사건이 전혀 없어도 긍정적인 변화가 뒤따를지 모른다.

지금까지 선택적 고난의 중요성과 함께 그것이 쾌락과 의미에서 차지하는 역할에 대해 이야기했다. 다음 마지막 장에서 이 문제에 대해 추가로 논의할 것이다. 반면 비선택적 고난에 대한 나의 평가는 덜 긍정적이다. 우리는 비선택적 고난의 가치에 대한 이야기를 하려고 애쓴다. 그 이야기 중 일부는 나름의 진실을 담고 있을지 모른다. 지금껏 삶에서 겪는 일정한 정도의 고통이 인정과 회복력을 키워준다는 몇 가지 증거를 확인했다. 또한 상실과 아픔에서 혜택을 찾으려 노력하는 일은 심리적으로 유용할 수 있다. 그래도 이 문제에 있어서는 상식이 옳다. 암, 총격 사건, 아이의 죽음과 같은 끔찍한 일들은 피하는 게 현명하다.

어차피 고난이 나름의 혜택을 안긴다고 해도, 당신이 어떤 일을 하든 충분한 고난이 당신과 당신이 사랑하는 사람들에게 찾아올 가능성이 아주 높다. 굳이 더 많은 고난을 찾을 필요가 없다.

달콤한 고통을 인생에 활용하라

우리는 모두 불완전하기에

> 산책할 때면 내게 주어진 두 가지 호사를 곱씹어. 너의 사랑스러움과 내 죽음의 시간을. 아, 이 둘을 같은 순간에 가질 수 있다면 얼마나 좋을까. 나는 세상이 싫어. 세상은 내 의지의 날개를 너무 많이 꺾어. 내가 너의 입술에서 세상 밖으로 나를 보내줄 달콤한 독약을 먹을 수 있다면 좋겠어. 다른 누구에게도 그러고 싶지 않아.
>
> – 시인 존 키츠John Keats가 연인 패니 브론Fanny Brawne에게 쓴 편지(1819. 7)

리처드 도킨스Richard Dawkins는 "우리는 죽을 것이며, 그 사실은 우리를 행운아로 만든다"라고 썼다.[1]

이 점에 대해 우리는 선조들에게 감사해야 한다. 지난 38억 년 동안 "짝을 찾을 만큼 매력적이고, 자손을 낳을 만큼 건강하고, 그럴 수 있을 만큼 운과 환경의 축복을 충분히 받았던" 모두에게 말이다. 지금까지 대를 이어오려면 우리는 상당히 섹시해야 한다. 다만 우리와 이 세상을 공유하는 모든 동물, 쥐, 금붕어, 모기도 역시 같은 승리를 자축할 수 있다는 사실 앞에서 겸손해야 한다. 그들은 모두 수십억 년에 걸친 배틀 로얄 게임의 생존자들이다.

인간은 공통적 측면과 고유한 측면, 양면에서 성공의 요소를 갖추었다. 우리는 다른 많은 동물들처럼 세상에 대한 사실들을 알 수 있는 자질을 지니고 있다. 올바른 사실을 아는 동물은 그렇지 않은 동물보다 전반적으로 더 잘 살아남는다. 오른쪽에 절벽이 있다면, 부락민들이 당신에게 싫증을 낸다면, 뭔가가 다리를 물고 있다면 그 사실을 아는 편이 낫다. 큰 덩어리의 뇌와 함께 눈과 귀 그리고 다른 감각 기관이 존재하는 이유다. 이를 잘 이해하지 못했던 영장류 경쟁자들은 다음 라운드까지 진출하지 못했다.

인간은 다른 동물과 달리 도덕적 인식도 갖고 있다. 모든 정상적인 인간은 인정을 베풀고 공정과 정의를 인식하는 능력이 있다. 원한과 분노, 복수에 대한 욕망 같은 보다 어두운 도덕적 측면과 함께 말이다. 이 역시 나름의 논리를 지닌다. 즉, 서로 관계 없는 개인들로 구성된 대규모 집단이 악의적이고 파괴적인 충동을 억제하고 공동의 이익을 위해 협력할 수 있도록 해준다.

그러나 우리는 불완전한 존재다. 인류학자 로버트 아드리Robert Ardrey의 표현에 따르면 "비상한 원숭이가 아니라 추락한 천사들"이다.[2] 진화는 우리가 올바른 사실 그 자체를 목적으로 배우도록 만들지 않았다. 그보다는 생존과 번식이라는 목적에 활용하도록 만들었다. 그래서 우리는 본능적 차원에서 먼 과거나 아득한 미래 또는 아주 작은 것(아원자 입자)이나 아주 거대한 것(은하)에 대한 진실에 접근할 수 없다. 또한 자유 의지나 인과성 또는 의식의 속성에 대한 형이상학적 물음을 극복할 준비가 되지 않았다. 이런 지식은 유전자의 입장에서 보면 쓸모가 없다. 또한 우리는 편향에 영향을 받는다. 진실과 효용이 충돌할 때 진실은 뒤로 밀려난다. 종종 비이성적 공포를 느끼는 이유가 거기에 있다. 거미와 뱀을 극도로 무서워하는 사람들을 떠올려 보라.

마찬가지로 본능은 도덕성의 영역에서도 한계가 있다. 우리는 원시인의 도덕성을 지니고 있다. 우리는 인종 차별의 비도덕성을 인식하거나, 아주 먼 곳에 사는 모르는 아이의 행복이 객관적 관점에서 내 아이의 행복과 동일하게 중요하다는 사실을 이해하도록 만들어지지 않았다. 아원자 입자에 대한 지식과 마찬가지로 편파적이지 않은 도덕성은 우리의 뇌가 진화의 목표로 삼은 것이 아니다. 아무런 적응적 가치가 없기 때문이다.

그러나 어쩐 일인지 인간은(그리고 오직 인간만이) 놀라운 일을 해냈다. 우리는 한계를 초월할 수 있다. 우리는 과학, 기술, 철학, 문학, 예술, 법률을 발전시켰다. 세계인권선언Universal Declaration of Human Rights을 만들었고 달에 다녀왔다. 우리는 다른 목표를 추구하기 위해 번식 성공이라는 본능의 목표를 의도적으로 전복하는 피임법을 활용한다. 가족과 친구를 아끼는 생리적 욕구를 극복하고 자원 중 일부(전혀 충분치 않지만 그래도 일부)를 모르는 사람들에게 베풀기도 한다.

우리는 이런 사실들을 충분히 놀라워 하지 않는다. 우리의 정신이 중간 크기 대상(식물, 새, 바위, 사물들)의 세계를 극복하고 우주의 기원과 양자력, 시간의 속성을 어느 정도 이해할 수 있게 되었다는 사실 말이다. 동족에게 자비심을 느끼고, 우리에게 자비를 베푼 사람들에게 감사하도록 진화하여, 먼 곳에 사는 사람들을 도우려는 도덕적 계율에 이르렀다는 사실 말이다.

어떤 사람들은 이 모든 일이 기적이며, 따라서 신의 존재를 증명한다고 생각한다. 나는 회의론자이며, 다른 글에서 도덕성의 영역에 대한 신학적 분석에 직접적으로 반박했다.[3] 그래도 이는 유혹적인 추론이다. 나는 그 누구보다 영성이 부족한 사람이다. 그럼에도 신의 개입에 대한 믿음을 갖고 싶다면 초월을 살피는 일부터 시작할 것이다.

본능과 진화의 엇박자

지금까지 진실과 선의에 대해 이야기했다. 그렇다면 쾌락과 의미는 어떨까? 진화한 본능이라는 그림에 어떻게 들어맞을까?

앞서와 비슷한 이야기를 할 수 있을 것 같다. 우리의 기분과 감정, 리듬 앤 블루스rhythm and blues 역시 뇌가 자연 선택을 통해 진화한 부산물이다. 우리는 일이 잘 풀릴 때 안심하고, 위협받을 때 두려워하며, 사랑하는 사람의 죽음에 슬퍼한다. 이런 정서는 생존과 번식 확률을 높이기 위한 적응의 결과다. 이 모든 것에 대해 다윈에게 감사하라(또는 그를 탓하라).

우리의 정서와 감정이 어떻게 적응적 목적에 기여하는지에 대한 세부적인 내용은 수많은 진화심리학 분석에서 확인할 수 있다. 그중 대다수는 영양, 지위, 출산 등 생식적 목적과 연계된 단기적 쾌락에 초점을 맞춘다. 그러나 행복 같은 장기적 기분도 동일한 방식으로 바라볼 수 있다. 스티븐 핑커는 이렇게 쓴다.

> 우리는 건강하고, 잘 먹고, 편안하고, 안전하고, 즐겁고, 많이 알고, 타인들에게 존중받고, 독신이 아니고, 사랑받을 때 더 행복하다. 반대되는 경우와 달리 이 노력의 목표들은 생식에 도움이 된다. 행복은 뇌가 다윈주의적 적합성의 핵심 요소를 추구하도록 부추기는 기능을 한다. 우리는 불행할 때 우리를 행복하게 해주는 것들을 얻으려 노력한다. 또한 우리는 행복할 때 그 상태를 유지하려 한다.[4]

여기서 냉엄한 진실이 드러난다. 우리는 행복하도록 만들어지지 않았다. 진화는 우리가 고통 없이 살기를 원치 않는 만큼, 끝없는 환희 속에 살기를 원치 않는다. 고통은 잘못된 것이 무엇인지 알려주는 정보이자 상황을 개선하도록 만드는 유도책이다. 슬픔, 외로움, 수치심도 비슷한 역할을 한다.

하지만 모든 부정적인 감정이 유용하지는 않다. 딱히 손쓸 방법이 없을 때 고질적 통증이 치유된다면, 또는 우울증과 불안증이 개선된다면 너무나 좋을 것이다. 때로 부정적인 감정은 지금 우리의 삶과 잘 맞지 않는다. 로버트 라이트는 이렇게 쓴다.

> 현대적 삶은 우리 종이 진화한 환경을 고려하는 경우 외에는 전혀 타당하지 않은 감정적 반응들로 가득하다. 당신은 버스나 비행기에서 한 부끄러운 행동 때문에 몇 시간 동안 괴로워할 수 있다. 그걸 목격한 사람들과 다시는 볼 일이 없으며, 따라서 그들의 의견은 아무 상관없는데도 말이다. 왜 자연 선택

은 너무나 쓸모없어 보이는 불편한 감정을 느끼도록 유기체를 설계했을까? 어쩌면 그 이유는 우리 선조들이 살던 환경에서는 그것이 쓸모없지 않았기 때문인지도 모른다. 수렵 채집 사회에서 당신은 거의 **언제나** 다시 볼 사람들과 생활하고, 따라서 그들의 의견이 중요한 사람들 앞에서 행동하게 된다.[5]

진화가 엇나가는 비슷한 방식은 때로 '쾌락의 쳇바퀴hedonic treadmill'라는 현상을 수반한다. 쾌락의 증가는 단기적이다. 당신은 새로운 경험이나 사건에 기쁨을 느낀다. 그러나 시간이 지나면 이전의 상태로 돌아간다. 첫 키스는 엄청나게 좋지만 1,000번째 키스는 훨씬 덜 좋다. 아무리 빨리 달려도 여전히 제자리인 셈이다. 우리의 정신은 변화에 대응한다. 현재 상태를 습관화하고 둔감해진다. 그러나 이 문제에 있어서 보다 구체적인 역학이 작용하고 있을 가능성이 높다. 긍정적인 경험을 무한히 음미할 수 있는 동물은 모든 노력을 중단할 것이다. 그래서 현재 상태를 고수하려는 성향이 덜한 동물보다 불리한 입장에 놓이게 된다. 어느 정도의 방황, 불안, 야심은 인간 존재 조건에 내재되어 있을지 모른다. 그중 많은 부분은 다른 사람들과 비교하여 자신이 서 있는 자리를 말해주는 위상과 연계된다. 나는 내 차에 만족한다. 하지만 이웃이 더 좋은 차를 사면 만족감이 사라진다.

이런 경우 진화의 목표(항상 그렇듯 비유적으로 말하자면)는 우리 자신의 목표가 아니다. 사유하는 존재로서 갈망해야 하는 목표와 우선순위가 아니다. 나는 많은 아이를 갖고 싶지 않다. 다른 사람들이 나를 어떻게 생각하는지 크게 신경 쓰고 싶지 않다. 또한 나의 삶에 영원히 만족하지 못한 채로 살고 싶은 마음이 전혀 없다.

다행히 우리는 초기 설정에 고착되어 있지 않다. 우리는 시스템을 조작할 수 있다. 우리의 시력에 한계가 있음을 인식하고 망원경을 만들었듯이, 우리의 도덕성이 편향되었음을 우려하면서 절차적 정의에 따른 공정한 절차를 구축했듯이, 우리는 당근과 채찍을 활용하는 감정의 속성에 점차 염증을 느끼면서 더 나아지려고 노력할 수 있다.

자연 선택을 무시하는 건 잘못된 일일까? 진화가 원하게 만든 것을 원해야 하지 않을까? 진화가 느끼도록 만든 것을 느껴야 하지 않을까?

아니다. 이런 관점은 틀렸다. '사정은 이렇다'와 '사정은 이러해야 한다' 사이에는 논리적 연관성이 없다. 결국 이런 추론은 터무니없는 결론으로 이어진다. 가령 정자은행에 정자를 기부하는 일이 유일한 경제 활동인 남자가 자녀가 없는 달라이 라마보다 훨씬 나은 삶을 살고 있음을 시사한다. 또는 아이들을 많이 낳고 끔찍하게 학대하는 여성이(그래도 아이들이 살아남아서 생식을 한다면) 아이를 입양해서 애정과 존중으로 키우는 여성보다 훨씬 나은 삶을 살고 있음을 시사한다. 이보다 멍청한 입장은 상상할 수 없다.

다만 정신을 조작하려는 **일부** 시도는 어리석고 비도덕적이다. 우리는 사회적 접촉, 생산적 활동, 의미 있는 관계 등을 통해 쾌락을 얻도록 진화했다. 그러나 술과 마약을 통해 지름길로 갈 수 있다. 어쩌면 미래에는 사람들이 헤로인 같은 마약의 부작용에 시달리지 않고도 황홀경에 빠져서 크나큰 쾌락을 즐기는 삶을 살지도 모른다. 이는 잘못된 목표다. 삶을 낭비하는 일이다. 마찬가지로 사이코패스를 만드는 약이 있다면 어떤 사람들은 그 약을 먹을 것이다. 그들은 다른 사람들에게 입히는 피해에 아랑곳없이 양심으로부터의 해방을 즐길 것이다. 또한 많은 사람들은 장기적으로 덜 충만한 삶으로 이어진다고 해도 불안과 슬픔을 없애주는 약의 유혹을 느낄 것이다.

하지만 다른 접근법들이 보다 유망하다. 앞서 타인들이 우리에게 느끼는 감정에 과도하게 반응하도록 진화한 양상에 대한 로버트 라이트의 말을 인용했다. 그는 불교식 명상 수련이 해결책이 될 수 있다고 주장한다. 그는 불교에서 자연 선택이 우리에게 심어놓은 우선순위에 맞서는 저항을 본다. 진화 때문에 우리는 애착과 열망에 이끌려 다닌다. 걱정하고, 집착하고, 계획한다. 세상에 대한 우리의 지각은 욕망으로 채색되고 흐릿해진다. 명상은 이 모든 문제를 바로잡을 수 있다. 세상을 있는 그대로 받아들이고, 자아를 벗어던지고, 불건강한 애착으로부터 벗어날 수 있다.

요즘 학계와 대중문화 양면에서 이 접근법에 대한 관심이 뜨겁다. 나는 이 접근법을 더 연구할 가치가 있다는 데 동의한다. 거기에는 명상 효과에 대한 보다 많은 실증적 연구도 포함된다. 하지만 다른 누구도 반론을 제기하지 않는 것 같아서 비판적 발언을 추가하고자 한다.

내가 걱정하는 부분은 우리가 친구 및 가족과 맺는 관계다. 평정심과 비집착이라는 불교의 목표는 도덕적 측면에서 상당히 매력적이다. 내가 지난번에 펴낸 책의 제목은 『공감의 배신』이다. 이 책에서 공감 같은 감정은 도덕적 지침으로 삼기에는 너무 편향되어 있고, 계산을 할 줄 모르고, 편협하다고 주장했다. 따라서 중요한 결정을 내릴 때는 '합리적 연민'이라는 보다 거리를 두는 접근법을 취하는 편이 낫다고 주장했다. 나는 불교 사상을 토대로 이 주장을 전개했다. 그런 측면에서 나의 책은 불교 철학과 상당히 부합했다.

그러나 나는 이 책에서 나의 관점이 부딪히는 난관들과 씨름했다. 그중 하나는 가까운 관계의 문제였다. 합리적 연민은 사랑이 넘치는 부모나 친구 또는 연인이 되기에는 전혀 맞지 않는 태도처럼 보인다.[6] 사랑하는 사람을 상대로 거리를 두고 편향 없는 자세를 취해서는 안 된다. 가령 좋은 아버지가 되려면 다른 사람의 아이보다 자신의 아이를 우선시해야 한다. 즉, 자신의 아이를 더 소중히 여기고 사랑해야 한다. 불교는 가까운 관계의 특별함을 부정한다는 점에서 중요한 것을 빠트리고 있다. ("불교식 진공청소기 이야기 들었어? 추가 청소도구attachments(애착을 뜻하기도 함－옮긴이) 없이 나왔대"라는 오랜 농담을 떠올려 보라.) 나는 불교 신자나 불교 수행을 하는 비신자들이 애정 어린 부모나 친구 또는 연인이 될 수 있다는 사실을 (당연히) 의심치 않는다. 그러나 그럴수록 그들은 불교의 계율을 지키지 않는 셈이다.

결과가 좋든 나쁘든, 이 책에서 내가 추구하는 목표는 보다 소박하다. 나는 우리가 본성을 초월한다고 주장하지 않는다. 그보다는 우리에게 쾌락과 행복 그리고 충만감을 안기는 것이 무엇인지 고찰했다. 또한 이 모든 것에서 고난은 어떤 자리를 차지하는지 살폈다. 이 작업은 인간 본성의 특정한 측면을 이해하려는 탐구심과 호기심에 따른 것이었다. 그러나 이 탐구는 어떻게 사는 것이 최선인지에 대한 실용적 의미들도 지니고 있다.

그중 한 가지는 동기다원주의로 우리를 다시 데려간다. 쾌락과 의미, 헤도니아hedonia와 유데모니아라는 고전적인 대척점이 있다. 어느 것을 선택해야 할까? 사실 둘 다 취할 수 있다. 실제로 동기다원주의가 내리는 결론은 더욱 강경하다. 거기에 따르면 단지 일부 사람들이 행복한 동시에 의미 있는 삶을 사는 것이 아니다. 행복과 의미 사이에 연관성이 있다.[7] 즉, 행복한 사람은 자신의 삶이 의미 있다고 말할 가능성이 더 높다. 또한 자신의 삶이 의미 있다고 말하는 사람은 행복하다고 말할 가능성이 더 높다.

쾌락과 의미의 관계를 살핀 일련의 연구에서 연구진은 대학생을 대상으로 쾌락을 안기는 새로운 경험 또는 의미를 제공하는 새로운 경험을 생활 속으로 받아들이게 만들었다.[8] 쾌락적 활동은 수면, 쇼핑, 영화 관람, 단 음식 섭취 등이었다. 의미 있는 활동은 다른 사람 돕기, 내적 성찰, 의미 있는 토론 등이었다.

연구 결과 두 활동 모두 긍정적인 효과를 미쳤다. 자신의 삶이 이미 충분히 의미 있다고 밝힌 학생들의 삶에 쾌락을 더하자 기분이 좋아지고 태도가 느긋해졌다. 자신의 삶이 이미 충분히 즐겁다고 밝힌 학생들의 삶에 의미를 더하자 '삶을 보다 고양시키는 경험'으로 이어졌다. 뒤이어 연구진이 두 유형의 활동을 모두 생활 속으로 받아들이게 만들자, 복수의 효과가 나타났다. 연구진은 이렇게 연구 결과를 정리한다. "우리는 유데모니아(의미)와 헤도니아(쾌락)가 모두 삶에서 웰빙에 기여할 것이라고 예상했다. 또한 이 두 요소가 상호 배타적이라고 보지 않았다. 그에 따라 이 두 요소의 결합이 특히 뛰어난 웰빙과 연계되리라고 예상했다. 우리는 이 예측을 강하게 뒷받침하는 결과를 얻었다. 유데모니아와 헤도니아를 모두 추구한 사람들은 어느 쪽도 추구하지 않은 사람들보다 대다수 웰빙 관련 변수에서 더 높은 수치를 보고했다."

다만 여기서 신중을 기할 필요가 있다. 이 효과들은 강하지 않았다. 또한 폭넓은 표본이 아니라 대학생들이 연구 대상이었다. 그럼에도 이 연구 결과는 다른 연구들을 통해 밝혀진 사실들과 부합한다. 행복과 의미에 있어서는 오래된 라이트 맥주 광고의 카피가 옳다. 당신은 모두를 가질 수 있다.

행복을 향한 끝없는 노력

하지만 당신은 동시에 일을 망칠 수도 있다. 동기다원론이 옳다면(나는 그렇다고 생각한다) 한 가지 동기에 너무 좁은 초점을 맞추면 나쁜 효과를 미친다.

특히 행복하려고 **애쓰다가**, 또는 적어도 잘못된 방식으로 행복하려고 애쓰다가 결과적으로 행복을 망칠 수 있다.[9] 사람들이 행복을 추구하는 동기의 정도를 살핀 연구들이 있다. 연구자들은 피실험자들에게 "행복하다고 느끼는 것은 내게 아주 중요하다"와 "특정한 순간에 얼마나 행복한가는 내 삶이 얼마나 가치 있는가에 대해 많은 것을 말해준다" 같은 항목에 대해 스스로 평점을 매기도록 요청했다. 이런 항목에 대해 크게 동의한 사람들은 삶에서 좋은 결과를 얻을 가능성이 낮았고, 우울증과 외로움에 시달릴 가능성이 더 높았다.[10]

인과 관계의 방향에 대한 일반적인 우려가 이 문제에도 적용된다. 어쩌면 행복하려고 애쓰는 일이 사람을 우울하고 외롭게 만드는 건지도 모른다. 오히려 우울하고 외로운 사람들이 행복하려고 애쓸 동기가 더 강한지도 모른다. 그러나 행복을 추구하는 시도가 해롭다는 사실을 뒷받침하는 실험들이 있다. 한 연구에서 피실험자들은 스트라빈스키Stravinsky의 〈봄의 제전Rite of Spring〉을 들으며 행복을 느끼려고 노력하라는 요청을 받았다.[11] 그들의 기분은 그냥 음악을 들은 사람들의 기분보다 더 나빠졌다. 또 다른 연구에서는 행복의 이점에 대한 논문을 읽은(그래서 아마도 행복을 중시하게 되었을) 사람들이 행복한 영화 장면을 보고 난 후 덜 행복해졌다는 사실이 밝혀졌다.[12] 이처럼 행복에 집착하는 일은 나쁜 효과를 미치는 듯하다.

심리학자인 브레트 포드와 아이리스 모스Iris Mauss는 왜 그런지에 대해 몇 가지 주장을 제시한다.[13] 어쩌면 당신은 행복을 추구할 때 성공의 기준을 비현실적으로 높게 잡아서 실패를 자초할지도 모른다. 또는 행복에 대한 자의적 추구가 자신이 얼마나 행복한지를 많이 생각하게 만들고, 이것이 행복을 느끼는 데 방해가 되는지도 모른다. 자신이 키스를 얼마나 잘하는지 생각에 빠지면 정말로 키스를 잘하는 데 방해가 될 수 있는 것처럼 말이다.

가장 타당하면서도 두 사람이 가장 많이 강조한 설명은 무엇이 자신을 행복하게 만드는지 사람들이 정확하게 모른다는 것이다. 사실 칭찬이나 보상과 연관된 외적 목표를 추구하는 것(매력적으로 보이는 것, 돈을 버는 것, 사회적 위상을 높이는 것)은 행복감과 충만감을 낮춘다.[14] 그뿐 아니라 더 심한 우울, 불안, 정신질환과 연관된다. 258건 이상의 연구를 종합한 한 메타 분석에 따르면 "응답자들은 돈과 재산의 획득이 삶의 행복과 성공에 핵심적이라고 믿는 만큼 행복도와 생활 만족도가 낮고, 활력과 자아실현 수준이 낮으며, 우울과 불안 그리고 전반적인 정신질환이 더 심하다고 밝혔다." (물론, 앞서 돈이 행복과 관련이 있다고 말했다. 그래도 이 내용이 모순되는 것은 아니다. 돈은 당신을 행복하게 만든다. 반면 돈을 벌려고 **애쓰는** 일은 당신을 슬프게 만든다. 올바른 방법은 다른 의미 있는 일을 추구하는 과정에서 돈을 버는 것이다. 또는 가능하다면 부유한 가정에서 태어나는 것일 테다.)

그렇다면 행복하려고 애쓰는 게 문제가 아니라 특정한 방식으로 행복하려고 애쓰는 게 문제일지 모른다. 실제로 비교 문화 연구에서 동아시아 일부 지역 같은 집단주의 사회의 경우 행복하려고 애쓰는 것이 **실제로** 행복과 연관된다는 사실이 밝혀졌다. 아마도 이런 노력이 친구 및 가족과 교류하면서 훨씬 더 많은 사회적 참여를 끌어내기 때문일 것이다. 행복 추구가 절망을 안기는 사례는 물질주의적 이데올로기가 강한 미국 같은 개인주의 사회에서 나타난다. 잘못된 방식으로 행복을 추구하기 때문이다.[15]

쾌락주의자가 되는 일은 어떨까? 경험을 체감(**바로 지금**의 느낌)하는 지속 시간은 2초에서 3초 사이이다. 이는 대략 폴 매카트니가 "헤이 주드Hey Jude"라는 가사를 노래하는 데 걸리는 시간이다.[16] 그 이전의 모든 일은 기억이다. 그 이후의 모든 일은 예상이다. 그렇다면 2초에서 3초에 걸친 이 흘러가는 시간을 개선하는 데 전적으로 헌신하는 삶은 어떨까? 앞서 소개한 표현을 빌자면 이는 오로지 경험적 행복에 매달리는 삶이 될 것이다. 나는 1장에서 우리는 타고난 쾌락주의자가 아니며, 복수의 목표를 갈망한다고 주장했다. 그러나 어쩌면 우리는 쾌락주의자가 되어야 할지도 모른다! 쾌락에 더 초점을 맞추면 삶은 나아질지도 모른다.

나는 이 역시 실수, 즉 일을 망치는 두 번째 방식이 될 것이라고 생각한다. 하지만 이 관점을 지지하는 몇 명의 명민한 옹호론자들이 있다. 내가 가장 좋아하는 주장은 대니얼 길버트의 것이다. 그는 하나의 사례로 이야기를 시작한다.

> 나는 올림픽 경기장 규모의 수영장에서 행복하게 수영하면서 차가운 물과 따스한 햇살을 피부로 느끼는 부끄러움 모르는 쾌락주의자일지 모른다. 이때 나의 쾌락적 상태는 오로지 즐거움으로 묘사할 수밖에 없다. 때로 수영장에서 나와 잠시 내 삶이 얼마나 공허한지 생각한다. 그러면 몇 분 동안 기분이 나빠진다. 하지만 뒤이어 나는 다시 수영장으로 들어가 수영을 더 한다.[17]

수영장에서 계속 나날을 보내면 우리의 삶은 전반적인 만족도가 낮고 무의미하기는 하지만 경험적 행복으로 가득할 것이다. 그게 얼마나 나쁠 수 있을까?

앞서 살폈듯이 많은 사람들은 그것은 좋은 삶이 아니라고 생각한다. 대니얼 카너먼은 타일러 코웬에게 자신의 경력을 설명하면서 이렇게 말한다. “저는 경험을 극대화하는 데 관심이 아주 많았습니다. 그런데 사람들은 그렇게 하고 싶어 하는 것 같지 않아요. 그들은 실제로 자신 그리고 자신의 삶에 대한 만족도를 극대화하고 싶어 합니다."[18] 딜런 매튜스도 비슷한 말을 한다. "내 생각에는 이 척도(생활 만족도)를 사람들이 실제로 원하는 것과 관련하여 정서적 웰빙보다 나은 척도라고 말해도 무방하다. 나는 계속 들떠 있고, 무사태평하기를 바라지 않는다. 전반적으로 행복하게 살 수 있는 삶을 원한다."[19] 그리고 존 스튜어트 밀John Stuart Mill이 있다. "만족하는 돼지보다 불만스러운 인간이 되는 것이 낫다. 만족하는 바보보다 불만스러운 소크라테스가 되는 것이 낫다. 그리고 바보 또는 돼지가 이와 다른 의견을 가졌다면 그 유일한 이유는 자신이 속한 측면밖에 보지 못하기 때문이다."[20]

길버트는 이런 반응에 설득되지 않는다. 그는 자신이 제시한 수영장 사례에서 두 종류의 의식적 경험이 있음을 지적한다. 이는 다음의 두 사람과 비슷하다. 우선 차가운 물과 따스한 햇살을 느끼면서 행복해하는 경험자Experiencer가 있다. 또한 전반적으로 삶에 대해 판정하고 실망하는 관찰자Observer가 있다.

길버트는 우리가 이 문제를 의식적으로 숙고할 때 관찰자를 만들어낸다고 지적한다. 관찰자는 내면의 소크라테스에 해당하는 우리 자신의 일부다. 이 점은 우리가 언제나 관찰자라는 인상을 줄 수 있다. 그러나 길버트가 말한 대로 이는 냉장고 문을 열 때마다 불이 켜져 있으므로 냉장고 불은 항상 켜져 있는 게 분명하다고 결론짓는 일과 같다. 실제로 길버트는 관찰자는 우리의 삶에서 존재하는 경우가 드물다고 지적한다. 우리는 삶을 전반적으로 생각하는 시간을 거의 갖지 않는다. 차가운 물과 따스한 햇살이 있는 수영장에 들어가 있을 때 또는 친구들과 웃고 떠들 때(아니면 같은 맥락에서 고통스러운 치과 치료를 받거나 계단에서 굴러떨어질 때)는 삶을 평가하지 않는다. 그냥 살아갈 뿐이다. 즉, 당신은 경험자다.

그래서 관찰자에게 물어보면 "이건 가치 있는 삶이 아냐. 너무 실망스러워"라는 말을 듣는다. 하지만 경험자, 즉 돼지에게 물어보면 다른 답이 나온다. 경험자는 즐기고 있다! 하필 굳이 물어보았기 때문에 경험자를 침묵하게 만들었을 뿐이다.

여기에는 부당한 측면이 있다. 당신은 판정을 내리려 하지만 한 쪽 주장만 듣는다. 게다가 관찰자가 항상 옳지도 않다. 다른 여성과 로맨틱하면서도 성적인 깊은 관계를 맺고 거기서 쾌락과 만족을 얻는 젊은 여성을 상상해 보라. 문제는 그녀가 근본주의적인 교육을 받고 자랐다는 것이다. 그래서 그녀는 부모와 이야기할 때 부끄러움을 느끼게 된다. 또는 아이, 배우자, 친구들과 보내는 시간을 즐기는 사람을 상상해 보라. 하지만 그는 가끔 자신의 경력에 대해 생각하고, 다른 사람들은 자기보다 성공했으며 돈을 더 번다고 생각한다. 그럴 때면 그는 야망 없는 자신에게 분노하면서 사무실에서 더 많은 시간을 보내기로 결심한다. 이 각각의 사례에서 경험자는 행복하지만 관찰자는 그렇지 않다. 그래도 관찰자가 명백히 옳을까?

길버트는 좋은 삶을 파악하는 유일하게 공정한 방식은 '지속시간 가중치duration weighting'라고 주장한다. 행복하게 보내는 시간과 슬프게 보내는 시간을 그냥 더한다. 삶을 성찰하면 슬퍼지지만 그런 성찰을 매주 두어 시간만 한다면, 거기에 크게 비중을 두지 말아야 한다. 길버트는 자신의 입장을 설명하기 위해 이렇게 쓴다.

> 친애하는 소크라테스가 아니라 당신의 아이를 위해 어떤 삶을 선택할 것인지 질문함으로써 지속시간 가중치의 매력을 조금이나마 엿보게 만들 수 있다. 당신의 아이가 삶을 성찰할 때만 제외하고 거의 언제나 행복한 삶을 살기를 바라는가 아니면 그 반대의 삶을 살기를 바라는가? …… 우리 아이를 매일 겨우 1시간 동안 행복하라고 23시간 동안 불행하게 지내도록 만드는 일은 상상하기 어렵다.

이 주장을 진지하게 받아들일 가치가 있다고 생각하지 않았다면 그렇게 오래 살피지 않았을 것이다. 그래도 나는 이 주장에 전적으로 동의하지 않는다.

첫째, 아이에 대해 생각하게 만드는 방식은 길버트가 의도한 효과를 내지 못한다. 나는 동기다원주의자이기에 나의 아이에게 매일 겨우 1시간의 즐거움만 주고 싶지 않다. 한편으로는 아들들이 행복한 게으름뱅이로 삶을 낭비하는 쪽도 매우 실망스러울 것이다. 경험자의 다른 이름은 밀의 표현대로 돼지다. 누가 돼지를 아이로 갖고 싶어 할까?

둘째, 나는 소크라테스와 돼지가 동등한 발언권을 가져야 **한다고** 생각하지 않는다. 밀이 말한 대로 경험자, 즉 돼지는 자신이 속한 측면만 안다. 반면 소크라테스는 쾌락주의의 장점에 대해 추론할 수 있다. 지금 우리가 하고 있는 일처럼 말이다. 또한 그는 다른 사람들을 신경 쓴다. 똑똑해지면 간혹 파괴적인 이데올로기에 취약해질 수도 있다. 그렇다고 해도 돼지는 여전히 돼지일 뿐이다. 억지로 선택해야 한다면 나는 소크라테스의 말을 듣겠다. 그는 돼지가 모르는 사실들을 알지도 모른다. 똑똑한 쪽이니까.

결국 당신은 프로젝트와 계획을 진행하는 삶, 다른 사람들과 소통하고 자신의 삶을 개선하려고 노력하는 삶을 원해야 **마땅하다**. 지속시간 가중치의 척도에 따르면 끝없이 모르핀이 주입되는 장치에 연결된 채 완벽하게 도취된 중독자(또는 1장에서 설명한 노직의 경험기계 속에 들어가 있는 사람)가 최고의 삶을 사는 셈이다. 세상의 온갖 고통으로부터 엄청난 쾌락을 얻는 사디스트도 마찬가지다. 나는 이런 삶이 좋은 삶이 아니라는 주장이 논쟁의 여지가 있는 도덕적 입장이라고 보지 않는다.

길버트의 수영장에서 남은 생을 보내지 말아야 하는 보다 평범한 이유도 있다. 그런 삶은 아마 지루해질 것이다. 나는 이 점이 의미를 추구하는 삶과 쾌락을 추구하는 삶이 종종 같이 가는 한 가지 이유일지 모른다고 생각한다. 가령 힘든 장기 프로젝트는 흥분과 새로움을 접할 기회를 제공한다. 그래서 쾌락주의자들이 직면하는 한 가지 큰 문제, 바로 권태를 피할 수 있다. 관찰자와 경험자의 목표는 종종 충돌할 수 있고, 실제로 충돌한다. 그러나 좋은 삶은 둘 다 충족할 수 있는 가능성을 지닌다.

가치 있는 만큼 고통스럽다

이 책의 많은 부분은 선택적 고난이 쾌락을 창출하고 강화하며, 또한 의미 있는 활동과 삶의 필수 요소라는 주장을 전개했다. 선택적 고난은 종종 올바른 길이기도 하다. 제이디 스미스의 말을 다시 인용하자면 "가치 있는 만큼 고통스럽다". 때로 고통은 가치에 대한 적절한 인정이 될 수 있다.

그래서 고난은 종종 좋은 일이지만 항상 그렇지는 않다. 때로 우리는 고난을 과대평가하고, 과도하게 탐닉한다.

지난 장에서 고난에는 논리가 있으며, 모든 일에는 이유가 있다고 생각하는 경향에 대해 이야기했다. 심지어 아이들도 이런 경향을 지닌다. 이 경향은 인생 전반에 걸쳐, 특히 종교에 노출되면서 강화된다. 이런 믿음이 전적으로 나쁜 것은 아니다. 비선택적 고난을 감수하고 의미와 목적을 부여하는 데 도움이 될 수 있기 때문이다. 이런 믿음은 우리를 안심시키고 달래준다.

하지만 부정적인 측면도 있다. 바로 비난을 조장한다는 것이다. "모든 일에는 이유가 있다"는 말은 사람들이 마땅한 일을 당한다는 것을 암시한다. 즉, 인과응보라는 뜻이다. 이는 불행한 일을 당한 사람(때로 우리 자신을 포함하여)이나 병에 걸린 사람 또는 남에게 피해를 입은 사람에 대한 반사적인 질책을 낳을 수 있다. 또한 냉담과 무관심으로 이어질 수 있다. 우연은 없고, 모든 일이 어차피 더 고차원적인 선에 기여한다면 상황을 개선하기 위해 열심히 노력할 이유가 있을까? 차별과 억압이 심오한 계획의 작동을 위해서라면 (결국, 온유한 자가 땅을 물려받을 것이라면(마태복음 5장 5절의 내용 – 옮긴이)) 굳이 걱정할 이유가 있을까?

모든 일에는 이유가 있다는 관념은 잘못되었으며, 이런 잘못된 관념을 믿어서는 안 된다. 그래도 아마 당신은 리처드 도킨스만큼 멀리 나아가지는 않을 것이다. 그는 우주가 "근본적으로 아무런 기획도, 목적도, 선악도 없으며 오직 눈 멀고 냉정한 무관심밖에 없다면 예상할 수 있는 속성들을 고스란히 드러낸다"고 썼다.[21] 그러나 신실한 사람들조차 적어도 이곳 지구에서는 사람들이 마땅한 대가를 얻는 방식으로 자연스럽게 일이 돌아가지 않는다는 데 동의해야 한다. 성스러운 정의나 업보가 존재한다고 해도 우리가 사는 세상에서는 찾아볼 수 없다. 인간이 살아가는 삶의 사건들은 개인과 사회가 그렇게 되도록 노력할 때에만 공정하고 정당한 방식으로 일어난다. 그렇지 않다고 생각하고 싶은 본능적 욕구에 맞서야 한다.

지난 장에서 추가로 우려할 점도 제시했다. 그 내용은 많은 사람들이 고난을 선과 연계하는 양상과 관계가 있다. 우리는 어떤 행동의 미덕을 판단할 때 의도와 결과를 따질 뿐 아니라 선행을 한 사람이 얼마나 많은 고난을 경험했는지도 고려한다. 이는 고난을 치르지 않은 선행을 평가 절하하고, 고난을 겪어낸 선행을 과대평가하게 만든다. 이런 태도는 매우 어리석다. 때로 세상을 더욱 살기 좋게 만드는 이타적 행동은 그 행위자를 더 행복하고 심지어 부유하게 만든다. 다른 사람들의 삶을 개선하는 한편 돈을 벌었다고 화를 내면(아예 아무 도움도 주지 않는 경우보다 더), 세상을 더 살기 좋게 만드는 행동을 억누르게 된다.

끝으로 선택적 고난은 그 자체로 목적이 될 수 있으며, 다른 좋은 일들로부터 주의를 분산시킬 수도 있다. 일레인 스캐리는 『고통받는 몸』에서 예술가들을 "가장 진정으로 고난에 시달리는 사람들의 계급"이라고 말했다.[22] 그러나 이는 칭찬이 아니다. 그녀는 그들의 예술이 "도움이 절실한 다른 사람들로부터 뜻하지 않게 관심을 돌릴 수 있다"라고 걱정한다. 안나 카레니나 같은 가상의 인물이나 다이애나 비 같은 우리와 동떨어진 인물의 고난을 간접적으로 체험하는 편이 우리 주위에서 엉망으로 살아가는 사람들을 직접 상대하기보다 훨씬 재미있다. 그들은 덜 흥미롭고, 관심과 노력과 자원을 요구하며, 종종 우리가 베푼 도움을 고마워하지 않는다. 남왈리 서펠Namwali Serpell은 '공감의 진부성'이라는 참신한 글에서 비슷한 주장을 한다.[23] 그녀는 이 문제에 대한 장 자크 루소Jean-Jacques Rousseau의 말을 인용한다.

> 우리는 이런 픽션들에 눈물을 흘리면서 자신의 더 많은 것을 내주는 일 없이 인류의 모든 정당함을 충족했다. 반면 직접 대면하는 불행한 사람들은 관심, 지원, 위로, 노력을 요구한다. 그래서 그들의 고통에 동참해야 하며, 적어도 우리의 나태함을 희생해야 한다.

공감에 따른 아픔을 대외적으로 드러내는 행위는 관심, 인정, 애정을 얻게 될 뿐 아니라 일부 집단에서는 확실한 권위를 선사한다. 소셜 미디어에서 그 극단적인 버전을 볼 수 있다. 사람들은 종종 다른 사람들의 고통이 초래한 자신의 고통에 주목해 달라고 절박하게 외친다. 고난의 대리 체험도 소통에 대한 욕구를 충족할 수 있다. 제임스 도스James Dawes는 이렇게 쓴다. "고난을 통한 단결의 경험, 자신의 고뇌를 나누고 타인이 진 고뇌의 무게를 느끼는 데서 나오는 깊은 만족감, 슬픔에 찬 기쁨이 있다. 때로 나는 그것이 유대를 맺기 위한, 대부분의 인간적 교류가 지닌 존재론적 결핍을 넘어서고자 하는 근본적인 인간의 욕구라고 생각한다."[24]

나는 이들만큼 고난의 대리 체험이 현실 세계에서 사람들을 돕는 일을 저해한다고 걱정하지 않는다. 그래도 현실적 우려를 제외하면, 고난을 대리 체험하는 행위에 다소 꺼림칙한 요소가 있다는 데는 동의한다. 홀로코스트 학자인 에바 호프만Eva Hoffman은 1960년대의 사람들이 수용소 생존자들에게 매료되는 현상에 대해 이야기한다. 이 일종의 '심오한 절도depth larceny'를 통해 부유한 미국인들은 자신의 생존자 인맥을 자랑했다.[25] 그녀는 한 파티에서 들은 대화 내용을 소개한다. 거기에 따르면 어떤 사람이 부헨발트Buchenwald에서 살아남은 친구에 대해 이야기하자, 상대방은 자기 이웃 중 한 명은 아우슈비츠에 있었다고 뽐내듯 대꾸한다. 이는 자기도취적이고 무례하다.

그렇다면 우리가 고난을 선택하는 것이 순전히 좋은 일만은 아니다. 거기에는 현실적 · 도덕적 위험이 따른다.

그럼에도 선택적 고난(올바른 시기, 올바른 방식, 올바른 정도의)은 삶에 가치를 더한다. 나는 동기다원주의를 변호하면서 이 책을 시작했다. 우리는 삶에서 많은 것을 원한다. 고난은 그중 다수를 개선할 수 있다. 선택적 고난은 커다란 즐거움으로 이어질 수 있다. 이는 의미 있다고 여기는 경험의 필수 요소다. 선택적 고난은 우리를 다른 사람과 연결하며, 공동체와 애정의 원천이 될 수 있다. 또한 깊은 정서와 마음의 감정을 반영한다.

고난에 대한 우리의 탐구는 동시에 인간 조건에 대한 탐구이기도 했다. 고난에 대한 욕구는 우리가 누구인지에 대한 중요한 사실을 말해준다. 최소한 우리가 원하는 것이 무엇인지에 대한 단순한 이론들이 잘못되었음을 보여준다. 우리는 놀라운 방식으로 충족될 수 있는 다양한 동기와 욕구를 지닌 복잡한 존재다.

올더스 헉슬리Aldous Huxley는 이 점을 잘 표현한다. 그의 1932년 작인 『멋진 신세계』는 안정과 통제, 약물로 얻는 행복만을 추구하는 사회를 묘사한다. 이 사회는 행복과 쾌락을 극대화한다는 목표를 위해 다른 모든 것을 희생한다. 이 책의 결말 부분에 체제를 대표하는 무스타파 몬드Mustapha Mond와 체제에 저항하는 존John의 대화가 나온다. 몬드는 쾌락의 가치에 대해 열변을 토한다. 뒤이어 그는 인간의 쾌락을 극대화하기 위해 신경학적 개입법이 개발되었으며, 그 모든 것이 너무나 쉽고 편리하다고 말한다. 그리고 "우리는 안락한 삶을 선호한다"라고 결론짓는다.[26]

그러자 존은 이렇게 대꾸한다. "하지만 저는 안락함을 원치 않습니다. 저는 신을, 시를, 진정한 위험을, 자유를, 선을 원합니다. 그리고 저는 죄악을 원합니다."

이보다 인간 본성을 잘 요약한 말은 없다.

도움을 주신 너무나 많은 분들에게 고마움을 느낀다. 대담, 세미나, 팟캐스트에서 이 아이디어들의 초기 버전을 이야기했을 때 사려 깊은 의견과 제안을 많이 받았다. 그것들을 쾌락과 고난에 대한 생각을 정리하는 데 심대한 영향을 끼쳤다. 이 책을 쓸 때 한 번도 만난 적 없는 분을 포함한 수많은 학자들이 내가 이메일로 연락했을 때 친절하게도 유익한 의견과 조언을 제공해주었다. 또한 이 책에 담긴 내용 중 많은 부분이 친구들과 나눈 가벼운 대화에서 나왔다. 그들은 이야기를 들려주거나, 얼마 전에 읽은 새로운 연구 결과를 알려주거나, 내가 한 말을 영리하게 변주했다. 그러면 나는 나중에 써먹으려고 급히 그 내용을 적어두었다.

아마 몇 명은 빠뜨릴 것이다. 그 점, 우선 사과드린다. 그래도 다음 분들에게 깊이 감사드린다. 네드 블록Ned Block, 맥스 블룸Max

Bloom, 재커리 블룸Zachary Bloom, 레오나 브랜드윈Leona Brandwene, 니콜라스 크리스타키스Nicholas Christakis, 채즈 파이어스톤Chaz Firestone, 브레트 포드, 데보라 프리드Deborah Fried, 대니얼 길버트, 샘 해리스Sam Harris, 요엘 잉바르Yoel Inbar, 마이클 인즐리트, 줄리언 자라 에팅거Julian Jara-Ettinger, 폴 호세Paul Jose, 데이비드 켈리David Kelley, 조슈아 노브, 루이자 롬바드Louisa Lombard, 제프리 맥도날드Geoffrey MacDonald, 그레고리 머피Gregory Murphy, 마이클 노턴Michael Norton, 가브리엘 외팅겐Gabriele Oettingen, 애니 머피 폴Annie Murphy Paul, 로리 폴Laurie Paul, 데이비드 피자로, 아짐 샤리프Azim Shariff, 탐러 소머스Tamler Sommers, 에이미 스타맨스Amy Starmans, 야코프 트로프Yaacov Trope, 그레이엄 우드, 카렌 윈Karen Wynn, 디미트리스 시갈라타스, 그레이스 짐머Grace Zimmer.

팬데믹이 발생하기 전인 2020년 초반에 나는 이 책의 초고를 완성하고 예일대 학생 및 동료들을 만나 내용에 대해 토론했다. 논의에 통찰을 보태준 다음 분들에게 감사드린다. 피나르 알단Pinar Aldan, 소피 아놀드Sophie Arnold, 마리오 아티Mario Attie, 잭 비들Jack Beadle, 니콜 베츠Nicole Betz, 칼리 세실Karli Cecil, 블라드 치툭Vlad Chituc, 조안나 디마리 코튼Joanna Demaree-Cotton, 야로우 던햄Yarrow Dunham, 브라이언 어프Brian Earp, 에밀리 거딘Emily Gerdin, 줄리아 마셜Julia Marshall, 매들린 라이네키Madeline Reinecke, 알렉사 사치, 안나 카트린 서섹스Anna-Katrine Sussex, 매티 윌크스Matti Wilks, 케이트 양Kate Yang, 캐서린 지스카Katherine Ziska.

특히 재커리 블룸, 야로우 던햄, 프랭크 케일Frank Keil, 크리스티나 스타맨스Christina Starmans, 매티 윌크스Matti Wilks에게 고마움을 전한다.

이들은 각자 전체 원고에 대해 매우 유익한 논평을 써주었다.

대니얼 길버트는 내게 이 책의 전체 내용이 매우 혼란스럽다는 사실을 거의 설득시켰다는 점에서 특별히 언급될 자격이 있다(그는 내가 책을 다 쓴 후에야 이 일을 해주었다. 고마워, 댄!). 또한 그레이엄 우드에게는 가장 이상한 조언상을 수여한다. 그는 앞표지에 구속구 재갈을 문 나의 사진을 싣자고 제안했다.

이 책은 나의 에이전트인 카틴카 맷슨Katinka Matson과 같이한 다섯 번째 책이다. 언제나 그렇듯, 그녀의 좋은 조언과 날카로운 위트에 감사드린다. 그녀가 내 편이어서 다행이다. 또한 이 책은 지원을 아끼지 않는 명민한 편집자인 데니스 오스왈드Denise Oswald와 같이한 두 번째 책이다. 초기 원고에 대한 그의 명민한 논평은 대단히 귀중했다. 뛰어난 교정을 해준 윌 팔머Will Palmer에게도 감사드린다. 그보다 이 책을 면밀히 살필 사람이 있을까 싶다.

나는 내 삶의 전환기에 이 책을 썼다. 그동안 나를 붙들어주고 뒷받침해준 특별한 사람들에게 감사드린다. 특히 프랭크 케일, 그레고리 머피, 로리 폴, 그레이엄 우드 그리고 나의 특별한 아들들, 맥스Max와 재커리Zachary에게 고마움을 전한다. 그리고 지금은 세계적인 팬데믹 때문에 떨어져 있지만 인정과 지원을 베풀어준 캐나다와 미국의 가족들에게 많이 사랑한다는 말을 전한다.

아내인 크리스티나 스타맨스에게 가장 큰 빚을 졌다. 이 책에 담긴 모든 생각은 그녀와 나눈 대화 그리고 초기 원고에 대한 핵심을 꿰뚫는(그리고 종종 아주 웃기는) 논평을 통해 형성되었다. 혹시라도 내용이 부실하거나, 사례가 맞지 않거나, 농담이 썰렁한 부분이 있다면 모두 그녀의 조언을 받아들이지 않은 탓이다. 나는 이 책의 대부분을 토론토에서 집필했다. 우리는 서재에 나란히 앉아서 목소리를 높여 질문하거나, 방금 트위터에서 본 내용을 알려주었다. 또한 새로운 아이디어를 주고받거나, 방금 쓴 내용에 대한 의견을 구했다. 크리스티나가 내 옆에 있어준 덕분에 이 책을 쓰는 일이 즐거웠다.

여러분이 읽은 내용 중 많은 부분은 쾌락과 목적, 기쁨과 의미 사이의 적절한 균형을 다루었다. 나는 크리스티나 덕분에 그 절호점을 찾았다. 그래서 이 책을 그녀에게 바친다.

서문 | '행복한' 삶이라는 환상

1 Antti Revonsuo, "The Reinterpretation of Dreams: An Evolutionary Hypothesis of the Function of Dreaming," *Behavioral and Brain Sciences* 23(2000): 877-901.

2 Matthew A. Killingsworth & Daniel T. Gilbert, "A Wandering Mind Is an Unhappy Mind," *Science* 330(2010): 932.

3 Tom Bartlett, "Two Famous Academics, 3,000 Fans, $1,500 Tickets," *Chronicle of Higher Education*, 2019. 4. 4, https://www.chronicle.com/interactives/20190404-peterson.

4 Tyler Cowen, *Stubborn Attachments: A Vision for a Society of Free, Prosperous, and Responsible Individuals*(Stripe Press, 2018), 17.

5 Mihaly Csikszentmihalyi, *Flow: The Psychology of Optimal Experience*(Harper & Row, 1990), 11.

6 Emily Esfahani Smith, *The Power of Meaning: Crafting a Life That Matters*(Random House, 2017), 22.

7 Johann Hari, *Lost Connections: Uncovering the Real Causes of Depression- and the Unexpected Solutions*(Bloomsbury USA, 2018), 11.

8 David Brooks, *The Second Mountain: The Quest for a Moral Life*(Random House, 2019), x xii.

9 Steven Pinker, *Enlightenment Now: The Case for Reason, Science, Humanism, and Progress*(Penguin, 2018).

10 Steven Pinker, "Enlightenment Wars: Some Reflections on 'Enlightenment Now,' One Year Later," *Quillette*, 2019. 1. 14, https://quillette.com/2019/01/14/enlightenment-wars-some-reflections-on-enlightenment-now-one-year-later/.

11 Pinker, *Enlightenment Now*.

12 Pinker, *Enlightenment Now*.

13 Ed Diener et al., "Findings All Psychologists Should Know from the New Science on Subjective Well-Being," *Canadian Psychology* 58(2017): 87-104. 국가별 행복도에 대

한 최신 데이터는 다음 자료를 참고할 것. https://worldhappiness.report.com.

14 Diener et al., “Findings All Psychologists Should Know.”

15 John Helliwell, Richard Layard & Jeffrey Sachs, *World Happiness Report 2018*(New York: Sustainable Development Solutions Network, 2018), https://worldhappiness.report/ed/2018.

16 Helliwell et al., *World Happiness Report 2018.*

17 “Why Suicide Is Falling Around the World, and How to Bring It Down More,” *The Economist*, 2018. 11. 24, https://www.economist.com/leaders/2018/11/24/why-suicide-is-falling-around-the-world-and-how-to-bring-it-down-more.

18 Pinker, *Enlightenment Now.*

19 Brooks, *The Second Mountain.*

20 Hari, *Lost Connections*, 88.

21 Sebastian Junger, *Tribe: On Homecoming and Belonging*(Twelve, 2016), 2 & 3.

22 Peter A. Thiel & Blake Masters, *Zero to One: Notes on Startups, or How to Build the Future*(Broadway Business, 2014), 95 & 96.

23 Greta Thunberg(@GretaThunberg), “Before I started school striking,” Twitter, 2019. 8. 31, 5:47 p.m., https://twitter.com/GretaThunberg/status/1167916944520908800.

24 Joseph B. Fabry, *The Pursuit of Meaning: Viktor Frankl, Logotherapy, and Life*(Harper & Row, 1980).

25 Vicktor E. Frankl, *Man's Search for Meaning*(Pocket Boos, 1973).

26 Smith, *The Power of Meaning*; Brock Bastian, *The Other Side of Happiness: Embracing a More Fearless Approach to Living*(Allen Lane, 2018).

1장 | 쾌락주의에 반기를 들다

1 톰Tom이라는 이름의 블로거, “Daydreaming @ Mile 110,” *Chasing Long*, 2017. 1. 30, https://chasinglong.blog/2017/01/30/dayddreaming-mile-110.

2 George Ainslie, “Beyond Microeconomics: Conflict Among Interests in a Multiple Self as a Determinant of Value,” 출처: *The Multiple Self*, 편집: Jon Elster(Cambridge University Press, 1986), 156.

3 정확한 대화 내용은 다음 자료를 참고할 것. Wikipedia, s.v. “A Nice Place to Visit,” https://en.wikipedia.org/wiki/A_Nice_Place_to_Visit. 다음 책에서도 같은 사례가 나온다. Paul Bloom, *How Pleasure Works: The New Science of Why We Like What We Like*(Random House, 2010). 또한 드라마 <굿 플레이스The Good Place>의 마지막 시즌에서 비슷한 주제가 다뤄진다.

4 David Lewis, “Mad Pain and Martian Pain,” 출처: *Philosophical Papers*, vol. 1(Oxford University Press, 1983).

5 Elsa Wuhrman, "Acute Pain: Assessment and Treatment," Medscape, 2011. 1. 3, https://www.medscape.com/viewarticle/735034.

6 Jeremy Bentham, *An Introduction to the Principles of Morals and Legislation*(Wentworth Press, 2019), 7.

7 Sigmund Freud, "The economic problem of masochism," 출처: *The Standard Edition of the Complete Psychological Works of Sigmund Freud, Volume XIX(1923-1925): The Ego and the Id and Other Works*(Hogarth, 1971), 160.

8 Nikola Grahek, *Feeling Pain and Being in Pain*(MIT Press, 2011), 45.

9 Grahek, *Feeling Pain and Being in Pain*; Daniel C. Dennett, "Why You Can't Make a Computer That Feels Pain," *Synthese* 38(1978): 415-56.

10 Grahek, *Feeling Pain and Being in Pain*, 34.

11 Andrea Long Chu, "The Pink," *n+1* 34(2019. 봄), https://nplusonemag.com/issue-34/politics/the-pink/.

12 Robert Wright, *Why Buddhism Is True: The Science and Philosophy of Meditation and Enlightenment*(Simon & Schuster, 2017), 70.

13 Eduardo B. Andrade & Joel B. Cohen, "On the Consumption of Negative Feelings," *Journal of Consumer Research* 34(2007): 283-300.

14 Brett Q. Ford & Maya Tamir, "When Getting Angry Is Smart: Emotional Preferences and Emotional Intelligence," *Emotion* 12(2012): 685-89.

15 Julian Hanich el al., "Why We Like to Watch Sad Films: The Pleasure of Being Moved in Aesthetic Experiences," *Psychology of Aesthetics, Creativity, and the Arts* 8(2014): 130-43.

16 Ai Kawakami et al., "Relations Between Musical Structures and Perceived and Felt Emotions," *Music Perception: An Interdisciplinary Journal* 30(2013): 407-17; Liila Taruffi & Stefan Koelsch, "The Paradox of Music-Evoked Sadness: An Online Survey," *PLoS One* 9(2014): 3110490.

17 Emily Cornett, "Why Do We Enjoy Sad Music? A Review" (미출판 논문, 예일대 학부 세미나, 2018), 허락하에 인용.

18 Paul Gilbert et al., "Fears of Compassion and Happiness in Relation to Alexithymia, Mindfulness, and Self-Criticism," *Psychology and Psychotherapy: Theory, Research and Practice* 85(2012): 374-90.

19 Yuri Miyamoto & Xiaoming Ma, "Dampening or Savouring Positive Emotions: A Dialectical Cultural Script Guides Emotion Regulation," *Emotion* 11(2011): 1346-57.

20 노자, 『도덕경』, 번역: Red Pine(Copper Canyon Press, 2009), 116.

21 An Sieun et al., "Two Sides of Emotion: Exploring Positivity and Negativity in Six Basic Emotions Across Cultures," *Frontiers in Psychology* 8(2017): 610.

22 Josh Rosenblatt, *Why We Fight: One Man's Search for Meaning Inside the Ring*(Ecco, 2019), 2.

23 Daniel Gilbert, *Stumbling on Happiness*(Knopf, 2006), 33.

24 Ursula Le Guin, "The Ones Who Walk Away from Omelas," *New Dimensions* 3(1973), https://libcom/org/files/ursula-k-le-guin-the-ones-who-walk-away-from-omelas.pdf.

25 Ed Diener et al., "Findings All Psychologists Should Know from the New Science on Subjective Well-Being," *Canadian Psychology* 58(2017): 87-104.

26 Anna Wierzbicka, "'Happiness' in Cross-Linguistic & Cross-Cultural Perspective," *Daedalus* 133(2004): 34-43.

27 Philippa Foot, *Natural Goodness*(Clarendon Press, 2003).

28 Jonathan Phillips, Luke Misenheimer & Joshua Knobe, "The Ordinary Concept of Happiness(and Others Like it)," *Emotion Review* 3(2011): 320-22.

29 Daniel Kahneman & Jason Riis, "Living, and Thinking About It: Two Perspectives on Life," 출처: *The Science of Well-Being*, 편집: Felicia Huppert, Nick Baylis & Barry Keverne(Oxford University Press, 2005): 285-304; Daniel Kahneman & Angus Deaton, "High Income Improves Evaluation of Life but Not Emotional Well-Being," *Proceedings of the National Academy of Sciences* 107(2010): 16489-93.

30 Marc Wittmann, *Felt Time: The Psychology of How We Perceive Time*(MIT Press, 2016).

31 Dan Gilbert, "Three Pictures of Water: Some Reflections on a Lecture by Daniel Kahneman"(미출간 원고, Harvard University, 2008), 허락하에 인용.

32 Kahneman & Deaton, "High Income Improves Evaluation of Life."

33 Harvard T. H. Chan School of Public Health, *Life Experiences and Income Inequality in the United States*(NPR/Robert Wood Johnson Foundation/Harvard School of Public Health, 2020), https://www.rwjf.org/en/library/research/2019/12/lief-experiences-and-income-inequality-in-the-united-states.html; Christopher Ingraham, "The 1% Are Much More Statisfied with Their Lives than Everyone Else, Survey Finds," *Washington Post*, 2020. 1. 9, https://washingtonpost.com/business/2020/01/09/1-are-much-more-satisfied-with-their-lives-than-everyone-else-survey-finds/.

34 Grant E. Donnelly et al., "The Amount and Source of Millionaires' Wealth (Moderately) Predict Their Happiness," *Personality and Social Psychology Bulletin* 44(2018): 684-99.

35 Tyler Cowen, "Daniel Kahneman on Cutting Through the Noise," *Conversation with Tyler* 팟캐스트, 에피소드 56, 2018. 12. 19, https://medium.com/conversations-with-tyler/tyler-cowen-daniel-kahneman-economics-bias-noise-16725de691f.

36 Dylan Matthews, "Angus Deaton's Badly Misunderstood Paper on Whether Happiness Peaks at $75,000, Explained," *Vox*, 2015. 10. 12, https://www.vox.com/2015/6/20/8815813/orange-is-the-new-black-piper-champan-happiness-study.

37 Andrew George(번역), *The Epic of Gilgamesh*(Penguin, 2003).

38 Paul Bloom, *Just Babies: The Origins of Good and Evil*(Crown, 2013).

39 Michael Ghiselin, *The Economy of Nature and the Evolution of Sex*(University of

California Press, 1974), 247.

40 인용: Daniel Batson et al., “Where Is the Altruism in the Altruistic Personality?” *Journal of Personality and Social Psychology* 50(1986): 212-20.

41 리뷰는 다음 자료를 참고할 것. C. Daniel Batson, *Altruism in Humans*(Oxford University Press, 2011); Andrew Moore, “Hedonism,” *The Stanford Encyclopedia of Philosophy*(2019년 겨울판), 편집: Edward N. Zalta, https://plato.stanford.edu/archives/win2019/entries/hedonism.

42 Robert Kurzban, *Why Everyone(Else) Is a Hypocrite: Evolution and the Modular Mind*(Princeton University Press, 2012).

43 Robert Nozick, *Anarchy, State, and Utopia*(Basic Books, 1974).

44 PhilosophyTube(@PhilosophyTube), Twitter, 2020. 1. 10.

45 Felipe De Brigard, “If You Like It, Does It Matter If It's Real?” *Philosophical Psychology* 23(2010): 43-57.

46 Roy F. Baumeister et al., “Some Key Differences Between a Happy Life and a Meaningful Life,” *Journal of Positive Psychology* 8(2013): 505-16.

47 Kathleen Vohs, Jennifer L. Aaker & Rhia Catapano, “It's Not Going to Be That Fun: Negative Experience Can Add Meaning to Life,” *Current Opinion in Psychology* 26(2019): 11-14.

48 Shigehiro Oishi & Ed Diener, “Residents of Poor Nations Have a Greater Sense of Meaning in Life than Residents of Wealthy Nations,” *Psychological Science* 25(2014): 422-30.

49 참고자료: Steve Crabtree, “Religiosity Highest in World's Poorest Nations,” Gallup, 2010. 8. 31, https://news.gallup.com/poll.142727/religiosity-highest-world-poorest-nations.aspx.

50 Adam Alter, “Do the Poor Have More Meaningful Lives?” *New Yorker*, 2014. 1. 24, https://www.newyorker.com/business/currency/do-the-poor-have-more-meaningful-lives.

51 Alan Watts, “The Dream of Life,” Genius, https://genius.com/Alan-watts-the-dream-of-life-annotated.

2장 | 마조히즘의 스토리텔링

1 “P&G Thank You, Mom / Pick Them Back Up / Sochi 2014 Olympic Winter Games,” 2014. 1. 7, 유튜브 동영상, 2:00, https://www.youtube.com/watch?v=6UIt4t-1NoQ.

2 James Elkins, *Pictures and Tears: A History of People Who Have Cried in Front of Paintings*(Routledge, 2005).

3 Barbara L. Fredrickson & Robert W. Levenson, “Positive Emotions Speed Recovery

from the Cardiovascular Sequelae of Negative Emotions," *Congnition and Emotion* 12(1998): 191-220.

4 Susan M. Hughes & Shevon E. Nicholson, "Sex Differences in the Assessment of Pain Versus Sexual Pleasure Facial Expressions," *Journal of Social, Evolutionary, and Cultural Psychology* 2(2008): 289-98.

5 Hillel Aviezer, Yaacov Trope & Alexander Todorov, "Body Cues, Not Facial Expressions, Discriminate Between Intense Positive and Negative Emotions," *Science* 338(2012): 1225-29.

6 Oriana R. Aragón et al., "Dimorphous Expressions of Positive Emotion: Displays of Both Care and Aggression in Response to Cute Stimuli," *Psychological Science* 26(2015): 259-73.

7 Maxime Taquet et al., "Hedonism and the Choice of Everyday Activities," *Proceedings of the National Academy of Sciences* 113(2016): 9769-73.

8 Roy F. Baumeister, "Masochism as Escape from Self," *Journal of Sex Research* 25(1988): 28-59.

9 Sigmund Freud, "The Economic Problem of Masochism," 출처: *The Standard Edition of the Complete Psychological Works of Sigmund Freud, Volume XIX(1923-1925): The Ego and the ID and Other Works*, 번역: James Strachey(1964; Hogarth, 1971).

10 Paul Rozin et al., "Glad to Be Sad, and Other Examples of Benign Masochism," *Judgment and Decision Making* 8(2013): 439-47.

11 "Sauna Contest Leaves Russian Dead and Champion Finn in Hospital," *Guardian*, 2010. 8. 8, https://www.theguardian.com/world/2010/aug/08/sauna-championship-russian-dead.

12 참고자료: Richard L. Solomon, "The Opponent-Process Theory of Acquired Motivation: The Costs of Pleasure and the Benefits of Pain," *American Psychologist* 35(1980): 691-712.

13 R. W. Ditchburn & B. L. Ginsborg, "Vision with a Stabilized Retinal Image," *Nature* 170(1952): 36-37.

14 Indira M. Raman, "Unhapiness Is a Palate-Cleanser," *Nautilus*, 2018. 3. 15, http://nautil.us/issue/58/self/unhappiness-is-a-palate_cleanser.

15 Robb B. Rutledge et al., "A Computational and Neural Model of Momentary Subjective Well-Being," *Proceedings of the National Academy of Sciences* 111(2014): 12252-57.

16 Siri Leknes et al., "The Importance of Context: When Relative Relief Renders Pain Pleasant," *PAIN* 154(2013): 402-10.

17 Brock Bastian et al., "The Positive Consequences of Pain: A Biopsychosocial Approach," *Personality and Social Psychology Review* 18(2014): 256-79.

18 Daniel Kahneman et al., "When More Pain Is Preferred to Less: Adding a Better End,"

Psychological Science 4(1993): 401-5.

19 다음 자료에서 이 사례를 든 적이 있다. Paul Bloom, "First-Person Plural," *Atlantic*, 2008. 11, https://www.theatlantic.com/magazine/archive/2008/11/first-person-plural/307055.

20 George Ainslie, "Positivity Versus Negativity Is a Matter of Timing," *Behavioral and Brain Sciences* 40(2017): 16-17.

21 줄거리 요약은 다음 자료에서 얻었다. Nick Riganas, IMDb, https://www.imdb.com/title/tt2911666/plotsummary.

22 Winfried Menninghaus et al., "The Distancing-Embracing Model of the Enjoyment of Negative Emotions in Art Reception," *Behavioral and Brain Sciences* 40(2017): 1-58.

23 Pat Califia, "Gay Men, Lesbians, and Sex: Doing It Together," *Advocate* 7(1983): 24-27.

24 Roy F. Baumeister, "Masochism as Escape from Self," *Journal of Sex Research* 25(1988)" 28-59.

25 Elaine Scarry, *The Body in Pain: The Making and Unmaking of the World*(Oxford University Press, 1985).

26 Paul Bloom, "It's Ridiculous to Use Virtual Realtiy to Empathize with Refugees," *Atlantic*, 2017. 2. 3, https://www.theatlantic.com/technology/archive/2017/02/virtual-reality-wont-make-you-more-empathetic/515511.

27 Roy F. Baumeister, *Masochism and the Self*(Psychology Press, 2014).

28 Juliet Richters et al., "Demographic and Psychosocial Features of Participants in Bondage and Discipline, 'Sadomasochism' or Dominance and Submission(BDSM): Data from a National Survey," *Journal of Sexual Medicine* 5(2008): 1660-68.

29 Christian C. Joyal, Amelie Cossette & Vanessa Lapierre, "What Exactly Is an Unusal Sexual Fantasy?" *Journal of Sexual Medicine* 12(2015): 328-40.

30 Pamela H. Connolly, "Psychological Functioning of Bondage/Domination/Sado-Masochism(BDSM) Practitioners," *Journal of Psychology & Human Sexuality* 18(2006): 79-120.

31 Emma Green, "Consent Isn't Enough: The Troubling Sex of Fifty Shades," *Atlantic*, 2015. 2. 10, https://www.theatlantic.com/entertainment/archive/2015/02/consent-isnt-enough-in-fifty-shades-of-grey/385267/; Gwen Aviles, "Fifty Shades of Grey' Was the Best-Selling Book of the Decade," NBCnews.com, 2019. 12. 20, https://www.nbcnews.com/pop-culture/books/fifty-shades-grey-was-best-selling-book-decade-n1105731.

32 Katie Roiphe, "Working Women's Fantasies," *Newsweek*, 2012. 3. 16, https://www.newsweek.com/working-womens-fantasies-63915.

33 탁월한 리뷰는 다음 자료를 참고할 것. Matthew K. Nock, "Self-Injury," *Annual Review of Clinical Psychology* 6(2010): 339-63.

34 Armando R. Favazza, *Bodies Under Siege: Self-Multilation, Nonsuicidal Self-Injury, and*

Body Modification in Culture and Psychiatry(Johns Hopkins University Press, 2011).

35 마가복음 5장 5절.

36 Matthew K. Nock & Mitchell J. Prinstein, "Contextual Features and Behavioral Functions of Self-Mutilation Among Adolescents," *Journal of Abnormal Psychology* 114(2005): 140-46.

37 Jennifer Harris, "Self-Harm: Cutting the Bad Out of Me," *Qualitative Health Research* 10(2000): 164-73.

38 Keith Hopkins, "Novel Evidence for Roman Slavery," *Past and Present* 138(1993): 3-27.

39 Brock Bastian, Jolanda Jetten & Fabio Fasoli, "Cleansing the Soul by Hurting the Flesh: The Guilt-Reducing Effect of Pain," *Psychological Science* 22(2011): 334-35.

40 Yoel Inbar et al, "Moral Masochism: On the Connection Between Guilt and Self-Punishment," *Emotion* 13(2013): 14-18.

41 참고자료: Kevin Simler & Robin Hanson, *The Elephant in the Brain: Hidden Motives in Everyday Life*(Oxford University Press, 2017).

42 Stephen Woodman, "In Mexico, Street Vendors Offer Electric Shocks for a Price," *Culture Trip*, 2018. 3. 22, https://theculturetrip.com/north-america/mexico/articles/in-mexico-street-vendors-offer-electric-shocks-for-a-price.

43 Marilee Strong, *A Bright Red Scream: Self-Mutilation and the Language of Pain*(Penguin, 1999).

44 Edward H. Hagen, Paul J. Watson & Peter Hammerstein, "Gestures of Despair and Hope: A View on Deliberate Self-harm from Economics and Evolutionary Biology," *Biological Theory* 3(2008): 123-38.

45 Geoffrey Miller, *Spent: Sex, Evolution, and Consumer Behavior*(Penguin, 2010). 상반되는 관점은 다음 자료를 참고할 것. Paul Bloom, "The Lure of Luxury," *Boston Review*, 2015. 11. 2, https://bostonreview.net/forum/paul-bloom-lure-luxury.

46 Jeff Michaels, "Three Selections from *The Masochist's Cookbook*," *McSweeney's Internet Tendency*, 2007. 6. 5, https://www.mcsweenys.net/articles/three-selections-from-the-masochists-cookbook. 이전에 다음 책에서 이 농담을 쓴 적이 있다. Paul Bloom, *How Pleasure Works: The New Science of Why We Like What We Like*(Random House, 2010).

47 Atul Gawande, "A Queasy Feeling: Why Can't We Cure Nausea?" *New Yorker*, 1999. 7. 5.

48 Samuel M. Flaxman & Paul W. Sherman, "Morning Sickness: A Mechanism for Protecting Mother and Embryo," *Quarterly Review of Biology* 75(2000): 113-48.

49 Roy F. Baumeister et al., "Some Key Differences Between a Happy Life and a Meaningful Life," *Journal of Positive Psychology* 8(2013): 505-16.

50 리뷰는 다음 자료를 참고할 것. Erin C. Westgate & Timothy D. Wilson, "Boring

Thoughts and Bored Minds: The MAC Model of Boredom and Cognitive Engagement," *Psychological Review* 125(2018): 689-713.

51 Alex Stone, "Why Waiting Is Torture," *New York Times*, 2012. 8. 18, https://www.nytimes.com/2012/08/19/opinion/sunday/why-waiting-in-line-is-torture.html.

52 Andreas Elpidorou, "The Bright Side of Boredom," *Frontiers in Psychology* 5(2014): 1245.

53 Erin C. Westgate & Timothy D. Wilson, "Boring Thoughts and Bored Minds: The MAC Model of Boredom and Cognitive Engagement," *Psychological Review* 125(2018): 689-713.

54 Timothy D. Wilson et al., "Just Think: The Challenges of the Disengaged Mind," *Science* 345(2014): 75-77.

55 Andreas Elpidorou, "Boredom in art," *Behavioral and Brain Sciences* 40(2017): 25-26.

56 Andreas Elpidorou, "The Quiet Alarm," Aeon, 2015. 7. 10, https://aeon.co/essays/life-without-boredom-would-be-a-nightmare.

57 Joseph Heller, *Catch-22: A Novel*(1961; Simon & Schuster, 1999), 45, 46.

3장 | 상상력에서 탄생한 쾌락들

1 Ian McEwan, "Literature, Science, and Human Nature," 출처: *The Literaty Animal: Evolution and the Nature of Narrative*, 편집: Jonathan Gottschall & David Sloane Wilson(Northwestern University Press, 2005), 11.

2 Steven Pinker, *The Language Instinct: How the Mind Creates Language*(William Morrow & Co., 1994).

3 Steven Pinker & Paul Bloom, "Natural Language and Natural Selection," *Behavioral and Brain Sciences* 13(1990): 707-27.

4 Richard Byrne & Andrew Whiten, *Machiavellian Intelligence*(Oxford University Press, 1994).

5 Paul Bloom, *Descartes' Baby: How the Science of Child Development Explains What Makes Us Human*(Random House, 2005).

6 A. D. Nuttall, *Why Does Tragedy Give Pleasure?*(Oxford University Press, 1996), 77.

7 이에 대한 논의는 다음 자료를 참고할 것. Lindsey A. Drayton & Laurie R. Santos, "A Decade of Theory of Mind Research on Cayo Santiago: Insights into Rhesus Macaque Social Cognition," *American Journal of Primatology* 78(2016): 106-16.

8 Paul Bloom, *How Pleasure Works: The New Science of Why We Like What We Like*(Random House, 2010).

9 Robert O. Deaner, Amit V. Khera & Michael L. Platt, "Monkeys Pay Per View: Adaptive Valuation of Social Images by Rhesus Macaques," *Current Biology* 15(2005):

543-48.

10 Alex Boese, *Elephants on Acid: And Other Bizarre Experiments*(Pan Macmillan, 2009).

11 George Loewenstein, "Anticipation and the Valuation of Delayed Consumption," *Economic Journal* 97(1987): 666-84.

12 Paul Bloom, *How Pleasure Works: The New Science of Why We Like What We Like*(Random House, 2010).

13 Garrett G. Fagan, *The Lure of the Arena: Social Psychology and the Crowd at the Roman Games*(Cambridge University Press, 2011).

14 Fagan, *The Lure of the Arena.*

15 Mathias Clasen, Jens Kjeldgaard Christiansen & John A. Johnson, "Horror, Personality, and Threat Simulation: A Survey on the Psychology of Scary Media," *Evolutionary Behavioral Sciences* 14, no. 3(2018).

16 Patrick Healy, "Audiences Gasp at Violence; Actors Must Survive it," *New York Times*, 2008. 11. 5, https://www.nytimes.com/2008/11/06/theater/06blas.html.

17 Travis M. Andrews, "Audiences of Broadway's Graphic Portrayal of '1984' Faint and Vomit," *Washinton Post*, 2017. 6. 26, https://www.washingtonpost.com/news/morning-mix/wp/2017/06/26/audience-of-broadway-graphic-portrayal-of-1984-faint-and-vomit.

18 Christine Mattheis, "Your Weekly Cry-Fest Over 'This Is Us' Has Surprising Health Benefits," *Health*, 2017. 2. 23, https://www.health.com/mind-body/crying-healthy-this-is-us.

19 Matthew A. Killingsworth & Daniel T. Gilbert, "A Wandering Mind Is an Unhappy Mind," *Science* 330(2010): 932.

20 Jonathan Gottschall, *The Storytelling Animal: How Stories Make Us Human*(Houghton Miffling Harcourt, 2012).

21 이 내용은 다음 자료에 나오는 편집본이다. Jonathan Gottschall, *The Storytelling Animal*, 35. 원래 내용은 다음 자료에 실려 있다. Vivian Gussin Paley, *A Child's Work: The Importance of Fantasy Play*(University of Chicago, 2009).

22 David Hume, "Of Tragedy," 출처: *Hume: Selected Essays*, 편집: Stephen Copley & Andrew Edgar(Oxford University Press, 2018).

23 이 문제에 대한 탁월한 분석은 다음 자료를 참고할 것. Ellen Winner, *How Art Works: A Psychological Exploration*(Oxford University Press, 2018).

24 Eduardo B. Andrade & Joel B. Cohen, "On the Consumption of Negative Feelings," *Journal of Consumer Research* 34(2007):283-300.

25 Eduardo B. Andrade & Joel B. Cohen, "On the Consumption of Negative Feelings," *Journal of Consumer Research* 34(2007): 283-300.

26 Julian Hanich et al., "Why We Like to Watch Sad Films: The Pleasure of Being Moved in Aesthetic Experiences," *Psychology of Aesthetics, Creativity, and the Arts* 8(2014):

130.
27 Clasen, Christiansen & Johnson, "Horror, Personality, and Threat Simulation."
28 Aristotle, *The Poetics of Aristotle*, 편집: S. H. Butcher(Palala Press, 2016), 22-23.
29 Samuel Johnson, *Preface to Shakespeare*(1860; Binker North, 2020), 16.
30 Plato, *Republic*, Book IV, Section 440a.
31 Edmund Burke, *A Philosophical Enquiry into the Origin of Our Ideas of the Sublime and Beautiful*(Oxford University Press, 1998), 42.
32 Jennifer L Barnes, "Fanfiction as Imaginary Play: What Fan-Written Stories Can Tell Us About the Cognitive Science of Fiction," *Poetics* 48(2015): 69-82.
33 Paul L. Harris et al., "Monsters, Ghosts and Witches: Testing the Limits of the Fantasy-Reality Distinction in Young Children," *British Journal of Developmental Psychology* 9(1991): 105-23.
34 Paul Rozin, Linda Millman & Caral Nemeroff, "Operation of the Laws of Systematic Magic in Disgust and Other Domains," *Journal of Personality and Social Psychology* 50(1986): 703-12.
35 Tamar Szabó Gendler, "Alief in Action(and Reaction)," *Mind & Language* 23(2008): 552-85.
36 David Robinson, "Examining the Arc of 100,000 Stories: A Tidy Analysis," *Variance Explained*(블로그), 날짜 없음, http://varianceexplained.org/r/tidytext-plots/.
37 Andrew J. Reagan et al., "The Emotional Arcs of Stories Are Dominated by Six Basic Shapes," *EPJ Data Science* 5(2016): 31. 관련 논의는 다음 자료를 참고할 것. Adrienne LaFrance, "The Six Main Arcs in Storytelling, as Identified by an A. I," *Atlantic*, 2016. 7. 12, https://www.theatlantic.com/technology/archive/2016/07/the-six-main-arcs-in-storytelling-identified-by-a-computer/490733/.
38 Patrick Colm Hogan, *The Mind and Its Stories: Narrative Universals and Human Emotion*(Cambridge University Press, 2003).
39 Aaron Sorkin, "Intention & Obstacle," MasterClass, https://www.masterclass.com/classes/aaron-sorkin-teaches-screenwriting/chapters/intention-obstacle-11ba8c15-7856-490d-85bb-eb0601e02c55#.
40 Richard J. Gerrig, "Suspense in the Absense of Uncertainty," *Journal of Memory and Language* 28(1989): 633-48.
41 다음 자료를 참고할 것. Anthony D. Pellegrini, Danielle Dupuis & Peter K. Smith, "Play in Evolution and Development," *Developmental Review* 27(2007): 261-76.
42 Stephen King, Danse Macabre(Everest House, 1981), 13, 335. 이 문제에 대한 나의 생각은 달라졌다. 그래서 스티븐 킹의 말은 내가 다음 자료에서 개진한 주장과 비슷하지만 같지는 않다. Paul Bloom, *How Pleasures Works: The New Science of Why We Like What We Like*(Random House, 2010).
43 Jerry Fodor, *In Critical Condition: Polemical Essays on Cognitive Science and the*

Philosophy of Mind(MIT Press, 1998), 212.

44 Gabriele Oettingen & A. Timur Sevincer, "Fantasy About the Future as Friend and Foe," 출처: *The Psychology of Thinking About the Future*, 편집: Gabriele Oettingen et al.(Guilford, 2018).

45 Ogi Ogas, Sai Gaddam & Andrew J. Garman, *A Billion Wicked Thoughts*(Penguin, 2011), Seth Stephens-Davidowitz & Andrés Pabon, *Everybody Lies: Big Data, New Data, and What the Internet Can Tell Us About Who We Really Are*(Dey Streer, 2017).

46 Stephen-Davidowitz & Pabon, *Everybody Lies.*

47 Steven Pinker, *How the Mind Works*(Penguin UK, 2003), 455.

48 Stephens-Davidowitz & Pabon, *Everybody Lies.*

49 Joseph W. Critalli & Jenny M. Bivona, "Women's Erotic Rape Fantasies: An Evaluation of Theory and Research," *Journal of Sex Research* 45(2008): 57-70. 관련 논의는 다음 자료를 참고할 것. Matthew Hudson, "Why Do Women Have Erotic Rape Fantasies?" *Psychology Today*, 2008. 5. 29, https://www.psychologytoday.com/us/blog/psyched/200805/why-do-women-have-erotic-rape-fantasies.

50 Joseph W. Critelli & Jenny M. Bivona, "Women's Erotic Rape Fantasies: An Evaluation of Theory and Research," *Journal of Sex Research* 45(2008): 57-70.

51 David A. Pizarro & Roy F. Baumeister, "Superhero Comics as Moral Pornography," 출처: *Our Superheroes, Ourselves*, 편집: Robin Rosenberg(Oxford University Press, 2013), 29.

52 Alan G. Sanfey et al., "The Neural Basis of Economic Decision-Making in the Ultimatum Game," *Science* 300(2003): 1755-58.

53 관련 논의는 다음 자료를 참고할 것. Paul Bloom, *Just Babies: The Origins of Good and Evil*(Crown, 2013).

54 Paul Rozin & Edward B. Royzman, "Negetivity Bias, Negativity Dominance, and Contagion," *Personality and Social Psychology Review* 5(2001): 296-320.

55 Jon Ronson, *So You've Been Publicly Shamed*(Riverhead, 2016).

56 Paul Bloom & Matthew Jordan, "Are We All 'Harmless Torturers?' Now?" *New York Times*, 2018. 8. 9, https://www.nytimes.com/2018/08/09/opinion/are-we-all-harmless-torturers-now.html.

4장 | 노력을 넘어서 몰입으로

1 Edward L. Thorndike, "Valuations of Certain Pains, Deprivations, and Frustrations," *Pedagogical Seminary and Journal of Genetic Psychology* 51(1937): 227-39.

2 Paul Bloom, *Just Babies: The Origins of Good and Evil*(Crown, 2013).

3 Molly J. Crockett et al., "Harm to Others Outweight Harm to Self in Moral Decision

Making," *Proceedings of the National Academy of Sciences* 111(2014): 17320-25.

4 Wouter Kool & Matthew Botvinick, "Mental Labour," *Nature Human Behaviour* 2(2018): 899-908.

5 Michael Inzlicht, Amitai Shenhav & Christopher Y. Olivola, "The Effort Paradox: Effort Is Both Costly and Valued," *Trends in Cognitive Sciences* 22(2018): 337-49.

6 William James, *The Principles of Psychology*(Macmillan: 1890), 455.

7 Inzlicht, Shenhav & Olivola, "The Effort Paradox."

8 Julian Jara-Ettinger et al., "The Naïve Utility Calculus: Computational Principles Underlying Commonsense Psychology," *Trends in Cognitive Sciences* 20(2016): 589-604.

9 Barry Schwartz, *The Paradox of Choice: Why More Is Less*(Ecco, 2004).

10 Tsuruko Arai, Mental Fatigue(PhD diss. Teachers College, Columbia University, 1912). 인용 출처: Robert Kurzban et al., "An Opportunity Cost Model of Subjective Effort and Task Performance," *Behavioral and Brain Sciences* 36(2013): 661-79.

11 Zelma Langdon Huxtable et al., "A Re-Performance and Re-Interpretation of the Arai Experiment in Mental Fatigue with Three Subjects," *Psychological Monographs* 59, no. 5(1945), 52.

12 Steven Pinker, *The Better Angels of Our Nature: Why Violence Has Declined*(Penguin, 2012).

13 Walter Mischel, *The Marshmallow Test: Understanding Self-Control and How to Master It*(Random House, 2014).

14 Daniel H. Pink, *When: The Scientific Secrets of Perfect Timing*(Penguin, 2019).

15 Cal Newport, *Deep Work: Rules for Focused Success in a Distracted World*(Hachette, 2016).

16 Roy F. Baumeister, Dianne M. Tice & Kathleen D. Vohs, "The Strength Model of Self-Regulation: Conclusions from the Second Decade of Willpower Research," *Perspective on Psychological Science* 13(2018): 141-45.

17 Brent W. Roberts et al., "What Is Conscientiousness and How Can It Be Assessed?" *Developmental Psychology* 50(2014): 1315-30.

18 Roy F. Baumeister & John Tierney, *Willpower: Rediscovering the Greatest Human Strength*(Penguin Books, 2011).

19 Michael Lewis, "Obama's Way," *Vanity Fair*, 2012. 9. 11, https://www.vanityfair.com/news/2012/10/michael-lewis-profile-barack-obama.

20 Katherine Mangu-Ward, "Obama Wears Boring Suits So He Won't Tweet Pictures of His Penis," *Reason*, 2012. 9. 14, https://reason.com/2012/09/14/obama-wears-boring-suits-so-he-wont-twee/.

21 Robert Kurzban et al., "An Opportunity Cost Model of Subjective Effort and Task Performance," *Behavioral and Brain Sciences* 36(2013): 661-79.

22 Inzlicht, Shenhav & Olivola, "The Effort Paradox."

23 이와 관련된 논의는 다음 자료를 참고할 것. Dan Ariely, George Loewenstein & Drazen Prelec, "Tom Sawyer and the Construction of Value," *Journal of Economic Behavior & Organization* 60(2006): 1-10.

24 Michael I. Norton, Daniel Mochon, Dan Ariely, "The IKEA Effect: When Labor Leads to Love," *Journal of Consumer Psychology* 22(2012): 453-60.

25 Norton, Mochon & Ariely, "The IKEA Effect."

26 Justin Kruger et al., "The Effort Heuristic," *Journal of Experimental Social Psychology* 40(2004): 91-98.

27 Inzlicht, Shenhav & Olivola, "The Effort Paradox."

28 Tomer J. Czaczkes et al., "Greater Effort Increases Perceived Value in an Invertebrate," *Journal of Comparative Psychology* 132(2018): 200-209.

29 인기 있는 주장이 무엇인지 알려면 다음 자료를 참고할 것. Jane McGonigal Read, *Reality Is Broken: Why Games Make Us Better and How They Can Change The World*(Penguin, 2011).

30 Kieran Setiya, *Midlife: A Philosophical Guide*(Princeton, 2017).

31 Mihaly Csiszentmihalyi, *Flow: The Psychology of Optimal Experience*(Harper & Row, 1990).

32 Jeanne Nakamura & Mihaly Csikszentmihalyi, "The Concept of Flow," 출처: *Flow and the Foundations of Positive Psychology: The Collected Works of Mihaly Csikszentmihalyi*, Mihaly Csikszentmihalyi(Springer, 2014).

33 다음 자료에 설문조사의 내용이 정리되어 있다. Johann Hari, *Lost Connections: Uncovering the Real Causes of Depression- and the Unexpected Solutions*(Bloomsbury USA, 2018).

34 David Graeber & Albertine Cerutti, *Bullshit Jobs*(Simon & Schuster, 2018).

35 "The Most and Least Meaningful Jobs," PayScale, https://www.payscale.com/data-package/most-and-least-meaningful-jobs. 추가 참고자료. Adam Grant, "Three Lies About Meaningful Work," LinkedIn, 2015. 5. 7, https://www.linkedin.com/pulse/three-lies-meaningful-work-adam-grant.

36 Amy Wrzesniewski & Jane E. Dutton, "Crafting a Job: Revisioning Employees as Active Crafters of Their Work," *Academy of Management Review* 26(2001): 179-201.

37 Emily Esfahani Smith, *The Power of Meaning: Crafting a Life That Matters*(Random House, 2017).

38 Nakamura & Csikszentmihalyi, "The Concept of Flow."

39 Csikszentmihalyi, *Flow*, 231.

5장 | 삶의 의미를 발견하기 위하여

1 George Loewenstein, "Because It Is There: The Challenge of Mountaineering... for Utility Theory," *Kyklos* 52(1999): 315-43.

2 Loewenstein, "Because It Is There," 315.

3 *The Stanford encyclopedia of Philosophy*, s.v. "Jeremy Bentham," 2019년 여름판, plato, stanford.edu/archives/sum2019/entries/bentham.

4 Loewenstein, "Because It Is There," 318.

5 Loewenstein, "Because It Is There," 324.

6 Ronit Bodner & Drazen Prelec, "The Emergence of Private Rules in a Self-Signaling Model," *International Journal of Psychology* 31(1996): 3652.

7 이와 관련된 논의는 다음 자료를 참고할 것. Laurie A. Paul, *Transformative Experience* (Oxford University Press, 2014).

8 Joyce Carol Oates(@JoyceCarolOates), "All we hear of ISIS," Twitter, 2015. 11. 22, 2:28p.m.

9 Ross Douthat, "The Joy of ISIS," *New York Times*, 2015. 11. 23, https://www.nytimes.com/2015/11/24/books/joyce-carol-oates-celebratory-joyous-islamic-state-twitter.html.

10 Graeme Wood, *The Way of the Strangers: Encounters with the Islamic State*(Random House, 2019).

11 George Orwell, "Review of Mein Kampf, by Adolph Hitler, unabridged translations," *New English Weekly*, 1940. 3. 21.

12 Jeff Grubb, "Call of Duty: Modern Warfare Sales up Big over Black Ops 4," *VentureBeat*, 2020. 2. 20, https://venturebeat.com/2020/02/06/activision-blizzard-call-of-duty/.

13 Michael Shulman, "Adam Driver, the Original Man," *New Yorker*, 2019. 10. 21, https://www.newyorker.com/magazine/2019/10/29/adam-driver-the-original-man. 이 사례를 제공한 줄리언 자라 에팅거Julian Jara-Ettinger에게 감사드린다.

14 Daniel Kahneman et al., "A Survey Method for Characterizing Daily Life Experience: The Day Reconstruction Method," *Science* 306(2004): 1776-80.

15 Richard E. Lucas, "Reexamining Adaptation and the Set Point Model of Happiness: Reactions to Changes in Marital Status," *Journal of Personality and Social Psychology* 84(2003): 527-39. Maike Luhmann, "Subjective Well-Being and Adaptation to Life Events: A Meta-Analysis," *Journal of Personality and Social Psychology* 102(2012): 592-615.

16 Jean M. Twenge, "Parenthood and Marital Satisfaction: A Meta-Analytic Review," *Journal of Marriage and Family* 65(2003): 574-83.

17 Chuck Leddy, "Money, Marriage, Kids," *Harvard Gazette*, 2013. 2. 21, https://news.

harvard.edu/gazette/story/2013/02/money-marriage-kids.
18 Jennifer Senior, *All Joy and No Fun: The Paradox of Modern Parenthood*(HarperCollins, 2014), 49.
19 Katherine S. Nelson et al., "In Defense of Parenthood: Children Are Associated with More Joy than Misery," *Psychological Science* 24(2013): 3-10.
20 Jennifer Glass, Robin W. Simon & Matthew A. Anderson, "Parenthood and Happiness: Effects of Work-Family Reconciliation Policies in 22 OECD countries," *American Journal of Sociology* 122(2016): 886-929.
21 Senior, *All Joy and No Fun*, 256-57.
22 Kieran Setiya, *Midlife: A Philosophical Guide*(Princeton, 2017).
23 Nelson et al., "In Defense of Parenthood," 3-10.
24 Roy F. Baumeister et al., "Some Key Difference Between a Happy Life and a Meaningful Life," *Journal of Positive Psychology* 8(2013): 505-16.
25 Zadie Smith, "Joy," *New York Review of Books*, 2013. 1. 10, https://www.nybooks.com/articles/2013/01/10/joy.
26 Albert Camus, *The Myth of Sisyphus*(Penguin, 2013).
27 Casey Woodling, 출처: "What Is the Meaning of Life?" *Philosophy Now*, 2020, https://philosophynow.org/issues/59/What_Is_The_Meaning_Of_Life.
28 Emily Esfahani Smith, *The Power of Meaning: Crafting a Life That Matters*(Random House, 2017).
29 Douglas Adams, *The Hitchhiker's Guide to the Galaxy Omnibus: A Trilogy in Five Parts*, vol. 6(1979; Macmillan, 2017).
30 Tim Bale, 출처: "What Is the Meaning of Life?" *Philosophy Now*, 2020, https://philosophynow.org/issues/59/What_Is_The_Meaning_Of_Life.
31 Viktor E. Frankl, *Man's Search for Meaning*(Pocket Books, 1973), 113.
32 Smith, *The Power of Meaning*, 40-41.
33 Frank Martela & Michael F. Steger, "The Three Meanings of Meaning in Life: Distinguishing Coherence, Purpose, and Significance," *Journal of Positive Psychology* 11(2016): 531-45; Michael F. Steger, "Meaning in Life," 출처: *The Oxford Handbook of Positive Psychology*, 편집: Shane J. Lopez & C. R. Snyder(Oxford, 2009).
34 George Loewenstein & Niklas Karlsson, "Beyond Bentham: The Search for Meaning," *JDM Newsletter*, 2002. 6, http://www.decisionsciencenews.com/sjdm/newletters/02-jun.pdf.
35 Sean C. Murphy & Brock Bastian, "Emotionally Extreme Life Experiences Are More Meaningful," *Journal of Positive Psychology* 15, no. 11(2019): 1-12.
36 Loewenstein, "Because It Is There."
37 Anat Keinan & Ran Kivetz, "Productivity Orientation and the Consumption of Collectable Experiences," *Journal of Consumer Research* 37(2011): 935-50.

38 Frankl, *Man's Search for Meaning*, 104.

6장 | 어떤 고난을 선택할 것인가

1 Dimitris Xygalatas et al., "Extreme Rituals Promote Prosociality," *Psychological Science* 24(2013): 1602-5.

2 Konika Banerjee & Paul Bloom, "Would Tarzan Believe in God? Conditions for the Emergence of Religious Belief," *Trends in Congitive Sciences* 17(2013): 7-8; Paul Bloom, "Religion Is Natural," *Developmemtal Science* 10(2007): 147-51.

3 Jonathan Haidt, "Moral Psychology and the Minunderstanding of Religion," Edge, 2007. 9. 21, https://www.edge.org/conversation/jonathan_haidt-moral-psychology-and-the-misunderstanding-of-religion. 추가 참고자료: Jonathan Haidt, *The Righteous Mind: Why Good People Are Divided by Politics and Religion*(Vintage, 2012).

4 Ara Norenzayan & Azim F. Shariff, "The Origin and Evolution of Religious Prosociality," *Science* 322(2008): 58-62.

5 Scott S. Wiltermuth & Chip Heath, "Synchrony and Cooperation," *Psychological Science* 20(2009): 1-5.

6 Xygalatas et al., "Extreme Rituals Promote Prosociality."

7 예를 들어 다음 자료를 보라. Alain de Botton, *Religion for Atheists: A Non-Believer's Guide to the Uses of Religion*(Vintage, 2012).

8 Christopher M. Kavanagh et al., "Positive Experiences of High Arousal Martial Arts Rituals Are Linked to Identity Fusion and Costly Pro-Group Actions," *European Journal of Social Psychology* 49(2019): 461-81.

9 Konika Banerjee & Paul Bloom, "Does Everything Happen for a Reason?" *New York Times*, 2014. 10. 17, https://www.nytimes.com/2014/10/19/opinion/sunday/does-everything-happen-for-a-reason.html.

10 Dan T. Gilbert et al., "Immune Neglect: A Source of Durability Bias in Affective Forecasting," *Journal of Personality and Social Psychology* 75(1998): 617-38. 모리스 비캄의 일화는 다음 출처에서 얻었다. Dan T. Gilbert, "The Surprising Science of Happiness," TED 동영상, 20:52, 2004. 2, https://www.ted.com/talks/dan_gilbert_the_surprising_science_of_happiness/transcript.

11 Laurie Santos, "The Unhappy Millionaire," *The Happiness Lab*(팟캐스트), https://www.happinesslab.fm/seanon-1-episodes/the-unhappy-millionaire.

12 Konika Banerjee & Paul Bloom, "Why Did This Happen to Me? Religious Believers' and Non-Believers' Teleological Reasoning About Life Events," *Cognition* 133(2014): 277-303; Konika Banerjee & Paul Bloom, "'Everything Happens for a Reason': Children's Beliefs About Purpose in Life Events," *Child Development* 86(2015): 503-18.

13 히브리서 12장 7절-11절.

14 Brian Pizzalato, "St. Paul Explains the Meaning of Suffering," Catholic News Agency, https://www.catholicnewsagency.com/resources/sacraments/anointing-of-the-sick/st-paul-explains-the-meaning-of-suffering.

15 Pope John Paul II, 1984년 설교, 인용: Ariel Glucklich, 출처: *Sacred Pain: Hurting the Body for the Sake of the Soul*(Oxford University Press, 2001), 18.

16 C. S. Lewis, *The Problem of Pain*(Harper, 2015), 93-94.

17 Ted Chiang, "Omphalos," 출처: Exhalation: Stories(Knopf, 2019), 262. (이 소설은 필립 헨리 고스Philip Henry Gosse의 1857년작, 『옴팔로스: 지리적 매듭을 풀기 위한 시도 Omphalos: An Attempt to Untie the Geological Knot』에 담긴 사상을 테드 창이 부드럽게 적출한 것이다.)

18 William Henry Atkinson, 인용: Ariel Glucklich, 출처: *Sacred Pain: Hurting the Body for the Sake of the Soul*(Oxford University Press, 2001), 184.

19 Martin S. Weinberg, Colin J. Williams & Charles Moser, "The Social Constituents of Sadomasochism," *Social Problems* 31(1984): 379-389. 다음 자료에서 소개됨. Daniel Bergner, *The Other Side of Desire: Four Journeys into the Far Realms of Lust and Longing*(Penguin, 2009).

20 Tom Lutz, *Crying: The Natural and Cultural History of Tears*(Norton, 2001), 11.

21 Zadie Smith, "Joy," *New York Review of Books*, 2013. 1. 10, https://www.nybooks.com/articles/2013/01/10/joy.

22 이 이야기는 다음 자료에서 소개됨. George E. Newman & Daylian Cain, "Tainted Altruism: When Doing Some Good Is Evaluated as Worse than Doing No Good at All," *Psychological Science* 25(2014): 648-55.

23 Newman & Cain, "Tainted Altruism."

24 Christophe Y. Olivola & Eldar Shafir, "The Martyrdom Effect: When Pain and Effort Increase Prosocial Contributions," *Journal of Behavioral Decision Making* 26(2013): 91-105.

25 John Roberts, 뉴햄프셔, 케이넌Canaan, 카디건 마운틴 스쿨Cardigan Mountain School 졸업연설, 2017. 6. 3; 다음 자료에서 원고를 볼 수 있음. "'I Wish You Bad Luck': Read Supreme Court Justice John Roberts' Unconventional Speech to His Son's Graduating Class," *Time*, 2017. 7. 5, https://time.com/4845150/chief-justice-john-roberts-commencement-speech-transcript/.

26 Nassim Nicholas Taleb, *Antifragile: Things That Gain from Disorder*(Random House, 2012).

27 Brock Bastian, *The Other Side of Happiness: Embracing a More Fearless Approach to Living*(Penguin, 2018), 95.

28 Mark D. Seery et al., "An Upside to Adversity? Moderate Cumulative Lifetime Adversity Is Associated with Resilient Responses in the Face of Controlled Stressors,"

Psychological Science 24(2013): 1181-89.

29 Daniel Lim & David DeSteno, "Suffering and Compassion: The Links Among Adverse Life Experiences, Empathy, Compassion, and Prosocial Behavior," *Emotion* 16(2016): 175-82.

30 Ana Guinote et al., "Social Status Modulates Prosocial Behavior and Egalitarianism in Preschool Children and Adults," *Proceedings of the National Academy of Sciences* 112(2015): 731-36.

31 Rebecca Solnit, *A Paradise Built in Hell: The Extraordinary Communities That Arise in Disaster*(Penguin, 2010), 8.

32 Brock Bastian, Jolanda Jetten & Laura J. Ferris, "Pain as Social Glue: Shared Pain Increases Cooperation," *Psychological Science* 25(2014): 2079-85.

33 "그럴지도Maybe"라는 제목이 붙은 이 버전의 출처는 다음과 같다. *John Suler's Zen Stories to Tell Your Neighbors*, http://truecenterpublishing.com/zenstory/maybe.html.

34 George A. Bonanno, "Loss, Trauma, and Human Resilience: Have We Underestimated the Human Capacity to Thrive After Extremely Aversive Events?" *American Psychologist* 59(2004): 20-28.

35 Johanna Ray Vollhardt, "Altruism Born of Suffering and Prosocial Behavior Following Adverse Life Events: A Review and Conceptualization," *Social Justice Research* 22, no. 1(2009): 53-97.

36 Anthony D. Mancini, Heather L. Littleton & Amie E. Grills, "Can People Benefit from Acute Stress? Social Support, Psychological Improvement, and Resilience After the Virginia Tech Campus Shootings," *Clinical Psychological Science* 4(2016): 401-17.

37 Steven E. Landsburg, *Can You Outsmart an Economist?*(Houghton Mifflin, 2018).

38 참고 자료: Eranda Jayawickreme & Laura E. R. Blackie, "Post-Traumatic Growth as Positive Personality Change: Evidence, Controversies and Future Directions," *European Journal of Personality* 4(2014): 312-31.

39 Richard Tedeschi, 인용 출처: Lorna Collier, "Growth After Trauma," *Monitor on Psychology* 47, no. 10(2016. 11), 48, https://www.apa.org/monitor/2016/11/growth-trauma.

40 Judith Mangelsdorf, Michael Eid & Maike Luhman, "Does Growth Require Suffering? A Systematic Review and Meta-Analysis on Genuine Posttraumatic and Postecstatic Growth," *Psychological Bulletin* 145(2019): 302-38.

7장 | 달콤한 고통을 인생에 활용하라

1 Richard Dawkins, *Unweaving the Rainbow: Science, Delusion and the Appetite for Wonder*(Houghton Mifflin, 1998), 1.

2 Robert Ardrey, *African Genesis*(Collins, 1961), 245-46.

3 Paul Bloom, "Did God Make These Babies Moral?" *New Republic*, 2014. 1. 13, https://newrepublic.com/article/116200/moral-design-latest-form-intelligent-design-its-wrong.

4 Steven Pinker, *How the Mind Works*(Penguin UK, 2003), 389.

5 Robert Wright, *Why Buddhism Is True: The Science and Philosophy of Meditation and Enlightenment*(Simon & Schuster, 2017), 36.

6 Paul Bloom, *Against Empathy: The Case for Rational Compassion*(Random House, 2017).

7 Roy F. Baumeister et al., "Some Key Differences Between a Happy Life and a Meaningful Life," *Journal of Positive Psychology* 8(2013): 505-16.

8 Veronika Huta & Richard M. Ryan, "Pursuing Pleasure or Virtue: The Differential and Overlapping Well-Beling Benefits of Hedonic and Eudaimonic Motives," *Journal of Happiness Studies* 11(2010): 735-62.

9 Brett Q. Ford et al., "Culture Shapes Whether the Pursuit of Happiness Predicts Higher or Lower Well-Being," *Journal of Experimental Psychology: General* 144(2015): 1053-62.

10 Brett Q. Ford et al., "Desperately Seeking Happiness: Valueing Happiness Is Associated with Symptoms and Diagnosis of Depression," *Journal of Social and Clinical Psychology* 33(2014): 890-905.

11 Jonathan W. Schooler, Dan Ariely & George Loewenstein, "The Pursuit and Monitoring of Happiness Can Be Self-Defeating," *Psychology and Economics*(2003): 41-70.

12 Iris B. Mauss et al., "Can Seeking Happiness Make People Unhappy? Paradoxical Effects of Valuing Happiness," *Emotion* 11(2011): 807-15.

13 Brett Q Ford & Iris B. Mauss, "The Paradoxcial Effects of Pursuing Positive Emotion," 출처: *Positive Emotion: Integrating the Light Sides and Dark Sides*, 편집: June Gruber & Judith Tedlie Moskowitz(Oxford University Press, 2014).

14 Tim Kasser & Richard M. Ryan, "Further Examining the American Dream: Differential Correlates of Intrinsic and Extrinsic Goals," *Personality and Social Psychology Bulletin* 22(1996): 280-87. 메타 분석은 다음 자료를 참고할 것. Helga Dittmar et al., "The Relationship Between Materialism and Personal Well-Being: A Meta-Analysis," *Journal of Personality and Social Psychology* 107(2014): 879-924.

15 Ford et al., "Culture Shapes Whether the Pursuit of Happiness."

16 Marc Wittmann, *Felt Time: The Psychology of How We Perceive Time*(MIT Press, 2016).

17 Daniel Gilbert, "Three Pictures of Water: Some Reflections on a Lecture by Daniel Kahneman"(미출간 원고, Harvard University, 2018). 이 논문을 보내주고, 관련된 주

제에 대해 많이 토론해 준 대니얼 길버트에게 감사하다. 그리고 현재 내가 반박하는 이 관점을 그가 더 이상 전적으로 견지하지 않는다는 점을 덧붙일 필요가 있다.

18 Tyler Cowen, "Daniel Kahneman on Cutting Through the Noise," *Conversations with Tyler* 팟캐스트, 에피소드 56, 2018. 12. 19, https://medium.com/conversations-with-tyler/tyler-cowen-daniel-kahneman-economics-bias-noise-167275de691f.

19 Dylan Matthews, "Angus Deaton's Badly Misunderstood Paper on Whether Happiness Peaks at $75,000, Explained," *Vox*, 2015. 10. 12, https://www.vox.com/2015/6/20/8815813/orange-is-the-new-black-piper-chapman-happiness-study/

20 John Stuart Mill, *Utilitarianism*(Conventry House Publishing, 2017), 15-16.

21 Richard Dawkins, *River Out of Eden: A Darwinian View of Life*(Basic Books, 2008), 133.

22 Elaine Scarry, *The Body in Pain: The Making and Unmaking of the World*(Oxford University Press, 1987), 11.

23 Namwali Serpell, "The Banality of Empathy," *New York Review of Books*, 2019. 3. 2, https://www.nybooks.com/daily/2019/03/02/the-banality-of-empathy/.

24 James Dawes, *Evil Men*(Harvard University Press, 2013), 208.

25 Eva Hoffman, *After Such Knowledge: Memory, History, and the Legacy of the Holocaust*(Public Affairs, 2005).

26 Aldous Huxley, *Brave New World*(1932, Harper, 2017), 240.

최선의 고통

1판 1쇄 발행 2022년 4월 25일
1판 7쇄 발행 2024년 2월 15일

지은이 폴 블룸
옮긴이 김태훈

발행인 양원석 **편집장** 차선화 **책임편집** 차지혜
디자인 강소정, 김미선 **영업마케팅** 윤우성, 박소정, 이현주, 정다은, 백승원

펴낸 곳 ㈜알에이치코리아
주소 서울시 금천구 가산디지털2로 53, 20층(가산동, 한라시그마밸리)
편집문의 02-6443-8862 **도서문의** 02-6443-8800
홈페이지 http://rhk.co.kr
등록 2004년 1월 15일 제2-3726호

ISBN 978-89-255-7834-7 (03180)